Samuel Beckett: Escritor Plural

Coleção Estudos
Dirigida por J. Guinsburg

Equipe de realização – Revisão: Eloisa Graziela Franco de Oliveira; Sobrecapa e vinhetas: Sérgio Kon; Produção: Ricardo W. Neves e Raquel Fernandes Abranches.

Célia Berrettini

SAMUEL BECKETT: ESCRITOR PLURAL

PERSPECTIVA

Dados Internacionais de Catalogação na Publicação (CIP)
(Câmara Brasileira do Livro, SP, Brasil)

Berrettini, Célia
  Samuel Beckett: escritor plural / Célia Berrettini.
— São Paulo : Perspectiva, 2004. — (Estudos ; 204)

  Bibliografia.
  ISBN 85-273-0697-2

  1. Beckett, Samuel, 1906-1989 - Crítica e
interpretação I. Título. II. Série.

04-4343   CDD-848

Índices para catálogo sistemático:
1. Escritores : Apreciação crítica : Literatura
francesa 848

Direitos reservados à
EDITORA PERSPECTIVA S.A.
Av. Brigadeiro Luís Antônio, 3025
01401-000 – São Paulo – SP – Brasil
Telefax: (0--11) 3885-8388
www.editoraperspectiva.com.br
2004

*A Teófilo,
A Marialina e a
Leonardo e família.*

Sumário

Lista dos Títulos Originais XI
Introdução XV

Parte I

1. Beckett, Escritor Plural 3
2. À Procura de uma Linguagem Pessoal 29
   Primeiros Romances em Inglês...................... 29
   Ensaios 36
   Novelas 41
   Grandes Romances em Francês 44
   Textos Curtos 56
   Textos Médios.................................... 64
3. Ao Abrir das Cortinas 73
   Peças de Teatro, Rádio e Televisão – Roteiro de Cinema . 73
   Linguagem Sonora 82
      Linguagem verbal 82
      Diálogo....................................... 84
      Monólogos 93
      Música das palavras 94
      Linguagem da música 99
      Voz inarticulada 102

    Ruídos 102
    Silêncio.................................... 104
  Linguagem Visual............................ 109
    Linguagem do cenário 109
    Presença das personagens 114
    Objetos.................................... 118
    Linguagem gestual, pantominas e outras peças 119

PARTE II

LISTA E COMENTÁRIOS DAS OBRAS 141

À GUISA DE CONCLUSÃO 231

BIBLIOGRAFIA 235

Lista dos Títulos Originais[1]

"Dante... Bruno, Vico... Joyce" (I)	"Dante... Bruno, Vico... Joyce"
Whoroscope (I)	*Whoroscope*
Proust (I)	*Proust*
Murphy (I)	*Murphy*
"Dream of Fair to Middling Women" (I)	"Dream of Fair to Middling Women"
More Pricks than Kicks (I)	*More Pricks than Kicks*
Poèmes (F)	*Poemas e Mirlitonades*
Poèmes et mirlitonnades (F)	*Poemas*
Watt (I)	*Watt*
"Le monde et le pantalon" (F)	"O Mundo e as Calças"
"Peintres de l'empêchement" (F)	"Pintores do Impedimento"
Premier amour (F)	*Primeiro Amor*
Mercier et Camier (F)	*Mercier e Camier*
Nouvelles (F)	*Novelas*
Eleutheria (F)	*Eleutheria*
Molloy (F)	*Molloy*
Malone meurt (F)	*Malone Morre*
"Bram van Velde" (I)	"Bram van Velde"
En attendant Godot (F)	*Esperando Godot*
L' Innommable (F)	*O Inominável*

1. Em inglês (I) ou francês (F), segundo, aproximadamente, a ordem de sua criação, e como aqui aparecem (à direita) traduzidos em geral do francês.

Au loin un oiseau (F)	*Ao Longe um Pássaro*
Textes pour rien (F)	*Textos para Nada*
L' Image (F)	*A Imagem*
"Henri Hayden, homme-peintre" (F)	"Henri Hayden, Homem-Pintor"
Fin de partie (F)	*Fim de Jogo*
All that Fall (I)	*Tudo o que Cai*
Acte sans paroles I – II (F)	*Ato sem Palavras I – II*
From an Abandoned Work (I)	*De uma Obra Abandonada*
Krapp's Last Tape (I)	*A Última Gravação*
Embers (I)	*Cinzas*
Comment c'est (F)	*Como é*
Foirade I – II – III – IV (F)	*Fiasco I – II – III – IV*
Se voir (F)	*Ver-se*
Fragment de théâtre I – II (F)	*Fragmento de Teatro I – II*
Pochade radiophonique (F)	*Esboço Radiofônico*
Happy Days (I)	*Dias Felizes*
Words and Music (I)	*Palavras e Música*
Play (I)	*Comédia*
Film (I)[2]	*Filme*
Cascando (F)	*Cascando*
Come and Go (I)	*Vaivém*
Imagination morte imaginez (F)	*Imaginação Morte Imagine*
Eh Joe (I)	*Diga Joe*
Bing (F)	*Bing*
Assez (F)	*Bastante*
Sans (F)	*Sem*
Le Dépeupleur (F)	*O Despovoador*
Breath (I)	*Respiração*
Not I (I)	*Não Eu*
That Time (I)	*Aquela Vez*
Ghost Trio (I)	*Trio do Fantasma*
Pour finir encore (F)	*Para Acabar Ainda*
Still (I)	*Imóvel*
Footfalls (I)	*Passos*
...but the clouds... (I)	*...mas as nuvens...*
Mal vu mal dit (F)	*Mal Visto Mal Dito*
Company (I)	*Companhia*
Quad I – II (I)	*Quad I – II*
Ohio Impromptu (I)	*Improviso de Ohio*
Rockaby (I)	*Cadeira de Balanço*
A Piece of Monologue (I)	*Solo*
Catastrophe (F)	*Castástrofe*

2. Roteiro cinematográfico.

Nacht und Träume (I)   *Nacht und Träume*[3]
Worstward Ho (I)   *Rumo ao Pior*
What Where (I)   *Que Onde*
Stirrings Still (I)   *Sobressaltos*
"Comment dire" (F)   *"Como Dizer"*

OBSERVAÇÃO

Neste estudo, que procura abranger a obra do autor, panoramicamente, ainda que com as inevitáveis lacunas, foram utilizados, de maneira geral, *os textos em francês* nas edições indicadas na Bibliografia, embora sabendo que, em alguns casos de peças de teatro, houve algumas modificações em edições posteriores, em decorrência dos trabalhos de encenação liderados por Beckett. Excetua-se *Rumo ao Pior*, texto em prosa originalmente, em inglês – *Worstward Ho* –, com o qual trabalhamos algumas vezes, em cotejo com a versão francesa, *Cap au pire*, feita por Edith Fournier.

---

3. Beckett mantém o título em alemão também na edição francesa, razão pela qual aqui é mantido.

Introdução

Joyce, Shaw, Yeats, O'Casey, Wilde, Beckett – uma plêiade de escritores, todos oriundos de uma ilha conturbada por conflitos memoráveis e hoje bipartida, a Irlanda. São todos famosos, embora cada um com seu perfil próprio, e vários deles contemplados com o Prêmio Nobel. O mais recente é Seamus Heaney, da Irlanda do Norte, em 1995. Sobressaem-se, no entanto, Joyce e Beckett. São, incontestavelmente, os que mais provocaram e provocam ainda numerosos comentários e análises, justamente por seu papel revolucionário no domínio da literatura. No caso de Beckett, também por seu bilingüismo, tendo composto obras, a partir de um determinado momento, só em francês, traduzindo-as em seguida para o inglês; e depois, ora num, ora noutro idioma, com a posterior tradução.

Impossível é a não-associação de Beckett a Joyce, como inegável é a influência sofrida (ou desfrutada) pelo jovem que, tão logo chega em Paris, em 1928, fascinado pela personalidade e cultura ímpar de Joyce, já revelada com *Ulisses* (1922), dele se aproxima. Joyce já empreendera a redação de sua monumental *Finnegans Wake*, cujo título provisório era *Work in Progress*, atraindo um considerável número de admiradores e discípulos.

Apesar da diferença de idade – Beckett, 22 e Joyce, 46 anos – e de *status*, aproximam-se, tão grandes os pontos de afinidade entre ambos: o amor das línguas (o francês, o italiano e o alemão, principalmente), a paixão por Dante e a Itália e a rejeição a um certo folclore celtizante e nacionalista.

Joyce, já em 1901, acusara o caráter retrógrado e até obscurantista da literatura irlandesa de inspiração nacional, sendo o autor de um dos mais agressivos panfletos contra a cultura irlandesa, sem poupar críticas, por exemplo, ao Teatro Irlandês fundado por William Buttler Yeats. Este, dizia ele, renegara sua vocação de cultivar um teatro de vanguarda européia – justamente a vocação que Beckett revelaria e desenvolveria com o seu teatro, a partir de *Esperando Godot*.

Por aquela época, início do século, o Abbey Theatre – que será freqüentado mais tarde pelo jovem Beckett, estudante do Trinity College, de Dublin, assistindo ele, entre outras, às peças de Synge e às primeiras criações de O'Casey, os dois únicos irlandeses dignos de admiração, segundo ele – preparava a encenação de uma peça em língua irlandesa e outra inspirada em lendas gaélicas, provocando uma violenta reação de Joyce: "o teatro irlandês" era "como a propriedade da ralé da raça mais atrasada da Europa"[1]. E, mais tarde, num artigo redigido em Trieste, na Itália, exprime seu inconformismo em relação à Irlanda e ao seu clima castrador do artista:

> A alma do país está enfraquecida por séculos de lutas inúteis e de tratados rompidos, a iniciativa individual paralisada pela influência e as admonições da Igreja, enquanto o corpo é acorrentado por policiais [...].
>
> *Uma pessoa que se respeite não quer permanecer na Irlanda, mas foge para longe*, como de um país que foi visitado por um Jeová encolerizado[2].

É o que explica seu exílio em Paris.

Igualmente defensor da cultura e da liberdade intelectual, Beckett não poderia deixar de a ele unir-se, formulando, em tom irônico, crítica aos poetas irlandeses contemporâneos, em "Recent Irish Poetry"[3]. Esta obra, publicada em Londres, em 1934, sob pseudônimo, por temor à reação dos nacionalistas, traça um panorama da poesia irlandesa contemporânea, atacando porém os poetas que seguem as pegadas de Yeats, caminho que ele recusa trilhar. É uma tomada de posição explícita contra "a bardolatria", como designava Shaw toda a tradição nacional nascida com Yeats, já setuagenário e considerado herói e glória nacional, além de conhecido internacionalmente, e agraciado com o Prêmio Nobel. Embora figura proeminente, pois pela primeira vez, ao seu redor se formara um grupo que faz de Dublin uma capital literária rival de Londres, não encontra a adesão de Beckett que se coloca à parte, aspirando à liberdade.

---

1. James Joyce, *Oeuvres* I, Paris, Gallimard, Bibl. de La Pléiade, 1982, p. 948.
2. *Idem*, "L'Irlande, Île des saints et des sages", *op. cit.*, p. 1023 (o grifo é nosso).
3. "Recent Irish Poetry", em *Disjecta – Samuel Beckett. Miscellaneous Writings and a Dramatic Fragment*, ed. e apresentado por Ruby Cohn, New York, Grove Press, 1984, pp. 70-76.

Considerando-se que a Irlanda, após oito séculos de domínio inglês e marcada por cruentas rebeliões nacionalistas, como a da Páscoa de 1916 (Beckett, de apenas dez anos, assiste com o pai, do alto de uma colina, ao incêndio em Dublin), tornara-se independente em 1921, ainda que com a divisão – Norte, sob domínio inglês e Sul, livre –, é de imaginar-se qual a reação dos dublinenses, ferrenhos nacionalistas e celtizantes, contra o Beckett dos anos 30.

Falando dos modernos, entre os quais se coloca, Beckett os define como aqueles que se deram conta da "destruição do objeto". Diz ele:

> O artista que tomou consciência disso pode descrever o espaço que se acha entre o mundo dos objetos e ele; *pode descrevê-lo como um "no man's-land"*, como um Helesponto ou como *um vazio, conforme ele experimente ressentimento, nostalgia, ou simplesmente depressão* (p. 70, o grifo é nosso).

É uma definição da Modernidade poética. E é já a primeira manifestação ou sinal das suas reflexões sobre *sua* arte. Também a idéia da superioridade da linguagem sobre o mundo, além daquela da coincidência sempre fracassada das palavras e coisas.

Voltemos, porém, ao Beckett recém-chegado a Paris e usufruindo do convívio com Joyce, embora também ajudando o outro no seu trabalho intelectual. O mestre aproximava-se da cegueira e Beckett, para ajudá-lo, procede à leitura de textos, entre os quais trechos de *A Crítica da Linguagem*, de Fritz Mauthner, que trata da falibilidade da linguagem como instrumento para a descoberta e a comunicação das verdades metafísicas. Quando não lê, redige os textos ditados por Joyce, daí ter sido convidado para participar da obra coletiva que tinha como finalidade facilitar a leitura de *Finnegans Wake*. Colabora então com seu artigo "Dante... Bruno, Vico... Joyce"[4], análise percuciente do papel revolucionário da escritura joyciana, que tem raízes na história italiana, e de suas reflexões sobre a origem das línguas.

Com muita habilidade e mesmo virtuosismo, mostra Beckett que, como Dante, que, contra o uso do latim, escolhera os vários dialetos italianos, sem priorizar ou privilegiar o seu, o toscano, e reunira os elementos de várias línguas, também Joyce, por seu lado, fizera o mesmo: contra o inglês, empreendera escrever numa língua nova – reunião de várias outras, sem privilegiar o gaélico. Aceitar o inglês seria a submissão ao colonialismo britânico; aceitar o arcaísmo do nacionalismo seria o emprego do gaélico. Tal paralelo como que enobrece o trabalho de Joyce. Defende-o quanto às suas escolhas autônomas e aproxima-o de Dante, num cotejo que se torna literário e político. Se assim procede é porque compreende a extraordinária revolução joyciana e também porque defende a autonomia literária, condenando

---

4. "Dante... Bruno, Vico... Joyce", em *Disjecta*, ed. cit., pp. 19-33.

a sujeição política nacional literária. Dante, pela hábil e sutil interpretação de Beckett, torna-se uma verdadeira arma a serviço da luta contra o nacionalismo literário, por ele considerado um provincianismo estreito e retrógrado.

Trata-se, pois, de trabalho fascinante, elaborado sob o olhar implacável de Joyce, de cuja influência não poderia Beckett evadir-se, e que é palpável, sobretudo nos seus primeiros textos, de estilo barroco, repletos de erudição. É o caso, por exemplo, entre outros, dos relatos de *More Pricks than Kicks*, coletânea de 1934, só traduzida para o francês, em 1995: *Bande et Sarabande*[5]. É de notar-se, ainda, que colabora nos primeiros ensaios da tradução francesa de "Anna Lívia Plurabelle"[6], um dos capítulos de *Finnegans Wake*.

Impossível não ser influenciado por Joyce. Porém, em 1932, seu poema "Home Olga", acróstico em uma dezena de versos, dedicado a Joyce, por ocasião do "Bloomsday" (16 de julho), como homenagem a *Ulisses*, já marca, segundo Pascale Casanova, "uma ruptura". Trata-se de *poema-homenagem a Joyce*, mas também de *despedida de Joyce*. Com destreza consumada, "evoca ao mesmo tempo o percurso de Joyce, a atmosfera confinada da Irlanda dos anos 30, e sobretudo a sua fascinação estética" por Joyce, além de sua "vontade de independência", diz a autora, que sublinha: ao mesmo tempo que alardeia sua "dívida", proclama sua "liberdade", sem deixar de expor seu "programa de resistência estética à poesia nacionalista oficial"[7]. Mas transcrevam-se os versos em que prolifera a escatologia, marca de um Beckett irreverente e independente:

Home Olga

J might be made sit up for a jade of hope (and exile, don't you know)
And Jesus and Jesuits juggernauted in the haemorrhoidal isle,
Modo et forma anal maiden, giggling to death in stomacho.
E for the erythrite of love and silence and the sweet noo style,
Swoops and loops of love and silence in the eye of the sun and view of the mew,
Juvante Jah and a Jain or two and the tip of a friendly yiddophile,
O for an opal of faith and cunning winking adieu, adieu, adieu;
Yesterday shall be tomorrow, riddle me that my rapparee;
Che sara sara che fu, there's more than Homer knows how to spew,
Exempli gratia: ecce himself and the pickthank agnus –
e.o.o.e.[8]

---

5. *More Pricks than Kicks,* London, John Calder, 1970. Trad. francesa de Edith Fournier: *Bande et Sarabande,* Paris, Minuit, 1995.

6. "Anna Lívia Plurabelle", *Finnegans Wake*, fragmentos adaptados por A. du Bouchet, Beckett, A. Péron e outros, Paris, Gallimard, 1962.

7. Pascale Casanova, *Beckett l'abstracteur – Anatomie d'une révolution littéraire,* Paris, Seuil, 1997, pp. 36-41. A autora transcreve o poema e tece comentários aqui citados parcialmente.

8. Isto é: "errors or omissions excepted".

No que concerne a Joyce, malgrado a admiração e o respeito que por ele sente, deseja Beckett a independência. Mas os anos de imitação deliberada ou talvez mesmo involuntária, tal a absorção dos escritos do outro, depois os anos de independência não real ou efetiva, não seriam fáceis para Beckett. Nos primeiros tempos, em Paris, já instalado, sente-se dividido entre a imitação que não o satisfaz e mesmo o aniquila, e a incapacidade ou a impossibilidade de liberar-se da forte marca joyciana. Essa insatisfação, e problemas familiares levam-o ao abuso do álcool, a doenças e a fortes crises depressivas, das quais só sairia bem mais tarde. É um "exilado", um "excluído". Como se tem dito, ele o tinha sido, desde sempre: protestante, aluno do Trinity College, instituição da elite protestante, numa Irlanda católica; intelectual, no seio de uma família da burguesia mercantil; professor, logo demissionário da renomada Trinity que o acolhera; repelido nos meios artísticos e intelectuais de Dublin, provincianos, estreitos e nacionalistas, que aliás ele repudia; saudoso da liberdade parisiense; perdido quanto ao novo caminho a adotar, sem seguir, seja a linha yeatsiana, seja a joyciana, está Beckett à deriva. Quer inovar, deve inovar, mas não sabe como.

Se os anos 1934-1935, passa-os em Londres, tentando evadir-se do ambiente castrador da Irlanda (aqui compreendida a família, principalmente com a absorção materna), sem no entanto lograr realizar-se, pois não se submete à estética inglesa e tampouco se identifica com Shaw (ainda que este seja, de um lado, anti-yeatsiano e, do outro, subverta as normas britânicas), nem com Wilde, que encarna, segundo Joyce, a tradição dos "bufões" irlandeses (é o caso de sua peça *O Leque de Lady Windermere*), busca novamente evadir-se. Agora para Paris (1937) onde, se aceita uma encomenda de Joyce – a releitura das provas da primeira e terceira partes de *Finnegans Wake* –, rejeita a segunda, compor um artigo que seria publicado na *Nouvelle Revue Française*. É então que começa a experimentar uma certa serenidade, como atesta Lawrence Harvey: "Não ressente mais a necessidade de procurar, de fugir, de ocultar-se. A agitação e o movimento, as intermináveis caminhadas que são recorrentes em *Echo's Bones* (coletânea de poemas), desapareceram, na maioria, de seus poemas. No seu lugar encontramos a estase"[9]. Encontra, enfim, seu lugar para fixar-se, viver. E encontra, sobretudo, com suas críticas sobre a pintura dos holandeses van Velde, e de outros, um caminho para sua escritura. Os anos 40 representam um período fundamental de sua criação. E Joyce já morrera, em 1941.

Beckett, embora convicto do papel desbravador de Joyce, chega a assinalar a diferença entre ambos, dizendo, em 1956, a Israel Shenker:

---

9. Lawrence Harvey, *Samuel Beckett Poet and Critic*, Princeton, Princeton University Press, 1970, pp. 183-184.

A diferença em relação a Joyce é que Joyce era uma magnífico manipulador de matéria, talvez o maior. Fazia com que as palavras rendessem o máximo; não há sequer uma sílaba a mais. O gênero de trabalho que faço é um trabalho no qual *não sou o senhor de minha matéria* [...]. *Joyce tende para a onisciência e a onipotência* enquanto artista. Eu trabalho com *impotência*, com *ignorância*.

E reconhecendo, ou imbuído de seu próprio papel de renovador, de um revolucionário da literatura, tanto quanto Joyce, acrescenta:

Não creio que a impotência tenha sido explorada no passado. Parece que *há uma espécie de axioma estético que diz que a expressão é uma realização (êxito), deve ser um êxito.* Para mim, o que me esforço por explorar é toda essa gama do ser que foi sempre negligenciada pelos artistas como alguma coisa de *inutilizável ou por definição incompatível com a arte.*

Creio que *hoje* qualquer pessoa que preste a mais leve atenção à sua própria experiência se dá conta de que *é a experiência de alguém que não sabe, de alguém que não pode*[10].

Beckett é, pois, o oposto do escritor "apolíneo", como ele classifica o outro, explicitamente. Isso, porém, não significa que Beckett deixe de ver em *Finnegans Wake* um rico laboratório de escritura, em que a língua parece nascer e renascer, numa espécie de constante autogênese. Aliás, como se tem dito, o principal tema da obra é a morte e a ressurreição dos signos e dos corpos. E é curioso que, se escreveu em "Dante... Bruno, Vico... Joyce", a respeito de *Finnegans Wake*: "Sua escritura não é *sobre* alguma coisa, *ela é essa própria coisa*" (p. 127), quando vai compor o romance *Molloy*, se se aceitar a linha formalista e não se pensar em transcendência, procede Beckett a uma inversão da regra do jogo literário e transforma as perguntas iniciais da obra – "Que fazer? Que fazer?" (técnicas e, portanto, não filosóficas) – no próprio conteúdo da escritura.

Mas, não menos curiosos são os títulos *Work in Progress* e *From an Abandoned Work*[11], de Joyce e Beckett, respectivamente, marcando diferença entre ambos: o primeiro, que se apodera do real e o descreve, de maneira onipotente, superior; o segundo, que ilustra o contrário, ou a impossibilidade de bem captar e descrever o real, donde deixar a obra abandonada.

O fato é que, ainda tendo afirmado, em várias ocasiões, em entrevistas, que suas posturas eram opostas (onisciência, onipotência x impotência, ignorância) e que, enquanto seu próprio projeto era o inverso do de Joyce, pois é o da "não-palavra" ou da palavra "oca" e, portanto, porosa, o de Joyce se caracterizava pela "apoteose das pala-

---

10. *Apud* Pierre Mélèse, *Beckett*, Paris, Seghers, 1972, p. 137 (o grifo é nosso).
11. *From an Abandoned Work*, London, Faber and Faber, 1958. Traduzido por Fr. Agnès e Ludovic Janvier, com a colaboração de Beckett: *D'un ouvrage abandonné*, em *Têtes Mortes*, Paris, Minuit (ed. aumentada), 1972.

vras"[12], na realidade estão ambos vinculados. Ambos são a modernidade.

Discípulo de Joyce quanto à modernidade, realiza um trabalho digno do mestre. Espírito alerta, inquieto, aberto a todas as manifestações artísticas não apenas literárias, mas rejeitando-as numa tentativa constante de afirmação de sua autonomia criadora, é Samuel Beckett o protótipo do escritor sem fronteiras, a partir de seu bilingüismo e dos diferentes gêneros que cultiva; não crê na inviolabilidade das fronteiras artísticas e compõe romances, novelas, textos em prosa, peças de teatro, rádio e televisão, poemas, ensaios, críticas sobre pintura e até roteiro de cinema, além de traduções, experimentando técnicas diversas, sempre em busca do *novo*. *Um escritor plural*. Singular na sua pluralidade.

---

12. Carta de 9 de julho de 1937, em alemão, a Axel Kaunt, em *Disjecta*, ed. cit., pp. 51-54.

Parte I

1. Beckett, Escritor Plural

Samuel Beckett – vida longa, marcada por um espírito inquieto, brilhante, contestador, dando como resultado uma obra revolucionária, múltipla, complexa, que tem, diz Evelyne Grossman, como um dos eixos maiores, "o tecido progressivo da poesia, da prosa e do teatro", origem da "beleza plástica e musical dos textos-quadros, esses textos-partituras que ele escreve a partir dos anos 60"[1]. Obra múltipla, porém, de uma inequívoca unidade; se para uns, como Alain Badiou, Beckett é um moralista, um filósofo e mesmo um poeta, cuja lição "é uma lição de medida, de exatidão e de coragem"[2], para outros, como Pascale Casanova, é um autor revolucionário que inventou uma nova forma literária fundada na "retirada progressiva do sentido das palavras"[3]. Portanto, de um lado, o *pensamento* na obra; do outro, o *formalismo abstrato*. Mas, em ambos, e para tantos mais, com distintas interpretações, o reconhecimento de uma escritura de incontestável beleza – uma beleza singular. Plástica e sonoramente bela.

É verdade que não há um único Beckett. Apesar de certas constantes – solidão e morte são, entre outras, sua marca –, a obra beckettiana, em seu longo percurso, oferece imagens diferentes e mesmo contraditórias. Seus primeiros textos se caracterizam pela exuberância

---

1. *L'esthétique de Beckett*, Paris, SEDES, 1998, p. 9.
2. *Beckett: L'increvable désir*, Paris, Hachette, 1995, p. 9.
3. *Op. cit.*, p. 167.

barroca, pela abundância verbal e comicidade: *More Pricks than Kicks*[4], os romances *Murphy*[5] e *Watt*[6], em inglês, e os três romances que constituem a famosa *Trilogia*: *Molloy*[7], *Malone Morre*[8] e *O Inominável*[9], em francês. Já os textos-quadros do fim de sua trajetória literária (e de vida) se caracterizam pela escritura apertada, de acentuado tom depressivo, podendo-se falar, *grosso modo*, de vários Becketts: um, desesperado, mas que procura temperar seu desespero ou angústia, com o riso, como que a negar, minimizar ou camuflar a violência dos horrores que descreve; outro, melancólico, obcecado com o minimalismo, a depuração e que explora os limites do nada; outro, ainda, que, como em *Rumo ao Pior*, teoriza e pratica a abstração literária[10]. É um Beckett que passa do romance ao teatro, do texto à encenação, da música e da pintura ao texto, enfim, cultivando romances, novelas, peças de teatro, pantomimas, cinema (roteiro de um filme), peças radiofônicas e televisivas, poesias, ensaios sobre pintura, textos em prosa, além de traduções excelentes, como a que fez de *Zone*, de Apollinaire, e que vai do inglês ao francês e vice-versa.

Beckett, um escritor sem fronteiras – é, talvez, uma definição adequada do irlandês que, nascido em Dublin, a 13 de abril de 1906, vive mais tempo fora de seu país, tendo se radicado na França, onde falece a 22 de dezembro de 1989. Uma vida caracterizada pelo nomadismo, pelo menos até um determinado momento, passando da Irlanda à Inglaterra, da Irlanda à Itália e à Alemanha, entre outros países, fixando porém residência, pouco antes da Segunda Grande Guerra, na França, em Paris, embora com temporadas em Ussy, onde adquire uma propriedade. É o nomadismo, reflexo de sua inquietude, entre outros, que se projeta em muitas de suas personagens, sobretudo no romance, antes que se imobilizem, vítimas de doenças e anomalias várias. Pense-se nos protagonistas dos romances da *Trilogia* ou das peças que, quando estreadas, chocaram o público pelo insólito da situação: Winnie, semi-sepulta num monte, em meio a um deserto escaldante, em *Dias Feli-*

---

4. *More Pricks than Kicks*, London, John Calder, 1970. Traduzido para o francês por Edith Fournier: *Bande et Sarabande*, Paris, Minuit, 1995.

5. *Murphy*, London, John Calder, 1963. Traduzido para o francês por Beckett, com a colaboração de Alfred Péron: *Murphy*, Paris, Minuit, 1959.

6. *Watt*, London, John Calder, 1963. Traduzido para o francês por Ludovic e Agnès Janvier, com a colaboração de Beckett: *Watt*, Paris, Minuit, 1972.

7. *Molloy*, Paris, Minuit, 1951. Traduzido para o inglês por Patric Bowles e Samuel Beckett: *Molloy*, New York, Grove Press, 1955.

8. *Malone meurt*, Paris, Minuit, 1951. Traduzido para o inglês por Beckett: *Malone Dies*, New York, Grove Press, 1956.

9. *L'Innommable*, Paris, Minuit, 1953. Traduzido para o inglês por Beckett: *The Unnamable*, New York, Grove Press, 1956.

10. *Worstward Ho*, London, John Calder, 1983. Traduzido para o francês por Edith Fournier: *Cap au pire*, Paris, Minuit, 1991.

zes, em inglês[11]; o casal de velhos, Nagg e Nell, alojados ou enterrados em latas de lixo, na sombria peça *Fim de Jogo*, em francês[12]; o estranho triângulo amoroso, cujas cabeças saem de jarras, em *Comédia*, em inglês...[13]

O nomadismo espacial de Beckett, seus contínuos deslocamentos de um país a outro, oriundos da inquietude incontrolável e da insatisfação consigo mesmo e com o ambiente não apenas familiar, que lhe causavam não poucos e débeis distúrbios psicossomáticos, muitas vezes atenuados tão logo viajava, encontra esse nomadismo paralelo no nomadismo literário, lingüístico.

Jovem ainda, Beckett se distingue principalmente nos esportes, sem preocupar-se com a literatura; mas, aos dezessete anos, em 1923, no Trinity College de Dublin, revela-se um aluno brilhante, e em especial no domínio das línguas e respectivas literaturas, inclinando-se para o francês – lê Baudelaire e Apollinaire, entre outros –, quando não para o italiano, fascinado não só por Dante, do qual absorve uma personagem episódica do Purgatório de *A Divina Comédia*, Belacqua, com quem se identifica várias vezes, mas também por Leopardi e o inovador Pirandello, tendo traduzido mais tarde não poucos autores dos dois países, que visitaria a partir dos vinte anos, saindo do ambiente que lhe parecia restrito, sufocante e mesmo castrador da Irlanda: a França e a Itália, para onde retorna não poucas vezes, perambulando pelas ruas, mas detendo-se sobretudo em museus e galerias de arte, como por exemplo nos de Florença, entre outros. Aliás, as artes sempre o interessaram, desde cedo.

Já em Paris, em 1928, permanece dois anos como "Leitor" de inglês da École Normale Supérieure, encontra-se com Joyce e da aproximação resulta o convite para participar da obra coletiva que deveria auxiliar a leitura daquela que seria *Finnegans Wake*. A obra, de título grandiloqüente – *Our Examination Round His Factification for Incamination of Work in Progress*[14] – conta com a colaboração de Beckett, com o artigo "Dante... Bruno, Vico... Joyce"[15], para o qual, por sugestão do "Mestre", lê Bruno e Vico, a fim de poder bem explicar o lugar que a poética desses autores ocupa em *Finnegans Wake*. Daí resulta

---

11. *Happy Days*, London, Faber and Faber, 1962. Traduzido para o francês, por Beckett: *Oh les beaux jours*, Paris, Minuit, 1963.

12. *Fin de partie*, Paris, Minuit, 1957. Traduzido para o inglês por Beckett: *Endgame*, em *Endgame. A Play in One Act followed by Act Without Act I*, London, Faber and Faber, 1958.

13. *Play*, em *Play and Two Short Pieces for Radio*, London, Faber and Faber, 1964. Traduzido para o francês, por Beckett: *Comédie*, em *Comédie et actes divers*, Paris, Minuit, 1972.

14. *Our Examination Round His Factification for Incamination of Work in Progress*, Paris, Shakespeare and Co., 1929.

15. "Dante... Bruno, Vico... Joyce", em *Disjecta*, ed. cit., pp. 19-33.

uma análise que sublinha a que ponto a revolução literária joyciana tem suas raízes na história dos "Italianos" e de suas reflexões sobre a origem das línguas. Sendo a língua um material vivo, em perpétuo estado de criação e recriação, a escritura poética participa, ou deve participar, desse trabalho. E percebe Beckett, em *Finnegans Wake*, que a língua parece nascer de si mesma, sem descanso – a *auto gênese*, que ele praticará muito, mais tarde, por exemplo, num texto da década de 60, o extraordinário *Sem*.

Mas 1930 lhe é um ano especialmente promissor. Além de pequenas colaborações nos primeiros números de *Transition* e do ensaio de tradução, com Alfred Péron, de "Anna Lívia Plurabelle" (de *Finnegans Wake*)[16], compõe *Whoroscope*[17], curioso e irreverente poema dedicado a Descartes, que ostenta, de maneira compacta, uma cadeia de referências eruditas – é quando ganha seu primeiro prêmio. É também um ano de muitas leituras; devora Schopenhauer, Kant, Bergson, Descartes e o belga Geulincx, discípulo de Descartes, cuja filosofia o entusiasma. Culmina, porém, com a composição de um longo ensaio crítico, sempre citado por suas reveladoras interpretações: *Proust*[18]. Como bem observa sua tradutora francesa, no prefácio, "é um ato de compreensão em que se revelam, ao mesmo tempo, a obra compreendida e aquele que a compreende" (p. 15). Beckett, surpreendentemente, em lugar de ver, em *Em Busca do Tempo Perdido*, um monumento edificado contra o tempo e representando o triunfo da vida sobre a morte, vê o triunfo da destruição e o esquecimento. Visão, pois, muito pessoal, em que a morte, sua obsessão, já impera.

Sempre doente e infeliz, sempre que pode viaja a Paris, onde acaba por instalar-se, em 1932, após demitir-se do cargo de Assistente de Francês, no Trinity College, exercido durante quatro trimestres. Traduz para o inglês poemas de Paul Eluard, André Breton, René Crevel; compõe as novelas que constituem *More Pricks than Kicks*, provenientes várias delas de seu romance inacabado "Dream of Fair to Middling Women"[19]. Porém, em 1934, já em Londres, para onde escapara após a morte do pai (1933), seu grande amigo, leva uma vida difícil, com problemas de toda ordem, e vítima de crises depressivas, que o levam a tratar-se com o Dr. Bion, discípulo de Melanie Klein. Só se instalaria, definitivamente, em Paris, em 1937, após viagem pela Alemanha e conhecer a opressão nazista (1936).

Paris é reencontrar Joyce. É conhecer Giacometti e Marcel Duchamp. É admirar a pintura dos irmãos van Velde, Bram e Geer, ho-

---

16. "Anna Lívia Plurabelle", em *Finnegans Wake*, fragmentos adaptados por A. du Bouchet, Beckett, A. Péron e outros, Paris, Gallimard, 1962.

17. *Whoroscope*, em *Poems in English*, London, John Calder, 1961.

18. *Samuel Beckett – Proust and Three Dialogues with Georges Duthuit*, London, John Calder, 1965. Traduzido para o francês por Edith Fournier: *Proust*, Paris, Minuit, 1990.

19. "Dream of Fair to Middling Women", em *Disjecta*, ed. cit., pp. 43-50.

landeses com quem se identifica artisticamente, e sobre os quais escreverá ensaios, mais tarde. É até receber, de Joyce, elogios pela publicação, em Londres, de seu romance *Murphy* (1938), composto naquela cidade, e que ele, Beckett, começa agora a traduzir para o francês. Mas a calmaria chegava ao fim. Com a declaração da Segunda Grande Guerra, em 1939, ele, que se encontrava em Dublin, em visita à mãe, retorna rapidamente a Paris, e passa a participar, ativamente, do Movimento de Resistência, até que, sob a mira da Gestapo, se evadem, ele e a esposa, para Vaucluse, aldeia de Roussillon, na Provence, onde se refugiam até 1945, dedicando-se ao trabalho agrícola como garantia de sobrevivência. Única distração: brincar, à noite, com as palavras, compondo *Watt*, último romance em inglês.

Em 1945, encontra-se novamente em Paris, tendo antes passado por Dublin, em visita à mãe, e exercido as funções de intérprete, entre outras, no Hospital da Cruz Vermelha irlandesa, em Saint-Lô, arrasada pela guerra e que lhe inspira um comovente poema, além de um artigo a respeito[20]. Conhecida e admirada é sua participação naquele momento difícil, bem como antes, no Movimento de Resistência; admirada ainda sua tomada de posição contra a tortura na Argélia, o *apartheid* na África do Sul e a falta de liberdade de expressão dos artistas poloneses e tchecos. Exemplo de inteireza, sem alarde. Retorne-se, porém, à sua instalação definitiva em Paris. Lá viver é sentir o ar, a vida, a liberdade, podendo rodear-se de amigos, pintores e artistas inovadores. Aliás, ainda na Irlanda, e depois durante suas viagens, não só pela Alemanha, onde sentira crescer a repressão nazista sobre os artistas judeus e a arte declarada "decadente", como também por outros países, sempre se entusiasmara pelas artes plásticas, que impregnariam suas obras: "Estão elas penetradas por sua consciência das formas visuais e contêm numerosas alusões ao trabalho artístico", diz Dougald McMillan[21], que as aponta, sobretudo, nos romances.

É quando adota o francês como a língua com a qual compõe não poucas obras, das quais se sobressai *Esperando Godot*[22], de 1948, depois por ele traduzida para o inglês – *Waiting for Godot*[23] – peça nova, de ruptura, colocando o público diante de situações dramáticas insólitas e sua linguagem surpreendente, pois enquanto esperam Godot que não vem, suas personagens, tais palhaços com suas falas acompanhadas de números de circo ou de *music hall*, bem como o cenário,

---

20. "La capitale des ruines", traduzido para o francês por Edith Fournier, *Europe*, n. 770-771, juin-juillet, 1993, pp. 10-12. Edith Fournier, "Samuel Beckett, La capitale des ruines", *idem*, pp. 8-9.

21. Dougald McMillan, "L'embarras de l'allégorie. Beckett e les arts plastiques", em *Europe*, ed. cit., pp. 69-85.

22. *En attendant Godot*, Paris, Minuit, 1952.

23. *Waiting for Godot*, traduzido para o inglês por Beckett, London, Faber and Faber, 1956.

tudo fala da miséria do homem, do absurdo da condição humana, das dificuldades do homem moderno, desamparado num mundo hostil, adverso, sem sentido. "Tragédia farsesca" ou "Farsa trágica" ou "Farsa metafísica", na opinião de muitos autores, é *Godot*, sem dúvida, um marco na história do teatro. E redigida em *francês*. Mas já Beckett compusera em francês, a hoje valorizada *Eleutheria*[24], pelo que contém de revolucionário sob a aparência de tradicional, além de poemas[25], desde 1937, exprimindo-se, sobretudo nesse idioma, de 1945 a 1956. Peça tão inovadora quanto *Esperando Godot* não poderia deixar de chocar os críticos, além do público parisiense, habituados a outro tipo de teatro. Assistiam a boas peças tradicionais, muitas delas compostas por autores de renome, como Giraudoux, Lenormand, Salacrou, Anouilh, Cocteau, Camus e Sartre. Enfim, de maneira geral, um teatro com uma psicologia algo ultrapassada e um realismo bastante convencional, requerendo uma reação – a qual já se fazia sentir na literatura, na pintura e na música. Era um movimento de vanguarda que atingiria também o teatro, uma vez que este permanecia inalterado, apesar dos esforços de Jarry, Apollinaire, Roussel e Vitrac, autores que haviam procurado sacudir o conformismo burguês, sem terem no entanto atingido senão um público restrito.

Esperando Godot é, nunca é demais repetir, um marco na história do teatro, só conhecida em 1953, mas composta na década de 1940, década que é fundamental na carreira beckettiana. É quando, admirador da pintura, "descobre" os holandeses van Velde, que conhecera em 1937, e com os quais sente identificação artística, neles vendo a representação da impossibilidade de representação. É o que diz nos seus ensaios, em francês, relevantes para a melhor compreensão da sua escritura: "O Mundo e as Calças"[26], "Pintores do Impedimento"[27] e "Bram van Velde"[28], além de "Henry, Homem-Pintor"[29], artista que conhecera em Vaucluse e que admira por sua estética do *pouco*. São ensaios que, como *Proust*, bem anterior, em inglês, são imprescindíveis para qualquer estudo sobre a arte de Beckett. São também dessa década os romances que constituem a *Trilogia*, cujo último texto, *O Inominável*, apresenta como grande inovação fazer com que

---

24. *Eleutheria*, Paris, Minuit, 1995. Traduzido para o inglês por Michael Brodsky: *Eleutheria*, New York, Four Walls Eight Windows – Foxrock, Foxrock Inc., 1995.

25. *Poèmes suivi de Mirlitonnades*, Paris, Minuit, 1978, *idem*, 1992, edição aumentada. Em inglês: *Collected Poems in English and French*, London, John Calder, 1977.

26. "Le monde et le pantalon", em *Le monde et le pantalon suivi de Peintres de l'empêchement*, Paris, Minuit, 1990, pp. 9-46.

27. "Peintres de l'empêchement", em *Le monde et le pantalon*, ed. cit., pp. 49-59.

28. "Bram van Velde (III)", em *Samuel Beckett-Proust and Three Dialogues with Georges Duthuit*, ed. cit.. Traduzido para o francês po Beckett: "Bram van Velde (III)", em Samule Beckett – *Trois Dialogues*, Paris, Minuit, 1998, pp. 23-30.

29. "Henri Havden, homme-peintre", em *Disjecta*, ed. cit., pp. 146-147.

o motor e, numa certa medida, *o fim* da própria escritura sejam os próprios meios literários: retóricos, lingüísticos, sintáticos, metafóricos. O que importa é *dizer o fracasso de dizer*, a exemplo do pintor Bram van Velde, que *pinta o fracasso de pintar*. Esses romances são habitados por seres que, além de solitários, são enfermos, mutilados, vítimas de anomalias várias, de acordo com a visão da arte contemporânea, cujo espírito foi bem definido por Ortega y Gasset, ao declarar: "E quando procuro *o traço mais geral* e o mais característico *da nova produção*, acho a tendência à desumanização da arte [...] o pintor (vai) *contra a realidade. Propôs-se a deformá-la decididamente, a destruir seu aspecto humano, a desumanizá-la* [...] a pintar *um homem que se assemelhe o menos possível a um homem*"[30].

Na década de 50, continua o seu empenho no sentido de inovar na literatura e no teatro. Se compõe, em francês, os *Textos para Nada*[31], marcando assim seu valor nulo (não-textos, pela ausência de fabulação), por outro lado, ambiciosamente, cria a peça *Fim de Jogo*, repleta de alusões, sobretudo, bíblicas e literárias; e as hoje conhecidíssimas pantomimas, parábolas da vida: *Ato sem Palavras I*[32] e *II*[33]. Readota o inglês, compõe a melancólica peça *A Última Gravação*[34], e, já num outro campo que se lhe abre – o do rádio –, a peça *Tudo o que Cai*[35], para a BBC de Londres, ambientada na Irlanda rural, e que é um êxito. Desde então, compõe alternada e às vezes simultaneamente nos dois idiomas, além de traduzir, via de regra, suas próprias obras, de um para outro. Afinal, é um ótimo tradutor de Breton, Eluard, Apollinaire, e mesmo de uma antologia de poesia mexicana escolhida por Octavio Paz, que começou a traduzir, em 1950, para o inglês, por encomenda da UNESCO.

Mas, por que escrever em francês? Afinal, o caso é diferente daquele do romeno Ionesco, cidadão de uma comunidade lingüística reduzida. Resposta à rejeição aos seus textos, naquela época, de parte da crítica anglo-saxônica? Repúdio à língua materna, por seu mau relacionamento

---

30. José Ortega y Gasset, *La Deshumanización del Arte y Otros Ensayos Estéticos*, Madrid, Revista del Occidente, 1964 (O grifo é nosso).

31. *Textes pour rien*, em *Nouvelles et textes pour rien*, Paris, Minuit, 1958. Traduzido para o inglês por Beckett: *Texts for Nothing*, em *No's Knife*, London, Calder and Boyars, 1967.

32. *Acte sans paroles I*, em *Comédie et actes divers*, ed. cit. Traduzido para o inglês por Beckett: *Act Without Words I*, em *Endgame. A Play in One Act Following by Act Without Words*, ed. cit.

33. *Acte sans paroles II*, em *Comédie et actes divers*, ed. cit. Traduzido por Beckett: *Act Without Words II*, em *Eh Joe and Other Writings*, London, Faber and Faber, 1967.

34. *Krapp's Last Tape*, London, Faber and Faber, 1959. Traduzido para o francês por Beckett: *La dernière bande*, Paris, Minuit, 1959.

35. *All that Fall*, London, Faber and Faber, 1957. Traduzido para o francês por Robert Pinget: *Tous ceux qui tombent*, Paris, Minuit, 1957.

com a mãe e o ambiente familiar que não o compreendem? Isso e muito mais se perguntam não poucos estudiosos do bilingüismo beckettiano[36].

E é em inglês que compõe novamente para o rádio, o novo canal de comunicação artística, com o predomínio da linguagem sonora: palavras, sons, ruídos. Admirador da pintura, mas também da música (que cultiva, como excelente pianista), tem ouvido sensível. É o que explica também sua adesão ao rádio, compondo: *Brasas* ou *Cinzas*[37], e produzindo já na década seguinte, a mais rica da criação beckettiana, as peças radiofônicas *Palavras e Música*[38], em inglês, e *Cascando*[39], em francês, originais pela hábil associação de música e palavras. É também em francês que redige seus *Fragmentos de Teatro I e II*[40], seus *Esboços Radiofônicos*[41], e o enigmático "romance", que causaria tantas polêmicas sobre sua técnica e significado – *Como é*[42] –, além dos curtos, mas também misteriosos textos *Imaginação Morta Imagine*, *Bing*, *Sem* e o terno *Bastante*[43], além do estranhíssimo, ainda que magnífico *O Despovoador*[44], texto de um tom neutro impressionante. O teatro, porém, não é abandonado e, em inglês, compõe a

---

36. O bilingüismo de Beckett tem sido motivo de cogitações de vários autores. Cf. John Fletcher, "Écrivain bilingue", em *Cahier de l'Herne*, Paris, l'Herne, 1976, pp. 201-12 (arrola opiniões de A. Niklaus Gessner, Israel Shenker, Martin Esslin, Ruby Cohn); Niklaus Gessner, *Samuel Beckett*, New York, Grove Press, p. 14 (arrola declarações colhidas por H. Blan, R. N. Coe); Martin Esslin, "Beckett", *Teatro do Absurdo*, Rio de Janeiro, Zahar, 1968, pp. 34-35; Claude Mauriac, *La littérature contemporaine*, Paris, Albin Michel, 1958, p. 83. Os trabalhos a respeito se sucedem. Mais recentemente, Michael Edwards publicou *Beckett ou le don des langues*, Montpellier, Espaces, 1998.

37. *Embers*, em *Krapp's Last Tape*, ed. cit.. Traduzido para o francês, por Robert Pinget e Beckett: *Cendres*, em *La derniere bande*, ed. cit., pp. 37-72.

38. *Words and Music*, em *Play and Two Short Pieces for Radio*, ed. cit.. Traduzido para o francês, por Beckett: *Paroles et musique*, em *Comédie et actes divers*, ed. cit., pp. 63-78.

39. *Cascando*, em *Comédie et actes divers*, ed. cit., pp. 47-60. Traduzido para o inglês por Beckett: *Cascando*, em *Play and Two Short Pieces for Radio*, ed. cit.

40. *Fragments de Théatre I-II*, em *Pas, suivi de quatre esquisses*, Paris, Minuit, 1978. Traduzido para o inglês por Beckett: *Theatre I-II*, em *Ends and Odds*, London, Faber and Faber, 1977.

41. *Pochade radiophonique* e *Esquisse radiophonique*, em *Pas, suivi de quatre esquisses*, ed. cit. Traduzido para o inglês por Beckett: *Rough for Radio* I e II, em *Ends and Odds*, ed. cit.

42. *Comment c'est*, Paris, Minuit, 1961. Traduzido para o inglês por Beckett: *How It Is*, London, John Calder, 1964.

43. *Imagination morte imaginez*, *Bing*, *Sans*, *Assez*, em *Têtes Mortes*, Paris, Minuit, 1972. Traduzido para o inglês por Beckett: *Imagination Dead Imagine*, London, Calder and Boyars, 1965. *Ping*, em *No's Knife*, ed. cit.. *Lessness*, Calder and Boyars, 1970. *Enough*, em *No's Knife*, ed. cit.

44. *Le dépeupleur*, Paris, Minuit, 1970. Traduzido por Beckett: *The Lost Ones*, London, Calder and Boyars, 1972.

magistral *Dias Felizes* e as não menos surpreendentes peças *Comédia* e *Vaivém*[45].

É então que, sempre alerta e perseguindo seu intento de inovar e renovar-se, invade o campo do cinema, e redige, em inglês, o roteiro de *Filme*[46]. Trata-se de uma linguagem que, não fosse o silêncio de Eisenstein à sua carta-proposta de trabalharem juntos, continuaria talvez a ser cultivada; e ainda a da televisão, produzindo a peça *Diga Joe*, em inglês[47]. A televisão não poderia deixar de atraí-lo, pois interessando-se pelo essencial, nada melhor que a câmera que, tal um *voyeur*, fica à espreita e não quer perder nada do que focaliza. Ela observa, geralmente, a uma certa distância, podendo avançar pouco a pouco, na focalização da personagem, como é o caso da peça *Diga Joe*, sua estréia. Falando da televisão, Beckett assim se manifesta: "It's the savage eye". E, com seu "olhar selvagem", Beckett vai, como se verá oportunamente, encurralar seu protagonista Joe.

São ainda dessa década de 60, as incríveis *foirades*, em francês, ou *fizzles*, em inglês, isto é, fiascos, pois assim designa Beckett os textos aos quais não atribui nenhum valor: *Fiascos I, II, III, IV* e outros. Na realidade, o contrário, pois valem muito, tendo sido publicados com alguns mais, apenas em 1975, na coletânea *Para Acabar Ainda e Outros Fiascos*[48]. A década de 60 é das mais produtivas e ricas da criação beckettiana e a diversidade é a sua marca.

A busca incessante de novas formas de expressão, marcando bem a ruptura com o realismo e as formas convencionais, é o traço dominante de Beckett. Assim, na década de 70, compõe em inglês a impactante peça *Não Eu*[49], com sua infatigável *boca* falante e a não menos surpreendente *Aquela Vez*[50], com um rosto pálido, suspenso como a *boca*, em meio à escuridão; a triste *Passos*[51], com suas sugestões religiosas; além da minúscula *Respiração*[52], com suas estranhas "per-

---

45. *Come and Go*, London, Calder and Boyars, 1967. Traduzido para o francês por Beckett: *Va et vient*, em *Comédie et actes divers*, ed. cit., pp. 39-44.
46. *Film*, em *Eh Joe and Other Writings*, ed. cit.. Traduzido para o francês por Beckett: *Film*, em *Comédie et actes divers*, ed. cit., pp. 113-134.
47. *Eh Joe*, em *Eh Joe and Other Writings*, ed cit.. Traduzido para o francês por Beckett: *Dis Joe*, em *Comédie et actes divers*, ed. cit., pp. 81-91.
48. *Pour finir encore et autres foirades*, Paris, Minuit, 1976. Traduzido para o inglês por Beckett: *For to End Yet Again and Other Fizzles*, London, John Calder, 1976.
49. *Not I*, London, Faber and Faber, 1973. Traduzida para o francês por Beckett: *Pas moi*, em *Oh les beaux jours suivi de Pas moi*, Paris, Minuit, 1981.
50. *That Time*, em *Ends and Odds*, ed. cit.. Traduzido para o francês por Beckett: *Cette fois*, em *Catastrophe et autres dramaticules*, Paris, Ed. de Minut, 1986, pp. 9-25.
51. *Footfalls*, em *Ends and Odds*, ed. cit.. Traduzido para o francês por Beckett: *Pas*, em *Pas, suivi de quatre esquisses*, ed. cit., pp. 7-17.
52. *Breath*, em *Breath and Other Short Plays*, London, Faber and Faber, 1972. Traduzido para o francês por Beckett: *Souffle*, em *Comédie et actes divers*, ed. cit., p. 137.

sonagens", detritos, e dois textos, em francês, dignos de serem, por ora, apenas mencionados: *Para Acabar Ainda* e *Imóvel* (ambos de 1975), constantes na coletânea de *Fiascos*, título, é óbvio, bastante derrisório.

É um Beckett múltiplo, que se desdobra, compondo textos em inglês e francês, ou vice-versa e criando para o teatro, ao mesmo tempo que para o rádio, e em seguida também para a televisão, quando não para a simples leitura, embora muitos desses textos tenham sido e venham sendo encenados e filmados. É o caso, por exemplo, da peça radiofônica *Tudo o que Cai*, ou o impressionante e enigmático texto *O Despovoador*, entre outros. Não crê Beckett na *inviolabilidade das fronteiras*, lingüística ou artística, associando a música às palavras, ou até mesmo suprimindo-as, às vezes, a favor do visual. A década de 80 é particularmente rica, com seus textos em prosa: *Companhia*[53], em inglês, com muito de autobiográfico e que foi adaptado para o palco, com a participação de Beckett; *Mal Visto Mal Dito*[54], em francês, reiteração de seu projeto estético de fracassar na representação; *Rumo ao Pior*[55], em inglês, ponto culminante de sua estética do *fracasso*; e *Sobressaltos*[56], em inglês, muito significativo, entre outras razões, por ser sua última obra, em prosa, relativamente longa, e uma espécie de despedida. Textos que não o afastam, no entanto, do teatro, gênero que lhe abriu as portas da notoriedade, com a sempre recordada *Esperando Godot*. Compõe, em inglês, as peças *Solo*, verdadeiro réquiem que, com seu tom narrativo, monótono, como que leva a ouvir o ausente dobrar de sinos; as curtas *Cadeira de Balanço* e *Improviso de Ohio*[57], esta com o estranho par, Leitor e Ouvinte, na realidade uma única personagem, um autor, e uma vida fracassada, como fracassada também é a vida da velha protagonista que se balança na cadeira. É então que compõe, novamente em francês, a peça *Catástrofe*[58], de cunho político-social, o que é raro em Beckett, mas em atenção ao pedido da A.I.D.A. (Associação Internacional de Defesa dos Artistas), para o

---

53. *Company*, London, John Calder, 1979. Traduzido para o francês por Beckett: *Compagnie*, Paris, Minuit, 1980.
54. *Mal vu mal dit*, Paris, Minuit, 1981. Traduzido para o inglês por Beckett: *Ill Seen Ill Said*, London, John Calder, 1982.
55. *Worstward Ho*, London, John Calder, 1983. Traduzido para o francês por Edith Fournier: *Cap au pire*, Paris, Minuit, 1991.
56. *Stirrings Still*, London, John Calder, 1988. Traduzido para o francês por Beckett: *Soubresauts*, Paris, Minuit, 1989.
57. *A Piece of Monologue, Rockhaby, Ohio Impromptu*, em *Rockhaby and Other Short Pieces*, New York, Grove Press, 1981. Traduzido para o francês por Beckett: *Solo, Berceuse, Impromptu d'Ohio*, em *Catastrophe et autres dramaticules*, ed. cit.
58. *Catastrophe et autres dramaticules*, compreende: *Cette fois, Berceuse, Impromptu d'Ohio, Solo, Quoi òu, Catastrophe* ed. cit.. Traduzido para o inglês por Beckett: *Catastrophe*, London, Faber and Faber, 1984; *That Time*, New York, Faber and Faber, 1976; *Rockhaby and Other Short Pieces*, New York, Grove Press, 1981.

Festival de Avignon, em que focaliza, originalmente, a falta de liberdade e a tortura, temas também da peça *Que Onde*[59], em inglês, e do já citado *Fragmento de Teatro I*, embora com tratamento diferente. Mas é na televisão que vai brilhar na etapa final de sua vida. Se nela ingressara com *Diga Joe*, em 1966, e continuará na década seguinte com grandes realizações, tais como a delicada ...*mas as nuvens*..., e a inspirada *Trio do Fantasma*[60], esta com música de Beethoven, já na década de 80, marca sua presença com a revolucionária *Quad*[61], apenas visual, sem palavras, e a belíssima *Nacht und Träume*[62], além da curiosa *Que Onde*, composta inicialmente para teatro. É um outro Beckett, já revelado anteriormente, mas que avança mais nesse gênero novo, privilegiando o visual e que, em *Quad*, abdica totalmente da palavra articulada, pois só faz ouvir *passos*. "Autêntico poema visual", no dizer de Martin Esslin[63].

E é oportuno salientar o empenho de Beckett para reduzir cada vez mais suas criações. Ora, a peça para a televisão, por seu espaço estrangulado numa tela, por sua menor duração, representa o ideal beckettiano. E é ainda Martin Esslin quem testemunha esse empenho redutor, recordando um encontro, muito antigo, com Beckett, em que este, semi-sorridente, confessara a intenção de alcançar cada vez mais a concisão, a precisão, de maneira que chegaria talvez o dia em que só viesse a produzir "enfim, uma página branca" (p. 403). E, realmente, é patente o seu trabalho de redução, numa espécie de aniquilamento ou exaustão. Há uma redução progressiva de seus textos – de início, longos e depois mais e mais breves –, assim como o número de suas personagens e de seu aspecto físico, entre outras, seja no teatro, seja nos textos em prosa. Deixando de lado *Eleutheria*, com suas dezessete personagens com nome, e em local e tempo bem definidos, pense-se em *Esperando Godot*, com suas cinco personagens, também ainda com nome, num cenário relativamente elaborado e nas peças que se seguiram e que atingem o máximo da diminuição, como por exemplo, em *Não Eu*, com a boca de alguém anônimo e em meio à escuridão, ou em *Respiração*, com seus detritos. É o sempre notado *minimalismo* de

---

59. *What Where*, em *Ohio Impromptu/Catastrophe/What Where*, New York, Grove Press, 1983. Traduzido para o francês por Beckett: *Quoi òu*, em *Catastrophe et autres dramaticules*, ed. cit.

60. ... *but the clouds...*, *Ghost Trio*, em *End and Odds*, ed. cit.. Traduzidas para o francês por Edith Fournier: ... *que nuages*... e *Trio du Fontôme*, em *Quad et autres piéces pour la télévision*, Paris, Minut, 1992, pp. 37-48 e pp. 17-36.

61. *Quad*, em *Quad et autres piéces*, ed. cit., pp. 8-15.

62. *Nacht und Träume*, em *Collected Shorter Plays*, London, Faber and Faber, 1984. Traduzida para o francês por Edith Fournier: *Nacht und Traüme*, em *Quad et autres piéces*, ed. cit., pp. 50-54.

63. Martin Esslin, "Une poésie d'images mouvantes", *Revue d'Esthétique – Samuel Beckett*, Toulouse, Privat, 1986, p. 401.

Beckett, sua *estética do pouco*, ou a escritura do empobrecimento, da pobreza, buscando o apagar progressivo, que, dizem os especialistas, é próprio da melancolia. Sabe-se que, no final dos anos 70, ele foi vítima de crises agudas de depressão; mas, em épocas anteriores, também o foi, sendo, portanto, mais pertinente, ver em Beckett o admirador e a alma gêmea dos "pintores do impedimento", os irmãos van Velde, e de Henri Hayden, com seu *pouco* expressivo, sobre os quais compõe ensaios, repita-se, imprescindíveis para a compreensão de sua própria obra.

Na sua longa carreira, em que são incontáveis os esforços para, renovando-se, inovar, quer quanto ao gênero, quer quanto às técnicas, ressaltam certas constantes temáticas. Solidão, sofrimento, fracasso, angústia, absurdo da condição humana e morte – são os temas maiores beckettianos, com os quais se associam outros mais. A célebre afirmação de Camus, em *Calígula* – "Os homens morrem e não são felizes"[64] –, poderia partir de muitas personagens de Beckett, por resumir ou conter seus grandes temas: o homem só, com dificuldade de comunicação, sofredor, num universo hostil, inóspito, que só pode despertar sua angústia, diante da incapacidade de encontrar um sentido e uma explicação ao absurdo da existência.

Ora, à entrada de Beckett no panorama literário, a solidão não era um tema novo. Sem remontar ao passado longínquo, sabe-se que outros autores, pouco antes que ele, como Sartre, na peça *As Moscas*, já sublinhara a terrível e mesmo pungente solidão de Orestes, no momento da escolha existencial; Anouilh, em *Antígona*, colocara em cena uma heroína desarmada diante do destino, da mesma forma que Creonte se encontrava também só no poder. Beckett retrata, pois, um tema que estava na moda; mas, se nos autores citados, a solidão confere às personagens uma auréola de grandeza, já em Beckett, a solidão equivale a uma doença que atinge, indistintamente, qualquer homem e não apenas os seres excepcionais, como Orestes ou Antígona, além de que a solidão, nas personagens daqueles grandes autores, é expressa por meio de diálogos, enquanto Beckett, no teatro, a exprime não só com a linguagem verbal, mas também sem ela, lançando mão da concretização cênica. É a materialização, desde o cenário, com lugares desérticos e cortados do mundo exterior, posto em relevo pela luz, materialização característica de Beckett, mas não prerrogativa sua, visto ser também utilizada pelos chamados autores do Teatro do Absurdo.

Sem família, sem vínculos com a sociedade, sem nome (a partir de um determinado momento), seus seres solitários procuram vencer o isolamento em que vivem, apegando-se à palavra; falam todo o tempo, para preencherem o vazio da existência, tentando vencer a soli-

---

64. Paris, Gallimard, 1958, p. 272.

dão. São inesgotáveis, como os dois vagabundos de *Esperando Godot*, que ainda têm nome, embora a conversa acabe por se chocar com as dificuldades de comunicação, fazendo ressaltar a alteridade inalienável de todo ser, posto que cada um está acorrentado a seu ideal, a suas idéias, enfim a suas idiossincrasias. Às vezes, trata-se de mero contato passageiro; retorna, em seguida, a solidão, como se as palavras estivessem gastas, ultrapassadas, e, portanto, insuficientes para a quebra das barreiras. É o que explica, em parte, as freqüentes rubricas (Silêncio, Pausa, Um tempo) nessa peça, entre outras. A atividade verbal pura, isto é, falar por falar, não é capaz de vencer a solidão. E mesmo aquela que se funda na amizade é frustradora, pois há sempre empecilhos isolando os seres. Se Estragão quer aproximar-se do companheiro, Vladimir, não encontra eco e, imediatamente, ele mesmo o repele:

> Vejamos, Didi (*Silêncio*). Dê-me a mão. (*Vladimir se volta*)
> Abrace-me! (*Vladimir se enrijece*) Abandone-me.
> (*Vladimir relaxa. Abraçam-se.*) (*Estragão recua*) Você fede a alho! (p. 21)

Impossível uma aproximação real; impossível também a separação, fazendo com que Estragão, angustiado, grite:

> Não me toque! Não me peça nada! Não me diga nada!

E termine negando o que acaba de dizer, ao pedir companhia:

> Fique comigo! (p. 81)

O viver junto não implica o fim da dor que é a solidão; ao contrário, pode reduzir-se a um relacionamento sadomasoquista, como o caso de Pozzo e Lucky, de *Esperando Godot*, ou de Hamm e Clov, de *Fim de Jogo*, em que uma dor é substituída por outra, mas sempre dor. Aliás, entra aqui o tema da "hostilidade ou ódio das gerações", ódio recíproco, pois os pais repudiam a perpetuação, por meio da paternidade – prolongamento da sua vida –, e os filhos culpam aos pais pela vida que não solicitaram.

Beckett, no seu ensaio juvenil sobre *Proust*, já insistia nessa questão da incomunicabilidade humana, dizendo: "a tentação de comunicar-se, quando nenhuma comunicação é possível, não representa senão uma simiesca vulgaridade, uma farsa horrível, semelhante à doce loucura que o faz conversar com os móveis" (p. 75). E ainda na questão das "relações humanas", nota: "dois dinamismos distintos e imanentes que não são ligados por nenhum sistema de sincronização", havendo "o fracasso predeterminado". É "a tragédia própria a toda relação humana" (p. 28).

É freqüente, na personagem, o gosto por contar histórias, mesmo não sendo agradáveis, pois é uma forma de evasão do seu isolamento. É desdobrando-se que cria a sensação de companhia; falando, como que se divide entre aquele que fala e aquele que ouve, embora esteja na mais negra solidão. Encontra como que um eco à sua voz, ao escutar-se. Contar histórias, criar seres de ficção, poder ser outros, é um recurso para sentir-se acompanhado. E isso, desde os romances iniciais até o final da obra beckettiana. Pense-se em Molloy, Malone, ou o Inominável, protagonistas dos romances homônimos, e suas histórias; são famosos "contadores de histórias". Mas também em Hamm, de *Fim de Jogo*, embora ele as conte a Clov, seu ouvinte obrigatório, sem conseguir, porém, distrair sua solidão, difícil de ser carregada, suportada. Ao multiplicarem as existências imaginárias ao seu redor, provam também sua capacidade de autor, criando vidas. Além de que, por intermédio de suas personagens "criadas" que se locomovem, estão delegando aos seres de ficção o movimento, a gesticulação, a doença, abstraindo-se eles, "contadores de histórias", da mobilidade universal. Abstraem-se ou tentam abstrair-se ainda do próprio sofrimento, enquanto falam de outros, por intermédio dos quais vivem por transferência; mas continuam a sofrer. Mesmo quando falam de si, fazem sua autobiografia, ou nada mais fazem que alinhar uma sucessão de heterobiografias em fragmentos. Falam, porém, e falar é um refúgio contra o nada, se bem que as histórias não sejam intermináveis...

Retomando, pois, um tema antigo – a solidão – tratado e retratado também no século XIX por poetas como Musset, entre outros, e ainda por seus contemporâneos, exprime Beckett sua idéia sobre a questão da alienação fundamental do ser, a alienação inseparável da condição humana. Assim, inútil será a tentativa de fugir pela linguagem ou pela amizade; a solidão continua aguda, insolúvel, visto estar o homem a ela irremediavelmente condenado.

Seres reclusos, numa sala – *Fim de Jogo* – ou mesmo num deserto – *Dias Felizes* –, sem qualquer relação com o mundo exterior e a martelarem suas queixas ou pseudo-euforias, a infringirem-se os mesmos suplícios, ainda que às vezes velados, vivem numa espécie de "auto-encarceramento". Se Beckett exprimiu a idéia de "arte de encarceramento", ao comentar a pintura dos holandeses van Velde[65], e essa expressão pode ser atribuída à sua própria arte, pode-se perguntar se não seria possível, ao tratar de suas personagens, acrescê-la com *auto*? Afinal, ilustram o encarceramento natural do homem, de maneira mórbida, posto que o alimentam.

Assim, como ser feliz? Como evitar a angústia? As miseráveis criaturas de *Esperando Godot* pelo menos se divertem ainda, embora conscientes do sofrimento; e pedindo ou não ajuda:

---

65. "Bram van Velde", em *Trois dialogues*, ed. cit.

ESTRAGÃO (*fracamente*) – Ajude-me!
VLADIMIR – Você sofre?
ESTRAGÃO – Sofre! Ele me pergunta se sofro!
(p. 11)

POZZO (*voz branca*) – Socorro! [...]. Acudam-me! Piedade!
(p. 108)

POZZO – Piedade! Piedade!
(p. 109)

E o mesmo acontece com as criaturas de *Fim de Jogo*, que assim se referem, de início, ao sofrimento de Nagg, enterrado em sua lata de lixo:

CLOV – Ele chora.
(*Clov tampa a lata, endireita o corpo*)
HAMM – Portanto ele vive. (*Um tempo*) Você teve talvez um instante de felicidade?
CLOV – Não, no meu conhecimento.
(p. 85)

Desde o início até o final da obra beckettiana, são encontráveis seres solitários. No seu último volume de teatro, *Catástrofe e Outros Dramatículos*, que reúne várias peças curtas, há uma verdadeira galeria de solitários. E, com exceção da mulher de negro, "de *Cadeira de Balanço*", todos os protagonistas são homens e velhos – a velhice é outra constante –, sendo que, em *Improviso de Ohio*, há o desdobramento do *eu*: dois *eus, tão semelhantes quanto possível* (diz a rubrica), mas um único solitário. É a solidão de vidas fracassadas, sem recuperação, pois é o já vivido; falam elas do passado, com a voz cansada e triste da desesperança. É a velhice ou a pré-morte.

Mas isso não ocorre apenas no teatro. Também os romances e os textos em prosa estão povoados de criaturas solitárias. Solitária é a personagem do texto *Companhia*, um dos últimos e mais elogiados do autor. Deitado de costas, em meio à escuridão, um homem idoso revê cenas da infância, adolescência e idade adulta, imaginando coisas para ter companhia; mas sempre só, última palavra do texto: *SÓ*. Justamente quando procura *companhia*, título fundamental.

Os solitários ocupam a obra beckettiana, sempre. E os textos da década de 80 apenas são o arremate de uma constatação – a solidão irremediável da criatura humana, também originalmente expressa em vários textos anteriores. Winnie, no teatro, embora com o marido, é talvez o exemplo mais acentuado da solidão, semi-enterrada como está num deserto inóspito. E a mulher, desolada, do texto *Bastante*, que evoca, sem qualquer nota patética, o parceiro, agora desaparecido; os dois seres imóveis, cada um na metade de uma rotunda, de *Imaginação Morta Imagine*; o ser imóvel, em meio ao branco espectral, de

Bing; o ser também imóvel, no centro de uma paisagem imensa e nua, em *Sem*; e até mesmo o protagonista do *Filme* mudo, que procura escapar do olhar indiscreto da câmera, todos da década de 60, época das mais produtivas e que valeu a Beckett a obtenção do Nobel (1969), são todos pobres seres solitários. Homem ou mulher, não importa, pois o homem é menos um ser sexuado que um representante da raça humana; um *Everyman*. É a preocupação de universalidade de Beckett, sua marca. Com exceção de Winnie, todos os que foram aqui enumerados não têm nome, não têm sequer rosto. São apenas solidões, fora do tempo e do espaço. Beckett também foi um solitário, principalmente quando ainda na Irlanda e sem perspectivas de realização como escritor. Porém, desde cedo, transfere sua solidão, seja a Victor, protagonista de *Eleutheria*, seja a Murphy, suas primeiras grandes criações, no teatro e no romance, respectivamente. E tal característica, nunca é demais insistir, não é abandonada no futuro, até o final.

Winnie, em *Dias Felizes*, com todo o otimismo de que é capaz, procura vencer a solidão; atolada, literalmente, num monte, numa situação adversa, não pode, num determinado momento, sufocar a constatação de que sua cabeça está cheia de gritos, desde sempre. E não são gritos de alegria, afirma ela:

> Está claro, ouço gritos. (*Um tempo*) Mas eles estão na minha cabeça, não? (*Um tempo*) É possível que (*Um tempo*. *Com firmeza*) Não, não, minha cabeça está cheia de gritos, desde sempre. (*Um tempo*) Fracos gritos confusos. (pp. 77-78)

Está assim, elipticamente, exprimindo sua angústia, seu inconformismo diante do impasse de sua existência, deslizando pouco a pouco, minuto após minuto, para o fim, para o total sepultamento. Não há escapatória diante do irremediável da morte. E, os gritos, dentro da cabeça, martelando-a, não vêm à boca; são gritos mudos, mas nem por isso menos dolorosos e angustiados. O suicídio – e ela tem um revólver – abreviaria a agonia da espera e a angústia da morte lenta, idéia liberadora que também assalta outras criaturas como os dois velhos vagabundos de *Esperando Godot*, sem que no entanto se concretize. Estão paralisados. Por medo do absoluto? Ou por falta de esperança também no além? Quais as garantias de uma vida melhor? Afinal, como já citado, não conhecem nem nunca conheceram a felicidade, como afirma Clov à pergunta de Hamm, em *Fim de Jogo*:

> HAMM – Você já teve um instante de felicidade?
> CLOV – Não no meu conhecimento.
> (pp. 84-85)

Nascer-viver-sofrer-morrer – é a vida. Ou o homem que arrasta a vida, sem apoio de Deus, torturado pela solidão moral, além da física, pela angústia, e corroído pelo tempo implacável que o leva, sem descanso, lentamente, para a morte – o quê? O homem para quem apenas resta uma existência desprovida de sentido e de esperança. Ausência de valores nos quais apoiar-se; ausência de Absoluto. Resultado: o mais agudo pessimismo. Reflexo do homem do século XX, aniquilado pelos anos de guerra e pela ciência nova que destruíram a fé em sistemas racionais, filosóficos ou políticos. Total ausência de fé, de esperança. A época dos Malraux, Sartres e Camus, confiantes na *ação*, estava passando; com ela – a dos anos 40 –, envelheciam os termos *autenticidade* e *engajamento*, sendo substituídos – nos anos de 50 – por *solidão, sofrimento* e *absurdo* da *condição humana* (herança, aliás, dos existencialistas).

No caso das personagens beckettianas, é impossível deixar também de associá-las ao seu criador, que, como já foi aqui rapidamente assinalado, durante uma certa época, foi sujeito a crises depressivas e a distúrbios psicossomáticos, tendo sido obrigado a recorrer, durante anos, à psicanálise, como atestam seus biógrafos.

Diante do absurdo da condição humana e da ausência de justificativa e sentido da existência, as perguntas que o homem se faz a respeito permanecem sem resposta, pois não há resposta logicamente satisfatória. O problema metafísico que fez vibrarem intelectuais (Camus, Sartre e tantos mais), se bem que com divergências, está ilustrado na obra beckettiana, sobretudo o *absurdo metafísico* que provém menos da *natureza do homem* que de sua *situação no universo*, bem expresso nas frases aqui parcialmente transcritas:

– (a vida é) uma longa viagem [...] destino sepultura.
(*Textos para Nada*, p. 117)

Pozzo – Elas dão à luz a cavalo sobre um túmulo, o dia brilha um instante, depois é a noite de novo.
(*Esperando Godot*, p. 126)

O fim está no começo e, no entanto, continua-se, frase, aliás, proferida por Hamm, em *Fim de Jogo* (p. 91). É o absurdo da condição humana expresso por Beckett, de maneira original, diferente da de Camus ou Sartre, que, pensadores, discorrem sobre ele, mas não o mostram. Já Beckett, sobretudo artista, associa a metafísica e a estética, por exemplo, no teatro, e em especial, em *Esperando Godot*, que vem sendo considerada a grande *farsa metafísica*. Nela, o trágico e o derrisório se unem para pintar o absurdo da condição humana; e a tragédia e a derrisão se fazem presentes, também em *Fim de Jogo*, quando se ouve Nell, enterrada em sua lata de lixo, dizendo:

– Nada é mais cômico que a infelicidade [...]. Sim, sim, é a coisa mais cômica do mundo. (pp. 33-34)

A derrisão, característica também de outros cultores do Teatro dito do Absurdo, se reveste na obra beckettiana de formas agressivas, cínicas e mesmo amargas, atacando a religião, o amor, e os clichês ou frases consagradas, havendo dois tipos: a derrisão voltada para o exterior; e a derrisão voltada para o próprio locutor. É em *Fim de Jogo*, que se encontram as seguintes falas de Hamm. Após ter começado uma oração, logo conclui:

– O sujo! Ele não existe! (p. 76)

E, parodiando Ricardo III, Ato V, Cena 4, diz:

– Meu reino por um *lixeiro*. (p. 38)

Chega a deformar provérbios de ressonâncias bíblicas:

– Ide e amai-vos! Lambei-vos uns aos outros. (p. 91)

Do segundo tipo é a derrisão que o velho protagonista de *A Última Gravação* dirige a si mesmo, ao ouvir a gravação de sua voz jovem. Faz considerações sobre seu passado; denigre-se:

Acabo de ouvir esse pobre cretinozinho por quem eu me tomava há trinta anos, difícil crer que eu tenha sido alguma vez tão imbecil a esse ponto. (p. 27)

É tal um protesto, amargo e revoltado, diante da oposição entre o esperado e o encontrado na vida. Como pode também a derrisão ser o resultado do contraste entre a busca de sentido e a frustração; ou entre a sede de absoluto e a impossibilidade de saciá-la?

Derrisória ainda é a ruptura da ilusão teatral praticada por Beckett, quando se dirige ao público, em suas primeiras peças, sugerindo-lhe que seu universo é pura ficção. Ou ri de sua obra, fazendo com que o público também ria. São as piscadelas coniventes das personagens destinadas aos espectadores, em *Esperando Godot*; e é principalmente o emprego sistemático desse procedimento em *Fim de Jogo*, peça que sugere, desde o título, que a *existência* e o *teatro* podem ser entendidos como um jogo. Se o dramaturgo católico Calderón de La Barca, que ele conhece muito bem, a ponto de citá-lo, em *Proust*:

Pues el delito mayor
del hombre es haber nacido.
(p. 79)

considera que *a vida é um sonho* – título de sua peça –, cujo despertar com a morte é a vida sobrenatural, eterna, já para Beckett, incréu, contestador, sarcástico mesmo, a vida é um simples jogo, jogo derrisório, e esse jogo está no fim – *Fim de Jogo*. Já no começo da peça, as falas de Hamm são reveladoras do jogo que ele vai representar; e sua atuação como ator, e também como autor de histórias (ou seu narrador), é sublinhada várias vezes, ao longo da obra, inclusive por termos de teatro que ele faz questão de exibir, tais como o *aparte*, ou o *solilóquio* (não apenas teatral), dizendo a Clov:

> Um aparte! Imbecil! é a primeira vez que você ouve um aparte?
> (*Um tempo*) Começo meu último solilóquio! (p. 102)

É Beckett rindo de Hamm, da peça, ou rindo também de si mesmo, o autor da peça. Ou do homem. O homem-ator do jogo teatral que é a vida. Mas a derrisão é aqui menos dolorosa, pois provoca então "o riso dos risos, o *risus purus*", segundo a nomenclatura beckettiana expressa no romance *Watt*, em que se lê:

> O riso sem alegria é o riso poético [...] é o riso dos risos, o *risus purus*, o riso que ri do riso [...] o riso que ri – silêncio por favor – daquilo que é infeliz. (p. 55)

E deve-se notar que, ao lado desse *risus purus*, poético, sem alegria, assinala aqui o autor dois outros tipos de riso: "o amargo" que "ri do que não é bom, é o riso ético"; e "o riso amarelo" que "ri do que não é verdadeiro, é o riso judiciário" (p. 55).

E Beckett ri. Da vida. Vida condenada à morte.

A morte está no centro da obra beckettiana; não se pode pensar em Beckett sem nela pensar. E, no entanto, ele não faz ver a morte, diretamente ou com pormenores macabros; jamais um agonizante pálido de dor e em estertores, jamais um cadáver sendo consumido por vermes vorazes, se bem que na *Trilogia* seja evidente a decomposição física.

Sua obra não é um quadro tradicional da morte, nem mesmo um discurso sobre a morte; mas esta a domina, visto poder estar presente em cada parágrafo, em cada frase. E é justamente por isso – não discursar sobre a morte –, que "Beckett resume, ultrapassa e renova o discurso multissecular do pensamento trágico sobre a morte", como bem expressa Alfred Simon[66].

A personagem beckettiana – o homem –, dada sua condição mortal, não deixa nunca de conviver, coerentemente, com a morte, de andar com sua morte, de dormir com sua morte, de trazê-la sempre consigo, através do tempo. Ou, como ele diz, falando "das criaturas de Proust": "são vítimas dessa circunstância preponderante que é o tempo", "vítimas e prisioneiras", pois "não escapamos nem das horas nem

---

66. *Beckett*, Paris, Belfond, 1983, p. 130.

dos dias" (p. 23). E chega a morte. O homem não é imortal. Não é imortal, mas por outro lado, não atinge jamais a morte; ou melhor, ela nunca o atinge, com exceção de Murphy, protagonista do primeiro romance beckettiano que é um autêntico paradoxo.

Beckett, no início de sua carreira, freqüentemente nos mostra, no romance ou no teatro, ou em textos vários, a pré-morte, numa imagem pessimista (ou lúcida?) da vida humana. E, segundo Alfred Simon, já mencionado, parece que essa marcha para a morte ou a dissolução do homem beckettiano reforça a idéia da dissolução do mundo e vice-versa, pondo-se Beckett de acordo com Musil, para quem "a literatura deve traduzir o que os acontecimentos têm de fantasmal"[67].

Mas por que Beckett se deleita, nos romances da *Trilogia*, na descrição de doenças e deformidades? Convém recordar que, durante anos, além de vítima do alcoolismo, o é de outras enfermidades. É o eterno doente, com sua furuncolose periódica e suas crises de angústia e depressão, acompanhadas de tremores noturnos, além de insônia – doenças psicossomáticas, justamente por sentir-se insatisfeito consigo mesmo, com seu ambiente, não apenas familiar. Com a vida, enfim. Além disso, assiste, em 1933, à morte do pai, que idolatrava, e presencia a decadência física de parentes queridos, com pernas amputadas e órgãos desfalecentes. Freqüenta ainda por aquela época o consultório do Dr. Thompson – psiquiatra irlandês que se sente atraído por seus problemas psicossomáticos –, e fica fascinado pelas deformidades físicas dos internados no hospital em que aquele clinica. É quando concebe *Murphy*, associando suas experiências pessoais à leitura de Geulincx. Talvez, a partir de então, tenha despertado o interesse, e mesmo a atração revelada mais tarde em sua obra, pela *morte*, "doença mortal que atinge o homem desde o nascimento". Mas mesmo no seu ensaio sobre *Proust*, de 1930, já a idéia da morte se insinua. Acrescente-se a isso o fato de ter descoberto Beckett o *Diário*, de Jules Renard, no qual este descreve os sintomas, a marcha de uma doença, enfim, os tormentos do corpo que a decrepitude acelera, sem omitir alusões banais às funções orgânicas naturais[68]. É mister salientar ainda que ver e pressentir os horrores da guerra constituem um dado importantíssimo em sua vida, marcando-lhe a obra como bem assinala, entre outros, o biógrafo James Knowlson[69]. Mas, como já assinalado, a morte já se fazia presente, muito antes.

Não há, na obra beckettiana, apenas a degradação física. É impossível separar a vida do corpo da vida do espírito, tanto quanto "há a impossibilidade de pensar nas duas, juntamente", visto ser "a cabeça

---

67. *Idem*, p. 130.
68. *Idem*, pp. 84 e 87.
69. *Damned to Fame – The Life of Samuel Beckett*, London, Bloomsbury, 1997.

o lugar em que o corpo e o espírito se dão conta dessa impossibilidade", donde o sofrimento diante do fato de sentir-se "encurralado entre o cérebro e o mundo", observa Alfred Simon[70].

É no romance *O Inominável* que se lê:

> É talvez isso que sinto, que há *um fora* e *um dentro* e *eu no meio*, é talvez isso que sou, a coisa que divide o *eu* em dois, de uma parte o fora, de outra parte o dentro, isso parece fino como uma lâmina. Eu me sinto que vibro, sou o tímpano, de um lado, e o cérebro, do outro, é o mundo (p. 160, o grifo é nosso).

Ou, como disse alguém, Beckett vê a vida como uma longa e interminável gangrena, em que os homúnculos, e não homens, perdem seus membros, um a um. Em sua famosa *Trilogia*, encontram-se os exemplos mais impactantes dessa deterioração progressiva: a morte como um apagar da vida, seria uma libertação, representando o retorno à não-consciência, característica do antenascimento. Mas as personagens não morrem: Molloy, do romance homônimo, paralisado pouco a pouco, vai terminar seu longo percurso para alcançar o quarto da mãe, como ser rastejante. Malone, já no começo do romance, também homônimo, além de quase surdo e cego, está inerme sobre uma cama, onde espera a morte, mas não acaba nunca de acabar. Isso a despeito do título, *Malone Morre*. E o Inominável, do romance com o mesmo título, passa de perneta a homem-tronco, semi-enterrado numa jarra, enquanto diminuem suas faculdades, perdendo inclusive o aspecto humano. É o Beckett dos primeiros tempos ou o *primeiro Beckett* que, em frias descrições, pinta o horror da decomposição, a imundície da inevitável deterioração humana, como numa espécie de fascínio pelo abjeto, pela decadência do homem. É a captação do processo lento de morrer ou da decadência em marcha, em câmera lenta, sem no entanto chegar ao *flash* final: a morte definitiva.

O narrador de *O Inominável* se indaga, e essa poderia ser também uma indagação dos outros – Molloy, o rastejante; Malone, o inválido que não acaba jamais de morrer; Mahood, coberto de pústulas... –, associando os temas morte/tempo, inseparáveis:

> por que *o tempo não passa, não o deixa*, por que *ele vem se amontoar ao seu redor, instante após instante*, de todos os lados, cada vez mais alto, cada vez mais espesso, seu tempo *seu*, o dos outros, o dos velhos mortos e, dos mortos a nascer, por que *ele vem enterrá-lo com conta-gotas nem morto nem vivo*, sem memória de nada, sem esperança de nada, sem conhecimento de nada, sem história nem futuro, *sepultado sob os segundos*, contando não importa o quê, com a boca cheia de areia (p. 171, o grifo é nosso).

Se a personagem, como o velho Krapp de *A Última Gravação*, lida com o tempo, graças ao seu gravador, marcando sua decrepitude,

---

70. *Op. cit.*, p. 87.

ressalta a ação corrosiva dos anos. E a contundente impossibilidade de recuperar o tempo já vivido.

O tempo é responsável pelo desgaste físico e mental do homem. E de toda a sua agonia. Agonia que não encontra seu desenlace esperado; é um impasse. Ou uma sádica suspensão do desfecho, condenando o homem a arrastar sua vida? Se não conseguem morrer, é porque não nasceram, é a sugestão de Beckett – idéia que ele coloca na boca da Sra. Rooney, da peça radiofônica *Tudo o que Cai*. Diz ela que assistiu a uma conferência, em que o especialista contava o caso de uma doente que se entregara à morte, porque, na verdade, nunca havia nascido. O curioso é que Beckett empresta à personagem sua própria experiência: assistira ele a uma conferência proferida por Jung, na Clínica Tavistock, cujo tema – justamente esse – o impressionara, a ponto de não mais esquecê-lo[71]. Assim, em obras várias, se não nasceu, não pode morrer a personagem. Donde a necessidade de "nascer vivo" e não morto, como afirma a personagem-narradora de *O Inominável*. Mas o nascer já é morrer. E o nascer morrendo é expresso por Beckett, mediante os termos rimados, com equivalência de sinônimos: *womb-tomb* (em inglês) e *berceau-tombeau* (em francês) ou *berço-sepultura*, metáfora recorrente em sua obra, seja em *Malone Morre*, seja nos *Textos para Nada*, ou até na pantomima *Ato sem Palavras II*, com o saco-ventre materno e o saco-sepultura. É a vida-na-morte. Ou, segundo Evelyne Grossman, Beckett assim iniciaria seu *teorema*: "Toda gravidez é um abcesso a ser esvaziado. Inversamente, todo abcesso é uma gravidez em potência"[72]. Aliás, explica-se Malone – "Nascer é a minha idéia, atualmente [...] *minha mãe não pode mais, eu a apodreci*, ela está morta, *ela vai dar à luz por via de gangrena* [...] *eu abrirei a saída, vagindo em pleno ossário*, aliás, não darei vagidos, não vale a pena" (p. 94, o grifo é nosso) – perdurando a fusão, e mesmo a confusão, entre mãe e filho. Vale ressaltar a presença da obsessão pela mãe nas obras de Beckett, durante anos, e insistir em seus problemas de relacionamento com ela, relatados pelos biógrafos.

Vida e morte. Nascimento e morte. Obsessões beckettianas. Quem melhor que ele para levar o homem a encarar a morte, que traz em si desde o nascimento, e que o corrói dia após dia, hora após hora, tornando-o uma vítima do tempo indiferente? Pondo-a sempre diante do leitor ou espectador, nada mais faz que restituí-la ao homem – restituir ao homem *sua* própria morte.

Extraordinária vem sendo a arte beckettiana na sua pintura da morte, à medida que avança na sua carreira: sóbria, serena, eficaz, e sobretudo original, seja nos textos em prosa, seja no teatro. Ora, pairando melancolicamente sobre Estragão e Vladimir, pobres rebotalhos

---

71. Deirdre Bair, *Samuel Beckett*, Paris, Fayard, 1979, pp. 196-197.
72. *Op. cit.*, p. 50.

humanos hoje, após terem sido alguém, no passado; ora, tragando Winnie, inexoravelmente, para o interior da terra; ora, ainda, encarcerando as personagens na casa-prisão de *Fim de Jogo*, quando não as sufoca em latas de lixo ou jarras, com a cabeça como que destacada do corpo (*Fim de Jogo* e *Comédia*).

Todo o universo beckettiano, desde o início, é dominado pela morte. A árvore sem folhas do Ato I, em meio à luz crepuscular, de *Esperando Godot*, não deixa de ser um símbolo de um mundo morto, que assim comentam:

> VLADIMIR – Dir-se-ia um salgueiro.
> ESTRAGÃO – Onde estão as folhas?
> VLADIMIR – Deve estar morto.
> ESTRAGÃO – Estão acabadas as dores.
> (p. 17)

E, embora haja folhas na árvore, já quase no final, numa das passagens altamente poéticas, os dois vagabundos-palhaços crêem ouvir, um momento, "o ruído de asas", de vozes mortas, e pressentem a carneira dos pensamentos mortos. É o clima ameaçador, sufocante, da morte, sugerindo o vazio. Dizem, de maneira simétrica, como um eco, num espaço vazio:

> ESTRAGÃO – Todas a vozes mortas.
> VLADIMIR – Isso faz um ruído de asas.
> ESTRAGÃO – De folhas.
> VLADIMIR – De areia.
> ESTRAGÃO – De folhas.
>
> *Silêncio*
>
> VLADIMIR – Falam todas ao mesmo tempo.
> ESTRAGÃO – Cada uma à parte.
>
> *Silêncio*
>
> VLADIMIR – Cochicham, antes.
> ESTRAGÃO – Murmuram.
> VLADIMIR – Sussurram.
> ESTRAGÃO – Murmuram.
> (pp. 87-88)

E ainda:

> VLADIMIR – De onde vêm todos esses cadáveres?
> ESTRAGÃO – Esses ossos.
> VLADIMIR – Pois é.
> ESTRAGÃO – Evidentemente.
> VLADIMIR – A gente deveria pensar um pouco.
> ESTRAGÃO – Bem no começo.
> VLADIMIR – Um carneiro, um carneiro.
> ESTRAGÃO – Não se deve olhar.
> (p. 90)

Vertigens do vazio. Do nada. De pausas da não-existência – é o tempo morto da espera de *Godot*, que não virá. É como se, nas pausas, estivesse Beckett fazendo ouvir a respiração silenciosa da morte, que se aproxima cada vez mais, encurralando-os.

É importante ressaltar a questão do desmembramento do corpo das personagens a que Beckett também recorre, ao avançar sua carreira, pensando sempre nos efeitos da luz. É a luz reveladora que põe as personagens em relevo, luz da qual Beckett lança mão com freqüência, criando imagens que podem "remeter a uma representação heróicômica da decomposição, *com valor exorcizante*" como também assinala Evelyne Grossman (p. 105, o grifo é nosso). Na peça *Comédia*, por exemplo, as três cabeças que emergem das jarras – tais urnas funerárias – só falam quando iluminadas por fortes focos de luz, que as destacam da sombra; tornam-se, então, estranhos objetos estéticos. O autor aqui usa, pela primeira vez, a luz do projetor, não só para isolar, tornar salientes os rostos, como também para extrair-lhes a fala. Visíveis e audíveis, ao mesmo tempo suspensas as cabeças acima do palco. Mas saem dessas urnas funerárias, separadamente.

Já em *Aquela Vez*, suspende o rosto pálido, e só o rosto, do Recordador, iluminado, três metros acima do palco, e o faz escutar fragmentos de sua própria voz gravada; ou ainda na peça para a televisão, "Nacht und Träume", faz com que se vejam, iluminadas, sobretudo a cabeça e as mãos do Sonhador que sonha com seu duplo e com mãos femininas saindo da sombra, para pousá-las sobre as do "sonhado". É sempre a sugestão da morte, para a qual a luz muito contribui.

A luz como que entalha, recorta e decompõe os corpos, separando-lhes a cabeça e extorquindo-lhes a voz, como no primeiro exemplo. Conforme o entender de Beckett, autor já maduro, sob o efeito da luz, o texto se torna *quadro* – "texto-quadro, em movimento, e não imagem imóvel". Faz assim "*nascer a morte*, literalmente", salienta ainda Evelyne Grossman (p. 105). É a morte que nasce e não um nascimento na morte, com a putrefação dos corpos em decomposição ou de corpos se degradando ainda em vida, o que acontecia nos primeiros romances, que constituem a *Trilogia*. Há, no Beckett maduro, um especial refinamento na expressão da morte ou "a estetização da morte" – a morte tratada esteticamente. Ou, segundo a autora citada, é *a estética da morte* (pp. 103-122).

Profundo conhecedor e admirador da pintura, já escrevera Beckett, como se sabe, ensaios sobre a pintura moderna, sobretudo a dos holandeses Bram e Geer van Velde, tendo elogiado, em especial, o primeiro, por ter praticado:

uma pintura da *coisa em suspense*, eu diria naturalmente da *coisa morta, idealmente morta* [...]. Isto é que a coisa que lá se vê não é mais somente representada como suspensa, mas estritamente tal qual é [...]. É a coisa só isolada pela necessidade de vê-la, pela necessidade de ver. *A coisa imóvel no vazio*, eis enfim *a coisa visível, o objeto* puro[73].

Beckett estaria representando então, agora, já para o final de seu trabalho de escritor, "a irrepresentável beleza da morte" ou "o desvelamento do que é indesvelável", transpondo para sua obra a lição aprendida com aqueles pintores, ou aquilo que ele, Beckett, vê ou acredita neles ver. Usa, é óbvio, não tintas, mas vozes mortas, silhuetas mortas, ou "respiração de vozes mortas, rostos nimbados de sombra dos fantasmas". É a morte, "na inquietante estranheza de uma aparição", como expressa ainda Evelyn Grossman (p. 107).

Em não poucos textos do final de sua vida, encontram-se espectros, assexuados, com seus longos cabelos brancos, vestidos com longas túnicas ou camisolas brancas, imagens de mortos que retornam para junto dos vivos. São o Recitante, de *Solo*; o Recordador, de *Aquela Vez*; o Leitor e o Ouvinte, de *Improviso de Ohio* – textos-quadros de beleza ímpar. Entre eles, sobressai talvez a figura do Recitante, que fala de maneira melancólica e apenas audível, de alas e alas de mortos, num verdadeiro réquiem, que é *Solo*. Não é um mero Recitador, que recita ou declama um texto, mas um *Recitante*[74], que executa sozinho um trecho musical, pois *Solo* é um exemplo de musicalidade:

> Imóvel cabeça alta fixa o além. Nada que se mova. Mova apenas. *Trinta mil noites de fantasmas* para além. Para além da noite para além. *Luzes fantasmas. Noites fantasmas. Funerais fantasmas.* Lá pois a fixar o vazio negro. De lábios trêmulos de palavras apenas percebidas. Tratando de outras questões. Tentando tratar de outras questões [...]. *Jamais senão uma única questão. Os mortos em alas* (pp. 36-37, grifo é nosso).

Não há outras questões, senão a morte, reafirma Beckett. E ele a trata de forma ímpar – é a inimitável captação da incaptável beleza da morte. Obra de um esteta!

---

73. "Le monde e le pantalon", ed. cit., p. 30 (o grifo é nosso).
74. Segundo o *Dicionário Caldas Aulette*, "Recitador – o que recita, declama" e "Recitante – *Mús.* aplica-se a vozes e instrumentos que executam a sós um trecho musical". Daí, a preferência por *Recitante*. Em francês, explica o *Dictionnaire Larousse*, que aqui traduzo, *Recitante* "é aquele que recita; em particular, que comenta a ação em cena, no teatro ou no cinema". E, na música: "Pessoa que, num oratório, numa cantata ou numa cena lírica, é encarregada de cantar os relatos".

2. À Procura de uma Linguagem Pessoal

PRIMEIROS ROMANCES EM INGLÊS

Samuel Beckett está associado, hoje, sem dúvida, ao monólogo monótono e interminável, à indefinição do tempo e do espaço, à autodestruição da linguagem, à obsessão do silêncio e ao despojamento ou depauperamento progressivo de seus textos. Mas, não foi sempre assim. O despojamento, por exemplo, que marcaria seus textos, a partir do final dos anos 40, e que se foi acentuando, não representa senão o eliminar, e mesmo o condensar, da extraordinária proliferação de sua obra inicial: uma obra recheada de erudição, barroca, produto de um Beckett ainda jovem e inexperiente. Pense-se, entre outros, em *Murphy*, seu primeiro grande romance em inglês...

Dominando tantas línguas, além do inglês, rodeando-se de artistas das vanguardas, e escudado por uma vasta cultura abrangendo vários campos, nada mais natural que empenhar-se Beckett na busca de uma linguagem pessoal. Afinal, contemporâneo, amigo do criador de *Ulisses*, que já se tornara um mito, e tendo colaborado com um artigo na obra coletiva de explicação de *Finnegans Wake*, inevitável uma postura revolucionária e contestadora em relação à literatura, mesmo porque já eram evidentes as transformações na música e na pintura.

É oportuno salientar que, sobretudo em alguns romances, por intermédio de suas personagens, exprime a busca de uma linguagem pessoal, colocando em cena justamente protagonistas-escritores que discorrem sobre seu trabalho e deparam com a distância ou separação entre o que querem dizer e o que, de fato, dizem, quando não interferem diretamente no processo de narração. Neste último caso, como se verá logo mais, os romances da *Trilogia* são exemplares, correspondendo a três etapas da aventura do narrador, vistas sob uma óptica satírica[1]. Sátira, pois seu objetivo é atacar o narrador tradicional.

Mas quanto ao fato de as personagens dizerem o que e como querem dizer supõe a possibilidade de uma linguagem nova e muito pessoal, cuja conseqüência poderia vir a ser a incompreensão e a não-comunicação. Usar as palavras de todo o mundo, e não as próprias, pode resultar na não-satisfação plena da vontade de bem exprimir-se e, por outro lado, usar palavras com conotação totalmente pessoal – o ideal do falante ou narrador – será não favorecer a comunicação. Um impasse a vencer.

Veja-se, porém, como se manifestam seus narradores em algumas obras. O narrador de uma de suas primeiras novelas – *Primeiro Amor*[2] –, autobiográfica em certa medida, confessa que está consciente da não-personalização da sua fala, quando nota:

> Acontecia-me de tempo em tempo de deixar escapar [...] frases impecáveis sob o ponto de vista gramatical mas inteiramente despidas não direi de significado, porque examinando-as bem elas tinham um, e às vezes vários, mas de fundamento (p. 46).

Já Moran, do romance *Molloy*, reconhece, inconformado, os desvios da linguagem, dizendo:

> Parecia-me que toda linguagem é um desvio da linguagem. (p. 179)

enquanto *O Inominável* se exaspera quando sente a existência de um fosso entre o significado que o ouvinte compreende e o fundamento que ele, falante, pretende transmitir, dizendo:

> Há uma única palavra minha no que digo?
> Não. (p. 123)

Mas, mesmo antes da revolucionária *Trilogia*, já em *Murphy* e em *Watt*, já havia essa preocupação com uma linguagem pessoal, sendo que o protagonista, desse último romance, após muitos esforços e tentativas para compreender o mundo, sente desconfiança em relação às palavras, dando-se então conta do que a Lingüística, desde Saussure, assinala: a arbitrariedade do significante.

E é interessante notar que muitas personagens beckettianas falam de "palavras mortas", como por exemplo no "Texto XII", dos *Textos*

---

1. *Trilogia* é composta por: *Molloy*, *Malone meurt* e *L'Innommable*.
2. *Premier amour*, Paris, Minuit, 1970. Traduzido para o inglês por Beckett: *First Love*. London, Calder and Boyars, 1973.

para Nada. Ou em *Tudo o Que Cai*, peça radiofônica, em que se ouve um comentário da Sra. Rooney entabulando um diálogo a respeito com o marido. Diz ela que tem a impressão de que se bate com "uma língua morta", ao que ele responde:

– [...] eu mesmo a tenho. Quando me acontece de me surpreender com o que estou dizendo. Ela acabará por morrer, como nosso pobre gaélico. (p. 64)

Suspeita em relação ao vocabulário muitas personagens a têm; mas em *Malone Morre*, ela invade também o terreno da sintaxe. Começa a desagregação da linguagem que, se atinge um ponto alto em *O Inominável*, chega ao clímax no romance *Como É*. Há, neste, a desarticulação da linguagem que é, justamente, o resultado do trabalho do narrador no sentido de empregar uma linguagem pessoal; e é o triunfo do trabalho de personalização da linguagem pelo narrador, pondo-a de acordo com o ritmo respiratório do protagonista, um ser rastejando na lama e que está ofegante. Se é o triunfo, é, paradoxalmente, o limite da legibilidade. Depois desse romance estranho, impossível seria a compreensão, se Beckett persistisse na mesma linha. A revolução na linguagem de Beckett, no entanto, não foi imediata, sendo suficiente a focalização de seu primeiro grande romance, *Murphy*. Está preso, ainda, como já salientado, a uma "fase barroca". Ao lado de sua sintaxe trabalhada, vêm estrangeirismos oriundos de distintos idiomas, excesso de alusões eruditas, complicados jogos de palavras, obscuridade com excesso de citações, e os mais variados registros lingüísticos. É a erudição que não deixa de aparecer também nos textos da década de 50, com suas numerosas alusões e citações, quando não pseudocitações, paralelos, ressonâncias etc., erudição à qual mesmo o teatro não escapa, sendo suficiente a lembrança, seja de *Fim de Jogo*, com suas referências à Bíblia, a Shakeaspeare ou a Baudelaire, entre outros, seja de *Dias Felizes*, com a infatigável protagonista, cujas falas estão impregnadas de Milton, Schopenhauer, Shakespeare, Dante e de tantos poetas de língua inglesa, cujo desvendamento, bem como a fruição, dependem da bagagem literária, cultural, do espectador ou leitor. Talvez mais do leitor atento. No caso de *Murphy*, sua decodificação plena parece estar ainda longe, tal a sua malha de dificuldades, produto da cultura, realmente, enciclopédica do autor.

Em *Murphy*, há o predomínio das falas – a presença da voz, que marcará depois a obra beckettiana, não é ainda o seu "modo essencial" –, mas as falas não equivalem propriamente a diálogos, havendo antes um cruzar de monólogos. E o monólogo será uma constante na obra beckettiana, em geral.

No que diz respeito ao seu preciosismo, ao seu barroco estilístico, a crítica especializada tem visto a tradição irlandesa, isto é, o gosto que atinge todos os segmentos sociais da ilha, fazendo uso, entre outros, das belas frases feitas, das alusões oportunas e das imagens que emocionam. No entanto, reconhece a mesma crítica a superioridade de Joyce, seu modelo inicial, totalmente impregnado da tradição popular irlandesa, enquanto em *Murphy* há "uma certa crispação" provinda das "fórmulas demais elípticas, das alusões precisas e crípticas demais, os jogos de palavras refinados demais", produto antes do narrador que tudo infundiu nas suas personagens, tirando-lhes a autonomia, como assinala Topia, no seu ensaio que se aprofunda no estudo desse romance, e sublinha diferenças entre Joyce e Beckett[3]. Aliás, mesmo admirando Joyce, aspirava Beckett a uma certa autonomia, desde o início.

Brilhante, inquieto, não poderia Beckett deixar de ser contestador, sendo visíveis, numa certa medida, desde cedo, os esforços para romper com o tradicional, esforços que aumentariam, de obra a obra, até chegar, por exemplo, no caso do romance, à quase ilegibilidade de *O Inominável* ou sobretudo de *Como É*.

Tradicionalmente, o escritor vinha sendo visto como "o dono da palavra", "o dominador do verbo", dominando a linguagem, de maneira segura e absoluta. Tal como dominava a si mesmo. Conhecida é a apreciação que Valéry faz de Bossuet[4], o orador sacro do século XVII francês, e que Olga Bernal também cita como exemplo de domínio absoluto da palavra:

> Entre a confraria dos escritores, ninguém, na minha opinião, supera Bossuet; *não há ninguém mais seguro das palavras*, mais dominador dos verbos, mais enérgico e mais à vontade em todas as partes do discurso, mais audaz e mais feliz no emprego da sintaxe. *Em resumo, mais dominador da linguagem, isto é, de si mesmo*[5].

Senhor absoluto, o escritor controlava, dominava sua obra. E, no caso do romancista, onipotente e onisciente, ele dominava seu universo ficcional, dispondo do tempo, do espaço, da vida de suas personagens, além das palavras. A delimitação do espaço, nos romances do século XIX, era sempre feita antes da entrada das personagens; portanto, um quadro em que elas se moviam, evoluíam. Enfim, viviam. Com grande precisão, começam os romances de Balzac, um mestre do gênero no século XIX, com uma relação *habitat*/habitante, além da relação espaço/tempo. Recorde-se *O Pai Goriot*, cujo protagonista se sacrifica pelas filhas ingratas, vendo-se obrigado a viver numa pensão

---

3. "Murphy ou Beckett baroque", em *Beckett avant Beckett – Essais sur les premières oeuvres*, ed. J. M. Rabaté, Paris, Accents/P.E.N.S., 1984, pp. 93-119.
4. *Oeuvres*, t. I, Paris, Gallimard, Bibliothèque de La Pléiade, 1957, p. 48.
5. *Lenguaje y Ficción en las Novelas de Beckett*, Barcelona, Lumen, 1969, p. 34 (o grifo é nosso).

barata, a "Pensão Vauquer", e cada vez em apartamento mais e mais modesto. Esta pensão é descrita com todos os pormenores. Tempo, espaço, *habitat*, personagens, tudo é descrito minuciosamente – é a técnica balzaquiana, que Beckett, grande conhecedor da literatura francesa, passa a criticar. Mesmo admirando Balzac, critica seu "mundo cloroformizado". Ou, como diz, literalmente:

> Ler Balzac é receber a impressão de um *mundo em clorofórmio*.
> Ele é dono absoluto do seu material, pode fazer o que quiser com *ele,* pode prever e calcular sua menor vicissitude, *pode escrever o fim de seu livro antes de ter acabado o primeiro parágrafo*[6].

Além de que, nenhuma personagem de Balzac ou de Sartre e Camus, ou de Joyce e Proust, se encontraria na situação da personagem beckettiana, como o Inominável, que se pergunta no início do romance:

> Onde agora? Quando agora? Como agora?

Mas *Murphy* é ainda a estréia de Beckett no romance e num relato na terceira pessoa, situa o protagonista, quanto a: paisagem, espaço definido geograficamente, ambiente e sua formação. O autor-narrador, ainda onisciente, onipotente, não só conhece tudo o que envolve Murphy, mas também sua mente, sua consciência. Tudo vê, tudo sabe, tal um Balzac do século XX (com reservas), que vai esmiuçando a vida de seu universo ficcional. Lendo o início:

> O sol brilhava... Murphy o evitava, sentado, como se estivesse livre, numa passagem de West Brompton, Londres. Lá, durante meses, talvez anos, havia comido, bebido, dormido, vestido e despido, numa gaiola de tamanho médio orientada para noroeste e que dominava um ininterrupto panorama de gaiolas de tamanho médio orientadas para o sudoeste... Em algum lugar, um relógio cuco, após tocar entre as vinte e trinta, se fez eco de um grito de vendedor ambulante... Murphy havia estudado recentemente, na Irlanda, tendo como professor um homem de Cork, chamado Neary (p. 10).

É Beckett que assim fala, fluentemente, de sua personagem Murphy. Criou-a, inventou-a, e sendo produto de sua imaginação é, portanto, responsável por ela e pela ordem que imprime à sua narração. É ainda o senhor onipotente no romance inicial; tudo controla, manipulando seu material. Por outro lado, quando Célia faz a M. Kelly a exposição de seu caso amoroso com Murphy, como ele não gosta da maneira como ela lhe expõe, há não apenas esse relato, mas também considerações críticas *sobre* o como foi feito. É todo um exercício prático sobre como contar uma história. Beckett já, desde então, acusa *a arbitrariedade da narração* e, portanto, do narrador, fazendo com que Kelly interrompa a cada passo a exposição de Célia que transgride

---

6. "Dream of Fair to Middling Women", em *Disjecta*, ed. cit., p. 47 (o grifo é nosso).

as normas por ele estabelecidas, ora com acusações pelo excesso de pormenores, ora por sua carência.

Isso por meio da personagem Kelly. Mas o próprio narrador – e, conseqüentemente, Beckett, o narrador primeiro – interfere, ora incluindo descrições naturalistas, ora resumindo episódios "relevantes". Parodia diferentes procedimentos característicos do narrador onipotente, chegando até mesmo a chamar a atenção para o seu trabalho de manipulador, em lugar de dissimulá-lo e assim dar a ilusão de realidade. Por exemplo, usa o mesmo preâmbulo, com o relato de Célia, ou de Neary, ou de Cooper, para impor seu poder de narrador, que controla e corrige suas personagens. Assim, lê-se:

> O relato de Célia, expurgado, acelerado, corrigido e reduzido, dá o que se segue...

É só mudar o nome da personagem, e lá está o narrador todo-poderoso. Sua capacidade de domínio é mais fácil de revelar-se no relato; e deve-se ressaltar que Beckett, em *sua obra futura*, vai *questionando mais e mais a arbitrariedade do narrador*, mesmo nos momentos em que ele manifestamente se afirma. É o que se nota no romance *O Inominável*, que será, logo mais, rapidamente focalizado; e também no teatro, nas falas de Hamm, o déspota de *Fim de Jogo*, que cria histórias. O narrador é não-confiável; seu depoimento, não-verificável.

Apesar das inovações, *Murphy*, grande estréia de Beckett no romance e que demandou quatro anos de trabalho, embora sem êxito, na época, ainda apresenta um protagonista com nome, localizado num espaço bem-definido, e nele locomovendo-se, só ou acompanhado de personagens também identificadas, em diferentes situações, e dialogando entre si. Beckett cria, com ele, o tipo de homem que será desenvolvido: um inquieto, um eterno insatisfeito e fechado no seu universo interior. Lendo:

> Murphy se pôs a ver o Nada, este brilho incolor do qual uma vez saído da mãe, goza-se tão raramente, que é ausência (para abusar de uma distinção refinada) menos do *percipere* que do *percipi*. Não a paz transida de sua própria suspensão, mas da paz positiva que sobrevém quando as "alguma coisa" cedem, ou talvez se reduzem ao Nada, este Nada do qual dizia o farsista de Abdère que nada é mais real (p. 186).

É a prefiguração, numa certa medida, do tipo beckettiano, podendo-se pensar, entre outras personagens, em Victor, da peça *Eleutheria*. Mas, sobretudo *a introdução da crítica ao narrador tradicional*, onipotente, e, portanto, não-confiável e falso – isto é *Murphy*, indispensável na carreira de Beckett romancista e mesmo dramaturgo.

Watt, segundo grande romance de Beckett, e composto na aldeia de Roussillon-Vaucluse, onde se refugia, durante a guerra, após ter, como resistente, escapado da Gestapo, é seu último romance "contável". Foi, confessará ele, "um simples jogo, um meio para não enlouquecer" e é também um dos mais enigmáticos e kafkianos, desafiando leitores e críticos. *Watt* pode ser reduzido a: *insegurança em relação ao mundo e em relação às palavras*, com a desintegração progressiva da linguagem. Além da *desconfiança em relação ao narrador*, não só por sua possível falha de memória ao contar os fatos, como também por ter apenas ouvido a versão de Watt, cuja linguagem acaba por desintegrar-se e tornar-se ininteligível.

A instabilidade do mundo, sua resistência à denominação segura, confiável, levam Watt (a interrogação *What*) a obter uma resposta negativa (*Not – Nothing*), na sua decifração do mundo misterioso, implícito no nome do patrão, em cuja casa vai trabalhar: o Sr. Knott (*Knot* = nó) – um mundo resistente à sua pesquisa para encontrar um sentido. Trata-se da inextricabilidade do mundo, da incapacidade de sua decifração, pela insuficiência da linguagem na captação da realidade. É seu fracasso, fracasso que é uma constante na obra beckettiana, bem explorada em obras posteriores, inclusive nas breves.

Watt já apresenta os grandes temas do romance beckettiano; é, ao mesmo tempo, como se tem visto, obra de transição entre *Murphy* e as obras posteriores e, ainda, de transição entre o "romance tradicional", o do passado, que reduzira "o mundo exclusivamente ao âmbito da compreensão" e o "romance moderno", o do futuro.

Para Watt, é próprio do homem a compreensão do mundo, por meio de raciocínios claros; para ele, cabe ao homem explicar também o inexplicável por meio de hipóteses semânticas. Sob esse ângulo, não é ainda, a rigor, uma personagem beckettiana, com sua crescente ignorância do mundo. É uma forma de "autodefesa". Quando de suas intermináveis explicações verbais para entender os imprevisíveis e enigmáticos acontecimentos da casa do Sr. Knott, está exorcizando o mundo, dominando o caos do universo por meio de palavras. Explicar tem o poder de exorcismo, como se lê:

Para Watt, explicar sempre havia sido o mesmo que exorcizar (p. 90).

Se não tivesse conhecido anteriormente a segurança que a linguagem lhe dava, não se sentiria tão isolado entre as coisas; mas, tendo-a conhecido, recordando "as velhas palavras" e seus antigos significados, depois nulos, sente-se inquieto. Em determinado momento, consegue manter-se num nível não-semântico e deseja, com a solidão, o silêncio deixado pela partida das últimas palavras, mas esse e outros momentos são raros, pois anseia, freqüentemente, por "falar do pequeno mundo da casa do Sr. Knott com as velhas palavras" (p. 98).

A saudade das "velhas palavras" será uma constante na obra beckettiana – "drama da contraditória necessidade de tomar a palavra e de escapar das palavras", como define Olga Bernal (p. 34). Drama não; melhor seria dizer tragédia, sobretudo quando as personagens se encontram isoladas, num mundo escuro, sem o apoio das palavras.

Se, inicialmente, o autor é o narrador, isto é, uma voz externa à narração, depois, no final, introduz-se no narrado, dialogando com sua personagem, com quem chega a entrar em choque. Além disso, Watt é, ao contrário de Murphy, uma personagem nada convencional, sendo suficiente ler sua apresentação inicial, que evoca, como se tem notado, a técnica kafkiana, puramente metafórica. E a metáfora acusa a presença do autor – é o seu "construtor". Posição que é alterada na segunda parte – o romance compreende duas partes –, estabelecendo-se uma relação de dependência autor/personagem: o autor se torna mais ignorante que sua criatura literária ou esta deixa de ser sua criatura. Influência de Pirandello? Perdeu ele sua onipotência; é o oposto do que acontecia no romance tradicional, em que, partindo do conhecimento seguro de suas personagens, o criador as dominava do alto de sua superioridade. Ao romance do passado, o do *tudo saber*, sucedeu o romance contemporâneo, o do *não-saber*, numa postura que provoca a radical ruptura entre ambos. O próprio Beckett, comparando-se a Joyce, do qual procurou afastar-se para seguir seu próprio caminho, definiria, mais tarde, as respectivas obras, em frases já citadas, anteriormente, mas que merecem ser recordadas: "Joyce tende à onisciência e à onipotência. Eu *trabalho com a impotência, a ignorância*"[7].

E ainda:

> Creio que a impotência não foi explorada no passado. Parece que domina um axioma estético, segundo o qual a expressão é uma vitória, deve ser uma vitória. No que me concerne, devo dizer que *procuro uma zona do ser que sempre foi menosprezada pelos artistas,* por a considerarem inutilizável, ou incompatível por definição com a arte (o grifo é nosso).

A impotência ou a impossibilidade de representação da realidade é uma característica beckettiana, pois o ato artístico é, para ele, a expressão da impossibilidade de dizer o real; é a representação do fracasso da representação do real por ele diagnosticada e admirada na pintura dos van Velde, motivo de vários ensaios seus, já mencionados e que serão agora focalizados.

ENSAIOS

Beckett é um inquestionável *connaisseur* das artes, atraído por elas desde os tempos de Irlanda, muito jovem ainda. Essa característica ele a

---

7. *Apud* Pierre Mélèse, *op. cit.*, p. 137 (o grifo é nosso).

transfere à sua personagem Belacqua (tirada do "Purgatório", de Dante), fazendo-a freqüentar, por exemplo, a National Gallery e a Dublin Municipal Gallery; mas também percorre Beckett, em 1935, galerias e museus de Londres, além de interessar-se pelas vanguardas artísticas. Durante suas viagens, seja pela Alemanha, em 1936, onde conhece a produção dos anos de 20 e 30 e vê obras de Picasso, Klee, Kandinski, Mondrian, bem como de Cézanne, Chagall etc., seja pela Itália com seus ricos museus, é sempre um admirador atento, recheando carnês, com notas e apreciações[8]. Sabe-se, pelo próprio Beckett, que a origem de *Esperando Godot* se encontra em dois quadros do pintor romântico Caspar David Friedrich: *Dois Homens Contemplando a Lua* (1819) e *Um Homem e Uma Mulher Contemplando a Lua* (1824); e, segundo o pintor israelense Avigdor Arikha, é uma tela de Caravaggio – *A Degolação de São João*, que se encontra na Catedral do mesmo santo, na Ilha de Malta – a inspiradora do dramaturgo para a composição de *Não Eu*[9] (é claro que esta é uma das fontes inspiradoras).

Mas, instalado em Paris, pouco antes da guerra, freqüenta Beckett um círculo de amigos, pintores e artistas, como Marcel Duchamp, Giacometti, e mais tarde Picabia e Kandinski, além dos pintores Abraham (Bram) e Gerardus (Geer) van Velde, conhecidos desde 1937, sendo que, no ano seguinte, prepara uma rápida apresentação do segundo, para uma exposição na Galeria de Peggy Guggenheim. Só em 1945 comporia seu ensaio sobre eles: "A Pintura dos van Velde" ou "O Mundo e as Calças"; e em 1948, sobre os mesmos artistas, "Pintores do Impedimento", texto curto e denso. Em 1949, ensaios dedicados a Tal Coat, André Masson e Bram van Velde. Finalmente, em 1952, "Henri Hayden, Homem-Pintor".

Esses textos de crítica de pintura lhe dão a oportunidade de tratar, por outras vias, a questão literária e esclarecer pontos sobre sua própria estética. Ataca o realismo, sem no entanto abraçar o surrealismo, cujos princípios estéticos recusa por não aceitar a arte como puro produto do imaginário. Aliás, em "O Mundo e as Calças", já proclama que "a caixa craniana tem o monopólio deste artigo" (p. 28), ou a excelência do cérebro contra os arrebatamentos da "alma". São os ensaios sobre a pintura os únicos testemunhos de suas preocupações estéticas e teóricas da época. Beckett escritor se valerá, pois, da pintura, não apenas de vanguarda, considerando-se, por exemplo, os pintores românticos que lhe inspiraram o visual de *Esperando Godot*. Mas a pintura de vanguarda lhe é exemplar, como o foi também para outros autores, *antes* dele, e que são considerados grandes autores literários do século XX: Apollinaire, Cendrars, Gertrude Stein, Rodríguez de la

---

8. Dougald McMillan, "L'embarras de l'allégorie: Beckett et les arts plastiques", em *Europe*, ed. cit., pp. 69-85.

9. Evelyne Grossman, *op. cit.*, pp. 103-107, nota 9.

Serna. Seguindo o modelo de pintores apoiados na liberdade, atacaram os pressupostos narrativos, figurativos ou poéticos.

No primeiro ensaio, "O Mundo e as Calças", vê Beckett, nos dois holandeses, o melhor exemplo da *não-objetividade*, do *invisível* na pintura, por estarem eles mais preocupados com a humanidade do que com o motivo. E ressalta a oposição entre a platitude de qualquer sintaxe – já que as palavras se alinham umas após outras, sem relevo nem força – e aquilo que ele chama "a apercepção pictural". Literalmente:

> Encontramos em Abraham van Velde um esforço de apercepção tão exclusivamente e ferozmente pictural, que nós, cujas reflexões são todas em murmúrios, não o concebemos senão apenas, não o concebemos senão arrastando-o numa espécie de ronda sintática; senão colocando-o no tempo [...]. Escrever apercepção *puramente* visual é escrever uma frase despida de sentido. [...] Porque cada vez que se quer fazer com que as palavras façam um verdadeiro trabalho de transbordamento, cada vez que se quer que elas exprimam outra cousa que palavras, elas se alinham de maneira *que se anulam mutuamente*. É, sem dúvida, o que dá à vida todo o seu encanto (pp. 27-28).

Ora, é inegável que Beckett aqui oferece uma pista para compreender o que pensa, desde o início de sua escritura, sobre *a força da negação*. A *apercepção* que ele encontra nas telas de Bram van Velde é um exemplo desse poder negativo, ou desse "trabalho de transbordamento" que as palavras são incapazes de executar, quando alinhadas uma após outra, disciplinadamente. *Apercepção*, para ele, de formação filosófica, é a captação intelectual de um objeto pela consciência. Mas, diz ele, trata-se de "uma tomada de visão", e não de uma tomada de consciência. Assim, a expressão "apercepção pictural" exprime a força de uma contradição entre *perceber* e *compreender*, como de *ver* e *raciocinar*. É o que se tem notado.

O pintor, com pinceladas imediatas – "impossíveis" na literatura – teria podido captar "a coisa em suspenso" ou "a coisa morta". Ou, como diz, textualmente: "A pintura de A. van Velde seria pois primeiramente uma *pintura da coisa em suspenso* naturalmente, *da coisa morta, idealmente morta, se este termo não tivesse tão aborrecidas associações.* [...]. *A coisa imóvel no vazio, eis enfim a coisa visível, o objeto puro*" (p. 30, o grifo é nosso).

A expressão "coisa morta" é justamente o inverso de uma "natureza morta", inexpressiva, para ele, pois esta está dentro do que considera pintura bem-ordenada, que não mantém a suspensão entre *ver* e *ocultar*, e que equivale assim ao simples alinhamento das palavras – o que ele desaprova, dando exemplos a respeito.

Entre os irmãos pintores, vê Beckett diferenças. Em Bram, admira "a extensão" (p. 35), a "coisa suspensa" no vazio; em Geer, admira a "sucessão" (p. 35), sucessão que, em literatura, não deve ser entendida, parece, na sucessão da frase na sua temporalidade linear, mas sim na de um tempo que voa, *impedindo ver*. Assim, diz de Geer van Velde:

Que dizer desses planos que deslizam, desses contornos que vibram, desses corpos como que talhados na bruma, desses equilíbrios que um nada deve romper, que se rompem e se reformam à medida que a gente os olha? Como falar dessas cores que respiram, que ofegam? [...] Desse mundo sem peso, sem força, sem sombra?
Aqui tudo se move, nada, foge, retorna, se desfaz, se refaz.
Tudo cessa, sem cessar [...]. *É isso a literatura* (p. 35, o grifo é nosso).

Pintura entre movimento e imobilidade, pintura única e múltipla, numa tensão que constitui seu assunto e sua textura – é a pintura desses artistas que Beckett considera como uma lição a ser aprendida e praticada, como escritor. Trabalho não fácil, complexo, que ele reconhece nos pintores e que quer aplicar à sua própria escritura, quando afirma:

Forçar a invisibilidade profunda das coisas exteriores até que essa mesma invisibilidade se torne coisa [...] uma coisa que se pode ver e fazer ver, e fazê-lo, não na cabeça [...], mas na tela, eis um trabalho de uma complexidade diabólica e que *requer* um ofício de uma flexibilidade e de uma leveza extremas, um ofício que insinua mais do que afirma, que não seja positivo *senão com a evidência fugaz e acessória do grande positivo*, do único positivo, *do tempo que carrega* (p. 41, o grifo é nosso).

E os textos de Beckett vão ser exemplares como lição aprendida dos pintores, cuja arte analisou, dissecou, extraindo-lhes a seiva. Extraordinário exemplo dessa escritura feita de esforços e conquistas é, como já foi assinalado, *Mal Visto Mal Dito*, em que o próprio título já é, em si, revelador. Daí merecer especial atenção, logo mais.

Falando dos pintores em pauta, chama-os Beckett de "pintores do impedimento", título de outro de seus ensaios, contido no volume *O Mundo e as Calças*. Se "o objeto da representação resiste sempre à representação", seja por causa de seus "acidentes", seja por causa de sua "substância" (p. 54) e se "a essência do objeto é evadir-se da representação" (p. 56), se um artista diz: "não posso ver o objeto, para representá-lo, porque ele é o que é" e outro artista diz: "não posso ver o objeto, para representá-lo, porque sou o que sou", há dois tipos de artista, como dois tipos de impedimento: "o impedimento-objeto" (o objeto é o que é e resiste a ser representado) e "o impedimento-olhar" (o olhar do artista é o que é e não pode ver bem o objeto para representá-lo). É o que ilustram Geer e Bram, respectivamente, concluindo Beckett: *É pintado o que impede de pintar* (pp. 56-57).

Afirmação importantíssima para a arte beckettiana, tanto quanto o longo parágrafo, quase no final do texto "Pintores do Impedimento", em que se lê: "Um desvelamento sem fim, véu atrás de véu, plano sobre plano de transparências imperfeitas, um desvelamento em direção do *indesvelável, o nada, a coisa de novo*. [...] *Arte de encarceramento*." (p. 58). Forçando, como ele explica, em "O Mundo e as Calças": *"a invisibilidade profunda das coisas exteriores* até que *essa mesma invisibilidade se torne coisa,* não simples consciência de limite, mas *uma coisa que se pode ver e fazer ver"* (p. 41).

A "escritura do impedimento" seria a condenação da literatura ao desaparecimento? Não é o que parece, assim como tampouco é a condenação do autor ao exercício de seu *métier*. Escrever, segundo a meta beckettiana, é, na opinião de Pascale Casanova, autora já mencionada, "uma luta contra as dificuldades", que, em última análise, é "luta contra o *pathos* existencial"[10]. Não há dúvida que há uma tensão no ato de escrever. E essa tensão, mantida entre o visível e o invisível, entre a voz e o silêncio, está no âmago da obra beckettiana.

Assim, "o fracasso", que ele vê como uma característica de Bram van Velde, pois "ser um artista é fracassar como nenhum outro ousa fracassar, que o fracasso constitui seu universo e sua recusa, deserção", este "fracasso" é um passo para o êxito. Ou o êxito. Daí, nada ter de negativo nem sugerir renúncia ao ofício, mas, sim, algo positivo, graças ao estado de tensão exigido. Ou, como explica ainda, no final, de "Bram van Velde": *"fazer dessa fidelidade ao fracasso uma nova ocasião, um novo termo desse ato impossível e necessário um ato expressivo"* (pp. 29-30, o grifo é nosso).

Portanto, se Beckett persegue, busca o fracasso não é por seu temperamento negativista, mas por sua busca da tensão da qual resulta *um ato expressivo*, na literatura, como na pintura o haviam feito os pintores amigos, com sua "fidelidade ao fracasso". Beckett dá, pois, a chave da sua escritura: como van Velde, os artistas do fracasso, ele vai, quer fracassar, e transforma "o fracasso" na própria forma da escritura.

Mas Beckett não se limita a esses dois pintores; dedica ainda um breve ensaio a outro "pintor do impedimento", Henri Hayden, seu conhecido de Vaucluse, no qual reconhece a *estética do pouco*, que é também a sua própria.

Em "Henri Hayden, Homem-Pintor", nota Beckett "o duplo apagar", o do artista que pinta e o da tela que faz, resultando numa "obra impossível", "obra irreal", em que "não há vestígios de sobrecarga nem no exagero nem na carência". Apenas o equilíbrio, com o predomínio, ou "a accitação de tudo o que há de insubstancial e ínfimo" (p. 146).

Assim, antes de *ver*, há *"o sentir* diante dessas paisagens e naturezas mortas", e mesmo "a presença e ao mesmo tempo a recusa do pouco. [...]. Desse pouco de onde a gente se precipita, como da pior das maldições, em direção aos prestígios do tudo e do nada" (pp. 146-147).

Artista da captação do que é apenas perceptível ou do *pouco*, da expressão do quase-desaparecimento ou do apagar progressivo da realidade a ser representada, é Hayden outro modelo para Beckett e sua escritura – escritura do empobrecimento, da pobreza. Se na literatura e no teatro, tradicionais, predominava a exploração máxima de todos os recursos de que dispunha o autor, no campo da linguagem verbal,

10. *Op. cit.*, p. 135.

vai Beckett, contra a corrente, desdobrando-se para empobrecer seu material e renunciar, de maneira progressiva, a todas as possibilidades retóricas e técnicas de expressão.

Recordando um texto do final de sua carreira, como *Rumo ao Pior*, vê-se que Beckett chega a escrever de maneira infinitamente pequena e mesmo irrisória: "O *mínimo minimum*. O iminimizável *mínino minimum*" (p. 10).

Aspira a reduzir tudo ao limite extremo do nada. Ou como já dizia em *Fiascos*, dos anos 60: "Depois pouco, de nada, até os mínimos."

Mas *Rumo ao Pior* é o ponto culminante, declinando as infinitas variações do quase nada.

O pouco, o menor. É a tendência beckettiana ao minimalismo, tendo realizado o autor, com *Comédia*, e suas personagens-jarras, uma das tentativas mais radicais de redução do teatro a um simples jogo de vozes. Mas se as personagens ainda tinham um rosto e falavam, se bem que monocordicamente, já em *Respiração* há apenas detritos e ouvem-se vagidos, gemidos, ruídos de expiração... É o clímax do teatro minimal.

Se se tomar a seqüência *Eleutheria, Esperando Godot, Fim de Jogo, Dias Felizes* (ainda que *A Última Gravação* a anteceda), é evidente a redução que se vai acentuando ainda mais e mais, a partir do número de personagens – dezessete, cinco, quatro, duas (uma), até a sua ausência, em *Respiração*. E também a redução visível dos cenários, relativamente mais elaborados de início e depois mais e mais despojados, até o estrangulamento em uma pequena tela de televisão, além de que os diálogos (muitos deles pseudodiálogos) dão lugar aos monólogos ou até às pantomimas puras, de *Ato sem Palavras*. Inclusive a extensão dos textos sofre uma retração e suas últimas peças de teatro são curtas, como também as de televisão, sendo que em algumas destas, até as palavras são suprimidas, numa redução, portanto, ao essencial. São os "poemas de imagens móveis", segundo Martin Esslin.

NOVELAS

Beckett, ensaísta no campo da pintura, necessitava gestar suas idéias e com elas produzir obras novas. Nesse ínterim, porém, compõe *Novelas,* encaminhando-se para a revolucionária *Trilogia*.

Em francês, compõe *Primeiro Amor*, que permanece inédita, por sua vontade expressa, até 1970. Acabara de receber o Prêmio Nobel, em 1969, e outros textos eram solicitados; daí, afinal, sua permissão. Por conter muitos elementos autobiográficos – razão talvez de sua recusa de publicação –, é aqui focalizada, embora rapidamente, pois sua escritura, fluente e mesmo tradicional, está ainda longe de tropeços e hesitações, características beckettianas no futuro. Senti-la ultrapassada não seria a verdadeira razão de querer mantê-la inédita?

Aqui, o protagonista é o próprio narrador, e usa o pronome *eu*. Sabe-se que, após a morte do pai, foi expulso de casa, por não querer adaptar-se a uma vida normal; não trabalha e, obcecado pelo falecimento, perambula todo o tempo, visita cemitérios, até que encontra uma jovem, com quem passará a viver, mais por comodismo e egoísmo, que por amor, indiferente como é ao modo de vida que ela é obrigada a levar para poder sustentar-se e sustentá-lo. Há, porém, uma estranha harmonia "conjugal", até que, ao saber que será pai, abandona a companheira.

A mulher, mera presença, nos romances *Murphy* e *Watt*, e ausente na maioria das obras futuras, ocupa aqui um papel relevante, mas curioso. De início, algo passiva e perturbadora; depois, como uma sombra, a seu serviço, favorecendo-lhe o desligar-se do mundo, a alienação. Estendido na cama, sem nada fazer, liberado das contingências da vida – tal como pretendia Murphy, no romance, e pretenderá Victor, na peça *Eleutheria* –, apenas suporta ele a presença de Lulu (ou Anne?), que nunca interfere em sua vida. Confessa ele: "Não me sentia bem ao lado dela, salvo que *eu me sentia livre para pensar em outra* coisa e não nela" (p. 39, o grifo é nosso).

Saber que será pai significa a ruptura da estranha harmonia tácita e reciprocamente aceita. O ódio à descendência é proteger a solidão, tão desejada; e ser pai é duplicar a própria existência, da qual está cansado. Seria o seu próprio assassinato, pois diz:

as coisas foram mal, na casa, para mim, cada vez pior, não que ela me negligenciasse, ela não poderia jamais negligenciar-me bastante, mas no sentido que *ela vinha todo o tempo assassinar-me com nosso filho* (p. 53, o grifo é nosso).

Daí, escapar, não importa para onde. É a mesma aversão à prole, que será encontrada em Mercier, protagonista do romance *Mercier e Camier*, em Moran ou Molloy, da *Trilogia*, ou mesmo em Hamm, da peça *Fim de Jogo*, que virão logo mais.

Voltar-se para si mesmo. Solidão e o nada – é a novela *Primeiro Amor*, cujo narrador – *eu* –, embora estranho, apresenta sua história, ainda de maneira tradicional.

Compõe, também por aquela época, três novelas cujos temas vão ser retomados, mas ampliados, na *Trilogia*. Beckett, como que confirma a temática reunida em *Watt*; mas agora, aqui, está pronto o esboço de obras futuras. Por exemplo, a dúvida do narrador quanto ao que narra, à sua veracidade, presente já em *Watt*, e que o final da novela *O Expulso* corrobora:

Não sei por que contei esta história. Eu poderia da mesma forma contar uma outra. Talvez outra vez eu possa contar uma outra. Almas vivas, vocês verão como tudo se assemelha. (p. 37)

e essa característica será explorada ao máximo na *Trilogia*.

O Expulso, O Calmante, O Fim são o esquema elementar da obra futura. Nelas aparecem *a expulsão* inicial (possivelmente, o nascimento, marca de uma ruptura, e que reaparece até na terceira novela); *o errar contínuo*, sem rumo, do protagonista anônimo (a vida), à procura de algo que dê sentido à sua caminhada, mas que se arrasta numa *degradação progressiva*.

Se há ainda elementos "realistas", que serão reprovados e rejeitados por Beckett, logo mais, já estão presentes outros que anunciam a *Trilogia*: um *eu* ambíguo, no centro da ficção e que, como na última citação, se denigre e denigre suas histórias.

Em *O Expulso*, uma personagem conta sua expulsão da família, suas andanças difíceis pela cidade, que ele mal conhece apesar de lá ter nascido, até encontrar um condutor de fiacre, que se propõe a ajudá-lo a encontrar um alojamento, e que acaba por convidá-lo a dormir na sua própria "casa". Ao despertar, não suportando a compaixão do cocheiro nem o olhar do cavalo, junto do qual dormiu, parte sem se despedir, com seu andar vacilante e sem rumo, mas à procura da calma, dizendo: "Eu gostaria de um horizonte marinho ou desértico" (p. 37).

Já na segunda novela, prenunciando Malone, da *Trilogia*, diz o narrador, já no início: "Não sei mais quando morri" (p. 39) e, com medo de "escutar (-se) apodrecer", conta uma "história", sendo que ambos, o relato e *sua* aventura, se confundem num presente que bloqueia o tempo. E a imobilidade em que se encontra – "só no meu leito gelado" (p. 39) – é compensada pelas andanças da sua personagem ficcional...

Conta sua caminhada errante, à noite, numa cidade vazia, de ruas iluminadas e atravessadas por ônibus silenciosos:

> Assim eu ia, na atroz claridade, enterrado em minhas velhas carnes, em direção de uma via de saída e ultrapassando-as todas, à direita e à esquerda, e o espírito ofegante para aqui e para lá e sempre mandado ir *lá onde não havia nada* (p. 67, o grifo é nosso).

Tem, porém, seus encontros estranhos, como aquele com o velho que, após pedir-lhe um beijo na testa, entrega-lhe um calmante – daí o título. E termina o texto com ele, de bruços, no meio da multidão; esta, no entanto, procura não pisá-lo.

E na terceira novela, há *uma nova expulsão*, a de um asilo. E, outra vez, na cidade, vai de "alojamento em alojamento", numa degradação ininterrupta: de início, num porão, de onde é expulso, apesar de ter pago o aluguel antecipado, para dar lugar a um porco; depois, já sem dinheiro, numa caverna à beira-mar, com um homem e seu asno; e ainda numa gruta, no flanco de uma colina. E chega até a mendigar, numa esquina. Desliga-se pouco a pouco do mundo, pois como diz: "Por hábito eu não via grande coisa. Não ouvia tampouco grande coisa. Não prestava atenção. No fundo, eu não estava nem aí" (p. 101).

No final, deita-se numa barca, que cobre com uma tampa para proteger-se contra os ratos – é seu abrigo-caixão, que é invadido pelas águas do rio que o levam. Ele toma seu calmante e a novela termina com:

> Pensei fracamente e sem pesar no relato que eu fracassara ao fazer, relato à imagem de minha vida, quero dizer *sem a coragem de acabar nem a força de continuar* (p. 112, o grifo é nosso).

Nas três novelas, protagonistas anônimos, sem rosto, errantes, solitários, em choque com o mundo – o "herói" beckettiano, em constante degradação, e em que a palavra suscita dúvidas, já que pode encobrir a realidade, de maneira diferente, e uma história equivale a uma outra... "Tudo se assemelha."

Apesar da decepção contínua, ou talvez por isso mesmo, buscam as personagens o repouso e o silêncio, obsessivamente. Se falam, suas palavras, mesmo num discurso inócuo, garantem-lhes a sobrevivência. Mas a imobilidade e o silêncio, tão desejados por umas, são paradoxalmente temidos por outras personagens, como Winnie, da peça *Dias Felizes*, que, condenada a não mais mover-se, luta, de início, com pequenos gestos que acompanham ou precedem as palavras, e depois agarrando-se a estas, até o possível.

GRANDES ROMANCES EM FRANCÊS

Romance do mesmo ano, mas inédito até 1970, é *Mercier e Camier*[11], considerado por suas peculiaridades, um antecedente próximo de *Esperando Godot*, razão pela qual requer maior atenção. De fato, o romance abre caminho para o palco, não só pela *abundância dos diálogos* entre os dois velhos amigos Mercier e Camier, protagonistas *clochards* como Vladimir e Estragão. Ambos, romance e peça de teatro, foram escritos em francês e seus protagonistas se assemelham sob vários aspectos, embora os do primeiro procurem e os da segunda esperem algo (ou alguém). Seus diálogos, muitas vezes desconexos, *à bâtons rompus*[12], mais parecem monólogos, por sua falta de comunicação. Leia-se:

> falaram disto e daquilo, *de maneira desconexa*, segundo seu hábito. Falavam, se calavam, se escutavam, não mais se escutavam, cada um a seu bel prazer e seguindo seu próprio ritmo (p. 33, o grifo é nosso).

---

11. *Mercier et Camier*, Paris, Minuit, 1970. Traduzido para o inglês por Beckett: *Mercier and Camier*, London, John Calder, 1972.

12. Beckett emprega a mesma expressão: *à bâtons rompus*, em *En attendant Godot*, p. 93 da edição utilizada.

É bem o futuro diálogo de Vladimir e Estragão (*representado* diretamente), mas narrado aqui por um observador que expõe as tentativas de viagem dos dois amigos – Mercier e Camier, nomes curiosamente simétricos –, que marcaram um encontro para a realização de uma viagem que, afinal, é sempre frustrada, tal como a espera dos protagonistas da peça. Mas se Vladimir e Estragão continuam lado a lado, na sua eterna espera de Godot, já Mercier e Camier se separam para viver, cada um, na total solidão; no início, ainda eram duas solidões que, apesar das diferenças, uniam-se para o projeto de uma viagem que não passa de uma série de vaivéns entre a cidade e o campo. No final, é a solidão absoluta.

Imprecisão, hesitação, instabilidade são as características da atmosfera ficcional. Mercier e Camier falam de suas decisões, mas logo se esquecem, tateando entre palavras e pensamentos. Vacuidade das palavras. Vacuidade mental.

Falam-se sem se escutar ou enquanto Mercier é obcecado pela idéia de narrar seus sonhos ou pesadelos, o outro repele tais relatos, levando a recordar Estragão e Vladimir: a mesma incompreensão, a mesma incomunicabilidade. Mas também a mesma interdependência os caracteriza. Mercier, como Estragão e tantos outros seres beckettianos, vive pendente de seus sonhos, como que se evadindo do presente insatisfatório. E pensa na separação, como quando Camier confessa tal vontade: "Eu me pergunto freqüentemente, bastante freqüentemente, se não faríamos melhor se nos separássemos sem demora" (p. 153).

Mas, só o farão no final; diferentes, pois, dos irmãos no teatro. Enquanto isso não acontece, continuam falando, em conversas, em "debate entrecortado de largos silêncios" (p. 25). É a típica atitude das personagens de *Esperando Godot*; ora falantes, ora silenciosas, como também ora se aprumando, ora cambaleando, quais palhaços à procura de equilíbrio. E as escorregadelas e quedas sugerem, derrisoriamente, a instabilidade do homem no universo.

São semelhanças nas posturas grotescas; são as semelhanças nas falas, em que sobressaem reiterações de termos e também correções ou insistências, dando ao leitor a impressão de estar vendo e ouvindo Vladimir e Estragão. A discordância é freqüente, provocando o riso, como em *Esperando Godot*. É o cômico, que porém não suprime o trágico, tal como na peça. Em ambos, irrompe o horror da existência, como também a mesma atração da morte liberadora: "Quanto mais depressa a gente morrer, melhor será, diz Camier" (p. 26).

Adota Beckett a técnica de resumos sistemáticos, a cada três capítulos (III, VI, IX, XII) para pôr justamente em relevo a presença do *Nada*; se não há intriga complexa nem excesso de matéria, nada os justifica, senão o intuito de ampliar, de reforçar a sensação do Nada. O Nada ampliado. Nada de especial ocorre; e as personagens apenas se locomovem, sem nenhuma ação relevante, por lugares que apenas servem de moldura às suas conversas. Limitam-se ao projeto de viajar. Querem partir. Para onde? Para quê? O importante é partir:

> O que elas procuravam existia?
> Que procuravam? [...]
> Uma única coisa contava: partir. (p. 34)

Mercier e Camier estão à procura de algo, da mesma forma que Estragão e Vladimir estão à espera de algo ou de alguém. Tanto nos primeiros como nos segundos há, portanto, uma busca. De quê? De Deus? Se Godot é Deus, como querem tantos críticos, pode-se imaginar que Vladimir e Estragão antes se chamavam Mercier e Camier e se locomoviam, até que depois, cansados, não mais fazem tentativas de partir; ao contrário, permanecem estagnados, à espera, numa peça de estrutura circular.

É então que vai Beckett encetar sua ambiciosa *Trilogia*, que, a rigor, não o é. Os assuntos dos romances que a constituem não estão ligados, não havendo uma seqüência; suas personagens não retornam de um para outro romance. O que justifica a designação *Trilogia* é, dizem uns, "a aventura verbal", a da escritura, ou melhor talvez dizer, a sátira do trabalho do narrador, pois todos os protagonistas escrevem, narram suas vidas ou histórias, numa postura sempre contestadora, ao mesmo tempo em que há a degradação das personagens. É a despersonalização que se vai radicalizando – característica beckettiana.

Condicionados pelo vocábulo "romance", que tradicionalmente designa a representação de alguma coisa, assim pode ser resumido cada um dos três romances: *Molloy* conta como a personagem-título e Moran, após uma série de incidentes, acabam imobilizados num quarto; *Malone Morre* apresenta o protagonista deitado, à espera da morte, e o que acontece com duas outras personagens, Sapo e depois Macmann; e *O Inominável* descreve Mahood que retorna de muletas, e como vive depois enterrado numa jarra, tal como as personagens da peça *Comédia*. Mas no caso dos três romances, mais adequado é talvez não contar os acontecimentos, mas, sim, focalizar os textos como os que têm principalmente o *ato de escrever* como ação constitutiva. Em cada um, há um narrador que se apresenta escrevendo: em *Molloy*, na sua primeira parte, o narrador diz ser obrigado a escrever, enquanto na segunda parte, escreve um relatório; em *Malone Morre*, logo no início, o narrador explica que escreve, enquanto está à espera da morte; e, em *O Inominável*, o narrador também escreve, chegando mesmo a perguntar-se sobre o que vai escrever. São textos ou "romances" que propõem as ousadias de um narrador. Assim, as aventuras "reais" (será adequada tal qualificação?) das personagens são apenas histórias secundárias, visto que é o *narrar* "a grande história"; e é esta que confere unidade e continuidade aos três textos, justificando o termo *Trilogia*, segundo sublinha Dina Sherzer, com razão, quando diz: "são três momentos, três etapas, no trabalho do narrador"[13].

Em cada romance, o falante emprega a primeira pessoa, *eu,* e o leitor pode pensar que *eu* é uma espécie de articulador, que em *Molloy,* na primeira parte, remete a um narrador chamado Molloy, e na segunda parte, a um outro chamado Moran; em *Malone Morre*, remete ao narrador Malone; e em *O Inominável*, a um narrador anônimo, sem nome. Um narrador, diferente, consta sempre do título, mas na realidade, trata-se sempre do mesmo narrador, adotando os mesmos procedimentos e atitudes: inventa histórias, comenta-as e interpela alguém.

E é interessante focalizar resumidamente o narrador, em cada texto, trabalho minucioso levado a bom termo por estudiosos, tais como Dina Sherzer, na obra citada. Em *Molloy*, o narrador confessa que se coloca como alguém que não mais sabe escrever. E a narração assim começa sob o signo do *fracasso*, da impotência do narrador de bem desempenhar seu trabalho: "Sim, eu trabalho agora, um pouco como outrora, somente não sei mais trabalhar. [...]. Não tenho mais muita vontade, vejam. [...]. Esqueci a ortografia também e a metade das palavras" (pp. 7-8).

E, narrando a vida errante de Molloy, ele vai lançando pedaços de histórias, com observações e comentários; chega assim a bifurcar o relato, e a enxertar acontecimentos situados em tempos diferentes. Simultaneamente, emite suas opiniões, ora bem longas, ora em frases curtas, com jogos de palavras, ou expressões que inventa; às vezes, intervém com observações inesperadas e gratuitas, quando não joga com sons e/ou anomalias semânticas. Seu discurso, em lugar de pôr-se a serviço da narração, à maneira tradicional, dirige-se à sua própria pessoa, isto é, colocando-se em evidência – é uma exibição de seu engenho como narrador, na manipulação das palavras, e da sua pessoa. Enfim, emite opiniões pessoais. Há como que um desvio que cria uma outra ação paralela à história de Molloy.

Reflexões sobre o relato, julgamentos e apreciações, manifestações de surpresa sobre o que acaba de dizer, de dúvida e de medo de enganar-se – é o descrédito lançado sobre *seu* próprio trabalho e o trabalho em si. Donde a constatação da falta de sentido da ação de escrever:

> Eu sei dela o que sabem as palavras e as coisas mortas e isso faz uma bela somazinha, com um começo, um meio e um fim, como nas frases bem construídas e na longa sonata dos cadáveres. E que eu diga isto ou aquilo ou outra coisa, pouco importa verdadeiramente. Dizer é inventar. Falso como justo. Não se inventa nada, *crê-se in-*

---

13. *Structure de la trilogie de Beckett: Molloy, Malone meurt, L'innommable*, Paris, Mouton, 1976, p. 26.

ventar, evadir-se, não se faz senão balbuciar sua lição, pedacinhos de uma tarefa-castigo aprendida e esquecida, a vida sem lágrimas, tal como a gente a chora. E depois, merda (p. 41).

E, na sua metanarração, o narrador chega até a expressar, como numa sentença ou máxima, a importância do *não-saber*, do *não-querer-saber-dizer*, mesmo "no calor da redação". É o reconhecimento de que escrever é tarefa ingrata, sem valor – postura negativa, assim expressa: "Não querer dizer, não saber o que se quer dizer, não poder dizer o que se crê que se quer dizer, e sempre dizer ou quase, eis o que importa não perder de vista no calor da redação" (p. 36).

Importa ainda sublinhar que o narrador não está só; há o ouvinte, a quem ele se dirige, usando *você(s), senhor(es)* (vous), atraindo sua atenção, sua simpatia mesmo, e conseguindo assim uma espécie de público ao seu desempenho como narrador, tal um narrador-ator.

O narrador, em *Molloy I*, põe-se, pois, em evidência e desacredita a narração. Já em *Molloy II*, ainda que ele continue a executar os dois papéis – o de denegridor da narração e o de regente, diga-se assim, da narração – esses são secundários e discretos. Nessa segunda parte, há *diferenças inclusive tipográficas*: está dividida em parágrafos, permitindo uma fácil leitura, enquanto a primeira, densa e compacta, como que abafa a história de Molloy – e é esta a finalidade de *Molloy II*. Se nesta, o narrador se comporta como em *Molloy I*, invadindo o relato, ele o faz discretamente; se denigre a narração, ele o faz raramente; se duvida, também o faz raramente. A história de Molloy o absorve quase por completo; e, ao contrário de em *Molloy I*, exprime-se com clareza, emprega técnicas tradicionais – inclusive descrição estereotipada –, não se contradizendo, nem oferecendo várias possibilidades a respeito de uma cena, pois já apresenta a boa ou a adequada. São, em última instância, *dois Beckett: um, inovador*, demolidor; *outro, conservador*, como a exibir sua habilidade total de escritor.

Que representa Molloy, na perspectiva da *Trilogia*? Sobretudo com as semelhanças, mas também as dessemelhanças entre suas partes? Uma coisa é certa: *a arte de manipular as palavras*, graças a um *sui generis* narrador.

Já em *Malone Morre*, narrado também na primeira pessoa, há uma mudança de atitude do narrador. Numa espécie de introdução, informa que, enquanto espera a morte, contará quatro histórias, "cada uma sobre um tema diferente. Uma sobre um homem, uma outra sobre uma mulher, uma terceira sobre uma coisa qualquer e uma, enfim, sobre um animal, um pássaro talvez" (pp. 10-11). É seu "programa", seu "emprego de tempo", o que já é uma inovação – o narrador que pensa no que vai narrar, ou a *metanarração*. E começa o trabalho, referindo-se ao presente, mas também ao passado recente ou ao futuro próximo, sendo que quando descreve situações do passado que têm como foco

Sapo, depois a família Louis, e Macmann, o *eu* do narrador passa ao *ele*, isto é, para a terceira pessoa, com alternância, acarretando a fragmentação do narrado, mesmo porque há saltos no tempo e cenas independentes, sem nenhum vínculo entre o que antecede e o que sucede. Resultado: *um texto descontínuo e heterogêneo*.

O narrador não se preocupa com ser coerente e mesmo pertinente, quando por exemplo se entrega a descrições pormenorizadas, mas gratuitas, seja do "sobretudo", seja do "chapéu de Macmann", esquecendo seu usuário; e, quando retoma, exclama: "Mas quanto a Macmann, uf, ei-lo" (p. 106). Tais descrições – de bicicletas, de lápis, de bengalas etc. – foram comparadas por um autor aos *lazzi* da *Commedia dell'Arte*: o narrador, qual ator, executa seu "número" que, se suprimido, não faria falta, pois nada acresce à trama. Apenas faz rir ou sorrir.

O narrador, "exibicionista" como no texto anterior, nunca deixa de manifestar suas impressões, ora de maneira breve, em expressões sentenciosas, ora em longas dissertações bizarras. Assim, ao descrever Macmann chafurdando na lama e sofrendo sob a forte chuva, diz que a personagem: "não estava longe de se perguntar se não se enganara crendo sofrer por causa dela (da chuva), e se na realidade seu mal-estar não tinha outra causa"; e ele enceta então um longo discurso que vai se tornando mais e mais absurdo:

> Porque (isso) não basta para que as pessoas sofram, mas lhe são necessários o calor e o frio, a chuva e seu contrário que é o bom tempo, e com isso a insuficiência sexual e péptica por exemplo, em resumo os furores e as demências demais numerosas para serem enumeradas do corpo aí compreendido o crânio... (p. 129).

Discurso gratuito, que nada acrescenta; apenas absurdo, provoca, além do riso, a atenção para o narrador. É do tipo *vedette*, como o qualifica a autora há pouco citada. Ele já a atraía, também, ao revelar sua insuficiência, sua incapacidade de narrador, logo no início, quando se perguntava sobre o que deveria escrever: "O que ainda?" (p. 17) e exclamara, uma e outra vez, "que tristeza", "que miséria", antes de avançar no seu trabalho – uma atitude inesperada, inusitada, ou uma "nova atitude" do narrador, como bem nota Dinah Sherzer (p. 65). Mas, em geral, nesse romance, seu comportamento é o mesmo adotado em *Molloy*: avaliação negativa de sua atividade – "ruínas" (p. 77), "banho de lama" (p. 26) – e dúvidas sobre seus critérios – "Tudo isso deve ser a metade imaginária" (p. 19), "Como tudo que é falso" (p. 37). Está, como antes, denegrindo sua escritura, explicitando sua intenção de não triunfar, mas, sim, de fracassar, que é, como se sabe, característica da obra beckettiana em geral, procurando "o retorno ao negro, ao nada" (p. 38). Além de referir-se ao seu ato de escrever, à matéria sobre a qual escreverá, lembra também como escrevia no passado e sua renúncia àquele tipo de escritura, uma vez que preferiu "o informe, o inarticulado, as hipóteses indiferentes, a obscuridade, a longa marcha com os braços para a frente, a ocultação" (pp. 9-10).

É a opção de Beckett: o não-tradicional.

Escrevendo o protagonista sobre esta e aquela personagem, sobre assuntos vários, não se esquece nem de seus velhos cachimbos e sua bengala, nem do lápis com o qual escreve – são seus haveres, ainda que poucos. Nesses bens, Olga Bernal vê "uma crise do ter", enquanto a autora a que vínhamos nos referindo prefere ver "uma crise de invenção". Ou, pode-se perguntar, não seria esse inventário de bens, miseráveis, uma derrisão das posses materiais, de uma crise de valores? Ou ainda apenas uma simples e mera forma de diversão?

O narrador, nessa segunda etapa da *Trilogia*, à parte algumas inovações, mantém seu duplo papel: o de denegridor da narração e o de exibidor de virtuosismo verbal que se desdobra nos mesmos procedimentos já encontráveis em *Molloy* e que foram enumerados.

Quanto a *O Inominável*, não há título mais revelador e definidor se se pensar no seu protagonista e sua apresentação visual. Não se trata, porém, apenas de um protagonista sem nome. Inominável é também a apresentação visual do texto: no início, há altos ou silêncios – como em *Malone Morre* –, e quando, mais à frente, se lê que o narrador diz: "Também não mais farei pausas" (p. 36) o texto aparece então denso, compacto, como que sobrecarregado, havendo por exemplo, uma frase tão longa que ocupa cerca de dez páginas. É uma "tagarelice burlesca", na feliz designação de Ludovic Janvier[14], que se refere ao romance *Watt*, mas que é aqui perfeitamente aplicável. É como se o narrador, temeroso de não mais poder reatar sua fala escrita, após uma pausa, resolvesse continuar, durante muito tempo, para garantir-se contra qualquer outra parada ou pausa perigosa.

O narrador se encontra agora, desde o começo, num impasse: não sabe de que falará. Donde as perguntas que abrem o texto: "Onde agora? Quando agora? Quem agora?" (p. 7) e "Como fazer, como vou fazer?" (p. 8).

E, se para Maurice Blanchot[15] e seus seguidores são *interrogações filosóficas*, para outros (e a autora do presente estudo) são *técnicas* quanto ao *lugar, tempo e ação*, esta encarnada pela personagem, num ataque ao realismo e assim marcando sua ruptura.

Freqüentemente, o narrador volta-se para si. Após ter-se descrito no seu quarto, deitado, e contando com seu toco de lápis para escrever e a bengala para aproximar ou afastar objetos, enfim, descrita sua situação de alguém que escreve, diz-se espiado e mesmo controlado por

---

14. *Pour Samuel Beckett*, Paris, Minuit, 1966.
15. "Où maintenant? Qui maintenant?", *N R F* n. 10, 1ᵉʳ octobre, 1953. Também em *Le livre à venir*, Paris, Gallimard, 1959, p. 312.

um "consórcio de tiranos". Se se refere a Mahood, locomovendo-se com suas muletas e depois já dentro de uma jarra à porta de um restaurante, vai em seguida referir-se a Worm (em inglês, "verme"), que não é jamais descrito fisicamente, a não ser como "minúscula mancha". São, no entanto, apenas fragmentos de histórias e não há clareza quanto a quem fala, dada a mistura desordenada dos pronomes – o próprio narrador ressalta a ambigüidade do texto –, mesmo porque tudo é confuso, pela falta de precisão temporal, sublinhada também pelo narrador, consciente de seu trabalho de desagregação. Lê-se por exemplo: "Devo falar... primeiro daquele que não sou, como se eu fosse ele, daquele que não sou, como se eu fosse ele, daquele que eu sou" (p. 98); ou: "Eu. Quem isso?" (p. 101); notando a imprecisão temporal: "Mas sim, ora é o passado, ora é o presente" (p. 83).

Imprecisão, confusão. E o narrador, como nos outros romances, continua a desacreditar o narrado, mediante comentários demolidores. Aqui, porém, de maneira mais radical, desde o início, como por exemplo, quando se refere a Malone que passa diante dele, aos ruídos que ouve e à luz do local, para depois, logo mais adiante, negar o escrito, pois está só, e tudo é silêncio e escuridão (p. 33). Se diz que lágrimas "se acumulam" na sua barba, nega em seguida, rotundamente: "Não, não tenho barba, tampouco cabelos..." (p. 35).

E, como nos dois livros anteriores, usa a metanarração, agora, porém, de maneira mais intensa, pois se diversifica em vários tipos. Ora o narrador se pergunta sobre o que vai escrever, e mesmo no final, ora desvaloriza sua narração, ou se dá orientações que interrompem sua fala/escritura, já que só o desaconselham. E há até enunciados metanarrativos que avaliam outro enunciado metanarrativo, quando não duvidam desse outro – é a meta-metanarração. Curiosa é também a menção do narrador a personagens dos livros anteriores, que, se justifica por um lado a designação *Trilogia,* não deixa de questioná-la, pois começa com Murphy, sua primeira criatura, seguida das outras, desprestigiando-as: "*Estes Murphy, Molloy e outros Malone*, eu não sou traído por eles. *Fizeram-me perder meu tempo* [...] permitindo-me falar deles quando era necessário falar só de mim" (p. 33, o grifo é nosso).

Todos os procedimentos já empregados em *Molloy* e *Malone* – frases feitas, renovadas, jogos de palavras, com ou sem sons idênticos etc. – aqui associados aos vários tipos metanarrativos, fazem do romance o melhor exemplo de um trabalho atento e calculado de *manipulação das palavras*, desacreditando a narração e, conseqüentemente, o narrador, ou vice-versa. E se as histórias contadas são nulas ou quase nulas, nelas ressalta a *degradação das personagens*: de início, estão de pé, ainda; depois se arrastam, para terminarem mutiladas na cama (Malone agonizante), ou em asilo de alienados (Macmann), ou de muletas e depois como homem-jarra (Mahood), ou até como "minúscula mancha" (Worm, de quem pouco se sabe). Homem que já nada espera... Será um homem? Ou mero detrito? É o que sugere a figura de Mahood, enterrado na jarra, à entrada do restaurante...

Reflexões sobre a arte de narrar, com um narrador que, grande lingüista, é um competente explorador das possibilidades da linguagem, mas também um grande sabotador da narração – isso é a *Trilogia*. Mas, se para Dinah Sherzer há uma "desconstrução" numa "constante dialética destruição/construção" (p. 89), e não chega Beckett *ao silêncio*, pois ele está apenas destruindo a representação, por meio do narrador – é um aspecto do texto –, para Olga Bernal (e Dina Scherzer o lembra) há o desmoronamento da linguagem e ela vê na destruição da representação a confirmação da idéia de Wittgenstein: a linguagem cria a realidade; destruir a linguagem é destruir também a realidade. Daí, o silêncio.

O que parece inquestionável, porém, é que *O Inominável* tudo faz para dizer, na sua "indizibilidade", a situação de fracasso do escritor, da sua impossibilidade de dizer as coisas e de dizer *eu*, colocando-se Beckett na década 50 entre os artistas "do impedimento", tais como seu amigo Bram van Velde, em relação à pintura.

A consciência do fracasso da representação desvia o interesse dirigido ao sentido das coisas e o coloca na linguagem: estruturas, jogos formais, musicalidade dos vocábulos e até ritmo das frases. E o romance apresenta a grande inovação de fazer com que os meios literários, lingüísticos, sintáticos, metafóricos se tornem o *motor* e, *numa certa medida, o fim da escritura*. Mas não é apenas isso. Parece um equívoco pensar que o autor abdica totalmente de qualquer conteúdo; a obra não é gratuita. Ao contrário, pode talvez corresponder à sua sensação da confusão do mundo. E não poucos críticos e estudiosos consideram que o verdadeiro Beckett nasceu quando desistiu de querer decifrar o mundo, de penetrar seu mistério, de atribuir-lhe um sentido, o que acontecia com os protagonistas de suas primeiras criações, como em *Watt*. Ao escritor cabe representar o mundo caótico. Se a linguagem é a condição do dizer e a condição de toda ordem inteligível, sublinha Olga Bernal, "a desarticulação da linguagem terá por objeto substituir a ordem pela desordem" (p. 126). E o próprio Beckett assim se expressa a Tom F. Driver[16], no verão de 1961, após a composição de *Como É*, com a sua quase ilegibilidade:

O que digo não significa que não haverá a partir de agora nenhuma forma na arte. Apenas significa que haverá *uma nova forma e que* essa forma será de um tal gênero que possa admitir a desordem e não tentar dizer que a desordem é no fundo outra coisa.

16. *Apud* Pierre Mélèse, *op. cit.*, pp. 138-139.

E ainda: "*Achar uma forma que acomode a confusão (gâchis*, em francês – situação confusa, embrulhada) *tal é atualmente a tarefa do artista*" (o grifo é nosso).

Mas se Beckett, no final de *O Inominável*, diz: "é preciso continuar, vou pois continuar, é preciso dizer palavras, enquanto as houver, é preciso dizê-las, até que elas me encontrem, até que elas me digam [...] é preciso continuar, vou continuar", e essa intenção corrobora o anúncio do começo: "Sou obrigado a falar. Jamais me calarei" (p. 9) o fato é que, tendo-o terminado, encontra-se num impasse: tem consciência de que o romance o levou à beira da desintegração, deixando-o exausto e sem condições de prosseguir em sua carreira. É o que confessa a Tom Greevy, seu amigo: "Sinto-me muito cansado e muito imbecil, cada vez mais... cada vez mais tenho a impressão de que não serei talvez nunca mais capaz de escrever outra coisa... talvez uma nova peça"[17].

É o impasse no campo do romance. E a nova peça seria *Fim de Jogo*. Porém, enquanto isso não acontece, compõe espaçadamente seus treze *Textos para Nada* ou "antitextos", como vêm sendo qualificados. São textos de um único longo parágrafo cada um, sem fabulação e sem fim, desde o início, e não chegam a um verdadeiro desenvolvimento. Ou melhor, cada um procura não começar, deslocando seu começo e evitando apresentar um sentido. Conseqüentemente, valem por si, com suas imagens etéreas, fugazes, às vezes muito musicais, além de aspirações vagas. Portanto, muito originais.

No "Texto XI" diz: "Nomear, não, nada é nomeável, dizer não, nada é dizível, então que, não sei, não era necessário começar" (p. 190); como que registrando a impossibilidade de parar de escrever, ainda que com o *fracasso* de cada texto. Mas não é essa sua busca? E ele continua. Ou melhor, a voz que fala, anônima, pois não se sabe de quem nem de onde vem, diz, no começo do "Texto X": "Não é o silêncio. Não, isso fala, em alguma parte se fala. Para nada dizer, de acordo, mas é bastante, para que isso rime com alguma coisa?" (p. 183).

É o fracasso que é, paradoxalmente, vitória, idéia à qual Beckett permanecerá fiel até o fim de sua carreira, colocando-o também em seus últimos textos, como em *Rumo ao Pior*. Num desses textos de 1950, o "XII", lê-se no final: "*felizmente está malogrado*, nada houve de começado, nunca nada houve nunca e nada, é uma verdadeira felicidade, nada em nenhum tempo senão *palavras mortas*" (p. 200, o grifo é nosso).

Enfim, são textos que têm um valor inegável na progressão da obra beckettiana, visto resumirem as conquistas da *Trilogia*, anunciando, e como que preparando, o surpreendente romance *Como É*. Até lá, intercala vários textos para o teatro.

---

17. *Apud* Alfred Simon, *op. cit.*, p. 232.

Um grande passo dá então Beckett, no seu percurso inconformista e iconoclasta, com o romance *Como É*, que lhe exigiu dezoito meses de um trabalho realmente insano. É obra estranhíssima, com seu protagonista anônimo rastejando na lama e sem nada ter de humano, o que lhe valeu a surpresa, quando não a forte rejeição, de parte da crítica, maior ainda que a manifestada diante da *Trilogia*, justamente por seu caráter enigmático e abstrato.

A partir de *O Inominável*, Beckett apresentará, como "preâmbulo" de alguns de seus textos, o enunciado daquilo que é preciso entender como "a regra do jogo que presidirá todo o livro, sua *gramática* e sua *sintaxe, únicas e particulares*", diz Pascale Casanova (p. 141). Assim, em *Como É*, já no início, anuncia com precisão o conteúdo de cada parte, e a estrutura de seu relato: "como era eu cito antes de Pim com Pim depois de Pim como é três partes eu o digo como eu o entendo".

E faz o mesmo, desde o começo, em *Companhia*, explicitando seu princípio de construção: "Uma voz chega a alguém na escuridão. Imaginar [...]. Eis pois a proposição [...]. O emprego da segunda pessoa é o fato da voz. O da terceira o do outro".

É a maneira de desfazer a crença na literatura e criticar a aceitação ingênua do leitor. É ainda o reiterado ataque aos próprios fundamentos da literatura. Mas, se Pascale Casanova generaliza, dizendo que todos os textos beckettianos obedecem a essa "regra" formal, parece que tal não se dá...

Concebido por Beckett como um muito longo monólogo (quase duzentas páginas), *Como É* foi posteriormente modificado diante dos protestos do impressor. Daí, as três partes, em versículos de extensão desigual, mas limitada, conservando, no entanto, a ausência de pontuação e de maiúsculas. Aliás, Beckett, no seu percurso, vai abolindo quase totalmente a pontuação, o cenário, a temporalidade da narrativa e a própria narrativa. E eliminando ou fazendo ainda desaparecer também progressivamente suas personagens.

Entre os versículos, há espaços que correspondem às pausas naturais de uma respiração difícil (o texto indica que a voz só pode falar quando a personagem pára de ofegar). Há como uma respiração difícil de alguém que rasteja na lama, avançando muito lentamente. Lê-se, entre outras passagens: "empurra puxa perna se destende o braço se dobra todas essas articulações se movem a cabeça chega ao nível da mão sobre o ventre repouso" (p. 23).

Por uma longa *citação*, sabe-se que, mais uma vez, a palavra vai atravessar um falante que vai emprestar sua voz a um discurso; portanto, este não é seu. Apresenta-o como um *pensum*, ou tarefa-castigo que ela, personagem anônima, quer logo acabar para poder enfim entregar-se ao silêncio, à paz, à morte.

Na primeira parte, o falante rasteja na lama, na solidão total, e se alimenta com latas de atum e sardinha que ele arrasta num saco. Avança, em silêncio, numa viagem sem fim conhecido, e sem saber de onde vem, numa lentidão espantosa (quarenta metros por ano) e não de maneira regular: "para a frente perna direita braço direito estende puxa dez metros quinze metros alto" (p. 14).

Sem lembranças, apenas dispõe de imagens mentais incertas, fragmentárias, rápidas, que vêm no começo da primeira parte. Sente, então, a possibilidade de não ser o único a rastejar na lama.

Na segunda parte – "Com Pim" – há um encontro inesperado, quando suas unhas entram em contato com o traseiro direito de alguém. É um "período feliz à sua maneira" (p. 63), visto que acaba a solidão e começa um relacionamento ainda que sádico de carrasco/vítima. Com arranhões e tapas na cabeça, leva o outro a gritar, murmurar, cantar ou calar-se, estabelecendo-se estranha "conversa", que atinge seu clímax com a pergunta: "Você me Ama?" (p. 118). E ao terminar essa parte, surge nova personagem, Bom, que faz com ele o mesmo que ele com Pim. Assim, o falante, de carrasco passa a vítima. Em "Depois de Pim", o relato atinge o ponto máximo de desamparo, porque há a generalização do relacionamento sádico que atinge dimensões cósmicas – não mais um par, mas cinqüenta mil, quinhentos mil, bilhões de larvas que se torturam para exprimir algumas palavras, sem haver no entanto uma real comunicação, já que os carrascos permanecem em silêncio. O falante tenta mesmo calcular, delirantemente, as possibilidades de reencontro e de retorno das mesmas situações, numa visão terrível de pesadelo. É o gosto de Beckett pelos cálculos, pelos números, evidente em vários textos.

O fim do "romance" desorganiza o que parecia organizado, isto é, o lento rastejar do início é substituído pela imobilidade; e a própria ordem das partes é posta em questão: poderia haver uma parte, "Antes Antes de Pim"; e outra mais, no final, para descrever as torturas sofridas pelo falante, sob o jugo de Bom. O que é apresentado como começo do texto (sem maiúscula) não é, pois, o verdadeiro começo, assim como o fim não o é tampouco, visto não haver ponto final. A temporalidade é estática (a maioria dos verbos está no presente) e a ordem, pelo corte em partes separadas, falseia a descrição. E o narrador constata: "que se passou alguma coisa sim mas nada de tudo isso não bagatela de uma à outra extremidade..." (p. 174).

Há, assim, *apenas uma certeza*: uma voz que se faz ouvir.

Como o título anuncia – *Como É* – trata-se de uma constatação neutra e objetiva, sem emoções, sem tomada de posição em face do que é descrito, tal como ocorre nos textos curtos da década de 60; não há defesas nem acusações quanto às vítimas e carrascos. Nenhum valor é invocado para julgamento; nenhuma consideração moral ou afetiva. O narrador se mantém como que alheio ao narrado e, conseqüentemente, ele próprio nota: "deterioração do sentido do humor menos choros também" (p. 22); Prantos supõem a emoção, um colocar-se dentro da situação descrita.

Diz o narrador, num determinado momento, que o verdadeiro lugar em que ocorre a ação não é a lama; o verdadeiro domínio é o da linguagem. Não existe senão captando: "duas três vezes por dia e noite fragmentos esparsos que trata de acrescentar uns aos outros para fazer frases outras frases" (p. 130).

Mas não deixa de ser uma constatação fria, neutra, de uma realidade cruel, com carrascos e vítimas.

Monólogo bastante longo, no presente, com rápidas tentativas de referir-se ao passado, mas sem êxito, o texto vem sendo considerado, quando lido em voz alta, um dos poemas em prosa mais originais da literatura francesa.

Se, para certos críticos, nada há senão palavras soltas em frases inacabadas, "qua-qua", repetições, anomalias tipográficas, devendo ser apenas considerado como o romance (?!) da desintegração da linguagem, melhor será, porém, como outros, considerar equivocada tal interpretação que vê um Beckett abdicando de qualquer conteúdo. A obra não é, não pode ser gratuita; seria uma diminuição do seu valor. Parece antes corresponder à angústia, ainda que reprimida, de um autor marcado pelos horrores que viu, e pressentiu, durante a guerra, e que poderão repetir-se. Portanto, um alerta: a Europa e o mundo estão em perigo, sob ameaça. Pense-se nos bilhões e trilhões, um número infinito de vítimas e carrascos, rastejantes... O horror da guerra e do pós-guerra, estilizado, confirma-se pela leitura dos textos da década de 60, contidos num volume, cujo título, macabro, os coloca sob o signo da morte: *Cabeças Mortas*[18].

TEXTOS CURTOS[19]

Sob o título chocante de *Cabeças Mortas*, estão reunidos vários textos curtos, da década de 60, em que paira a morte. Abre-se a coletânea com um texto de 1957, *De uma Obra Abandonada*, abandonada pela impossibilidade de levá-la até o fim, ou, segundo Beckett, talvez por sua inutilidade. Nessa obra, um velho fala, evocando sua vida

---

18. *Têtes mortes*, contém: *D'un ouvrage abandonné, Assez, Imagination morte imaginez, Bing, Sans*, Paris, Minuit, 1972. Todos traduzidos para o inglês por Beckett, exceto o primeiro, composto em inglês (*From an Abandoned Work*), e que ele traduziu para o francês, com a colaboração de Ludovic e Agnès Janvier.

19. Considerando-se a tênue fronteira que separa vários textos em gêneros, parece adequada aqui a nomenclatura: Textos Curtos e Médios. *O Despovoador*, talvez por seu constante apelo à visualização, foi por exemplo encenado e filmado. E tantos mais textos radiofônicos, como *Tudo o que Cai*. Quanto à peça *Que Onde* foi adaptada para a televisão.

centrada em três dias de sua juventude; fala, enquanto anda, alimentando as palavras que ele reconhece amar. Diz, empregando sempre a primeira pessoa – *eu* –, pois é o narrador: "eu tenho o amor da palavra, as palavras foram meus únicos amores, alguns" (p. 27).

Com sua memória falha, descontínua, discorre de maneira elíptica e caótica, com vaivéns bruscos, até quase o fim, onde se lê:

a velha semiconsciência de onde apagada, e de quando e de quem, mas dessas espécies de coisas ainda, confundindo-se numa só, e indo apagando-se, *até mais nada, não houve jamais nada, não pode jamais haver nada, vida e morte nada de nada,* essa espécie de coisa, *nada senão uma voz* (p. 28, o grifo é nosso).

sendo que nas últimas linhas, chega, como o narrador da *Trilogia*, a comentar, denegrindo-se: "que francês, espero que ninguém o leia" (p. 29).

Vê Beckett a inutilidade do texto. Daí, abandoná-lo.

Trata-se de um texto que, sob certo aspecto, prende-se aos anteriores, e diferente, e muito, dos demais que com ele constituem a coletânea: *Imaginação Morta Imagine*, *Bastante*, *Bing* e *Sem*. Nestes, não há mais um velho e suas memórias; não mais um *eu* e seu tom melancólico.

Imaginação Morta Imagine, com sua visão apocalíptica, como a despertar o leitor para uma bem próxima catástrofe atômica ou nuclear, malgrado seu tom frio, neutro, é um texto relevante, também por ser o primeiro a evocar um possível amanhã assustador. Com os outros três, ataca, frontalmente, uma vez mais, as convenções, suprimindo todos os elementos externos que poderiam prendê-lo à tradição. A presença, insistente, da *cabeça*, na qual se produzem as imagens, é a maneira de atacar a imaginação ou a inspiração como o instrumento, por excelência, da criação artística.

Se se pensar bem no título – *Imaginação Morta Imagine* –, ele parece soar como um manifesto: a imaginação (está) morta ou deve morrer. Entenda-se: abaixo o poder absoluto da subjetividade, da interioridade. E mesmo de uma transcendência espiritual. O que importa é a cabeça. Portanto, *uma arte cerebral*. Assim, nesse estranho texto, que faz apelo para além da imaginação, domina o tom frio, neutro, isento, pois, do patético que a cena descrita poderia conter.

Se há a minúcia descritiva que revela um poder de conhecimento absoluto de parte do narrador, este, como um cientista, atém-se ao que vê, sem comentários de ordem pessoal, emocional. Distante, ou melhor, o reverso do narrador da *Trilogia*, que se imiscuía, com suas vacilações, correções e considerações. É um narrador que vem, friamente, inclinar-se sobre o que descreve. Palavra-cochicho, evocando um espaço branco, fechado, em meio à brancura geral: uma rotunda, em que estão estendidos dois corpos imóveis, mas ainda vivos. É o branco espectral, o mesmo branco que domina o texto *Bing*, que pode ser considerado sua seqüência. Neste, mas sobretudo em *Sem*, há o total desaparecimento da convenção subjetiva, por meio da ausência dos pronomes. Não para suprimir a presença do autor, mas como para repelir a presença de uma interioridade psicológica.

Mas, se, em *Imaginação Morta Imagine*, há uma espécie de estímulo à palavra (*imagine*), em *Bing*, o discurso do narrador, também exterior, ainda que hesitante, avança graças às suas próprias forças, em cadeia, tal um eco. Se fala de um corpo, fala dos olhos, da cabeça; são prolongamentos. E, como o som que se propaga, o texto vai de fragmento a fragmento, desenvolvendo-se e intensificando o *branco*. Descreve um corpo estendido, branco, num espaço completamente branco, mediante o emprego de setenta seqüências que assinalam oitenta vezes o branco.

O título *Bing* é o resumo do método empregado, o da propagação. Tom branco, frio, monótono, em que se nota a ausência de verbos. Tudo está silencioso, morto, nesse curto texto, com o retorno ou a repetição de certos fragmentos, que exercem uma verdadeira força hipnótica. São breves fragmentos, "fragmentos-fantasma", na definição de Evelyne Grossman, em *L'esthétique de Beckett* – segmentos de frases escandidas, tais "fragmentos oraculares", cujo ritmo sonoro evoca "as melodias hipnóticas dos rituais", explica a autora citada (p. 114).

É uma prosa "poética", sonora, que avança, como foi dito, pelo retorno regular dos acentos, ecos de fragmentos rimados, aliterações e assonâncias. Prosa que atesta ainda o poder da posição das palavras no espaço da leitura. Leia-se o original, em francês, para que não se perca a sonoridade, a musicalidade, com a correspondente transcrição fonética:

Tout su tout blanc corps nu blanc un mètre jambes collées
 (u) (y) (u) (ã)   (y) (ã)   (ã)
comme cousues
 (u) (y)

Conhecedor e amante da música, assim como o é da pintura, penetra seus textos de sons. E em julho de 1937, em carta redigida em alemão a Axel Kaunt[20], texto importantíssimo para o conhecimento de suas idéias, revelava Beckett uma idéia, ainda em embrião, mas central, e que iria orientá-lo anos mais tarde. Falando da ineficiência da linguagem e da necessidade de *desacreditá-la*, condição para uma revolução literária, pensa na música e em suas conquistas, dizendo:

Não posso imaginar objetivo mais elevado para um escritor hoje.

20. Carta a Axel Kaunt, de 9 de julho de 1937, em *Disjecta*, ed. cit., pp. 51-54.

Ou será que a literatura é a única a permanecer *en arrière* (em francês) nos velhos caminhos que a *música* e a *pintura* há muito abandonaram? Haverá uma razão pela qual essa *materialidade de* tal maneira arbitrária da superfície da palavra não poderia ser *dissolvida*, como por exemplo *a superfície do som, roída por grandes silêncios negros* da *7ª. Sinfonia de Beethoven*? (o grifo é nosso).

Retornando a *Bing*, trata-se de um texto ritmado, com *moléculas sonoras*, monossílabos, muitas vezes, com deslocamentos e repetições aliterativas, resultado de um trabalho minucioso. É a técnica que lembra a que será adotada por Beckett, entre outras, em *Rumo ao Pior*, obsessivamente.

Quanto ao texto *Sem*, cujo título já indica privação, o narrador descreve tranqüilamente, impassivelmente, um sombrio espaço, cinzento, tão espectral quanto o anterior, em branco. É um narrador, escriba/observador, que, a distância, descreve o espaço enorme, desolador, em cujo centro se encontra um ser solitário, imóvel, de pé. Ruínas, horizonte ("longínquo em fim") e "o pequeno corpo", tudo num texto com a predominância do cinza (47 vezes), com ausência freqüente de verbos, mas com um emprego sistemático de negativas que salientam a *privação*; e num único parágrafo. Está assim criada a imensidão cinzenta, desoladora, de um universo póstumo, onde reinam a imobilidade e o silêncio. Aliás, o relato, feito mais de esboços e alusões que de verdadeiras descrições, situa-se num *presente imutável*, estático, sem nenhuma progressão. À espera? De quê? Se aparece o verbo no *futuro*, reiterado, com leves modificações, os "fragmentos-fantasma", de valor hipnótico, como em *Bing*: "Um passo nas ruínas as areias sobre o dorso em direção dos longínquos *ele o fará* [...] *Ele reviverá* a tempo com um passo *ele refará* dia e noite sobre ele os longínquos" (p. 7); não há, no entanto, perspectiva de felicidade. Quando, no final, aparece no *presente*, este dispersa as quimeras (da esperança?).

Texto estranho, com sua paisagem imensa, vazia, a sugerir a eternidade, com as ruínas, marcas de um desastre recente, tem levado certos críticos a nele verem o dia seguinte de uma catástrofe atômica ou "o cataclismo final de algum período cósmico"[21].

E *Bastante*, da mesma coletânea *Cabeças Mortas*, com uma figura de mulher evocando o parceiro, possivelmente morto, alquebrado, disforme, com o dorso completamente curvo, um "monstro" e que, antes de "desaparecer", olhava o céu refletido no seu espelhinho redondo e colhia corolas de flores para se alimentarem, transmite uma grande serenidade. Aliás, é a mesma serenidade, a da morte, encontrada nos textos anteriores. Mas nesse, impressiona por sua extrema delicadeza e ternura, sem sentimentalismo, sendo que alguns autores aqui vêem não o casal amoroso, talvez marido e mulher, mas o par Beckett e o pai, pois notória é a amizade assim como o carinho que os unia. Lê-se:

21. *Apud* Alfred Simon, *op. cit.*, p. 258.

Tudo me vem dele. Não vou redizer isso cada vez a respeito de tal e tal conhecimento. *A arte de combinar ou combinatória não é minha culpa* [...]. Nós nos refugiávamos na aritmética. Quantos cálculos mentais realizados juntos dobrados em dois! Nós elevávamos assim à terceira potência números ternários inteiros (pp. 36-38).

É esse mesmo pendor de Beckett pela matemática, confessado antes, em *Como É*: "a relação quatro um eu sempre amei a aritmética" (p. 45); que explica a organização matemática de seus textos, sobretudo a partir de um certo momento. É Beckett o organizador de textos que são verdadeiras "equações estilísticas", como é o caso de *Bing* ou de *Sem*. Este é notável por sua estrutura, dissecada por Edith Fournier[22], que encontra duas partes de igual dimensão – de sessenta frases cada –, sendo que a segunda é a repetição da primeira, ainda que numa ordem diferente. Trabalho, pois, que obedece a um esquema rigoroso, a uma organização absoluta, produto de um espírito lógico, matemático.

Pascale Casanova, em seu livro sobre Beckett, refere-se a uma carta inédita do autor a Georges Duthuit, de 1948, que faz entender sua postura estética: vincula a arte à matemática, representando o mais elevado grau de refinamento formal (p. 162). A abstração e o rigor matemático serão, para ele, em vários textos, um princípio organizador. Mas, em *Watt*, seu romance da juventude, já não estava presente tal esforço organizador? É a vitória, pode-se dizer, da ordem na arte. O oposto da desordem na criação artística.

Quando, em *Bastante*, fala Beckett da "arte combinatória", está apontando para sua preocupação com o trabalho, não fácil, de *combinação de elementos*: silábicos, semânticos, sintáticos ou narrativos. É *a arte combinatória*, segundo sua própria expressão, ajustando soluções, ou respostas possíveis, e mesmo "lógicas", embora se tratasse, em *Watt*, de uma questão sem relevância, por mera ironia. Já então, na década de 40, revelava Beckett sua vontade de organizar seus textos, internamente, ainda que para fins paródicos. *Watt* pertence, ainda, a uma fase alegre. Mas depois de 1946, Beckett empregará, de maneira menos sistemática, as combinações; quando o faz, não tem mais fins paródicos e risíveis. Norteia-o depois a intenção e mesmo a vontade de esgotar, formalmente, uma proposição. E os textos da década de 60, seja *Bing*, seja *Sem*, são exemplares quanto à sua *arte combinatória*. Arte que culmina com *Rumo ao Pior*, em que o rigor matemático na construção não anula, para ele, o trabalho artístico. Uma arte cerebral – é a sua.

Todos esses textos breves, da década de 60, revelam outra vez um Beckett diferente daquele das décadas de 40 e 50, por sinal o antípoda

---

22. "*Sans*: Cantate et fugue pour un refuge", em *Les Lettres Modernes*, septembre-octobre 1970, pp. 149-160.

daquele que esbanjava riqueza verbal, numa exuberância verdadeiramente barroca, no início de sua carreira. Escritos mais e mais despojados, virão, sinuosos, oscilantes, vacilantes, numa representação da impossibilidade da representação, tal como a praticavam os dois pintores holandeses, os irmãos van Velde. Um dos seus últimos textos – *Mal Visto Mal Dito*, título simétrico com seus quatro monossílabos (*Mal vu mal dit*) – é bastante ilustrativo, com seus fragmentos de frases, ritmadas.

Mas antes, nos meados da década de 60, compõe *O Despovoador*, que será completado em 1970. Texto estranho, que tem provocado um número interminável de interpretações, é talvez um dos mais abstratos do autor.

O narrador, como nos textos anteriores, descreve de maneira fria e objetiva, com termos matemáticos, geométricos, a "vida" de cerca de duzentos seres humanos, num interior claustrofóbico: um cilindro de piso e paredes de borracha, munidas de nichos e túneis. Um ambiente tenebroso, onde habitam quatro categorias de seres: "os que circulam sem parar"; "os que param algumas vezes"; "os que, a menos que sejam expulsos", jamais abandonam seus lugares; e os que já nada buscam, "os vencidos".

Relato estranho, estagnado, com freqüente apelo à visualização, por meio de frases que começam com *Eis*:

Eis uma primeira vista de olhos do local (p. 12).
Eis grosso modo esses corpos vistos sob um primeiro ângulo (p. 14).
Eis um primeiro resumo do código dos escaladores (p. 24).

E descreve inclusive regras ou convenções, tal um código para disciplinar a vida no cilindro. Cilindro-prisão, iluminado por luz amarela, quase sulfurosa, havendo, porém, oscilações, com quedas de luz, como também de temperatura; e com um ruído, um zumbido contínuo. Quadro, pois, aterrador de um possível *day after*, em que, no entanto, não falta um certo humor negro, ou ironia voltairiana, quando comenta, panglossianamente – "tudo está para o melhor" (p. 37) – ou quando observa, impassivelmente: "Isto é realmente curioso" (p. 28), entre outros. Comentários inadequados a um narrador que pretende o não-envolvimento... Mas aqui ele é um observador frio, que, tal um técnico, um cientista, descreve uma situação "anormal", como se não o fosse. Sem compaixão, sem protesto.

Interpretações várias proliferam, havendo inclusive um livro inteiro de Antoinette Weber Caflisch, que tenta explicá-lo[23]. Se para Tzvetan Todorov, é uma reescritura do mito platônico da caverna[24],

---

23. *Chacun son dépeupleur. Sur Samuel Beckett*, Paris, Minuit, 1994.
24. "L'espoir chez Beckett", em *Revue d'Esthétique – Samuel Beckett*, ed. cit., pp. 27-36.

para Alain Badiou é uma espécie de parábola humana sobre o desejo do homem com "critérios de classificação da pluralidade humana"[25], donde as quatro categorias de habitantes do cilindro, segundo suas reações ao ambiente. Já para Pascale Casanova, que não esquece a leitura dos filósofos feita por Beckett, vê no texto a influência do belga Geulincx, entre outros. Ou "o despovoamento progressivo" que se efetua no corpo, ou "a separação progressiva da alma e do corpo, do desejo e do corpo, do movimento, da vontade e do corpo". O cilindro seria "o despovoador", em que os corpos "se despovoam", esvaziam-se. É o mesmo "exílio" de Murphy, um dos primeiros protagonistas de Beckett, no romance homônimo; ele, balançando-se na cadeira, adormecia o corpo e "à medida que morria enquanto corpo, sentia-se ressurgir enquanto espírito, livre para mover-se entre os tesouros do espírito" (p. 83).

É a concepção da liberdade ataráxica pregada pelo filósofo Geulincx, lido e admirado por Beckett, desde a juventude. Mas, também, uma representação da sabedoria, segundo Schopenhauer, outro filósofo por ele admirado. Propõe Schopenhauer opor à força absurda do *querer-viver* uma felicidade negativa, ou a extinção de todo desejo, a abstinência e a não-procriação, que é a única forma que garante a suspensão da dor e a quietude na liberdade. Assim, para a autora, "o despovoador" seria o lugar em que há o desaparecimento de todo desejo e de toda atividade sexual; daí ser responsável pela extinção da espécie humana – "um despovoamento" (p. 115). Aliás, o título *The Lost Ones*, tradução inglesa do próprio Beckett, explica, de certa maneira, "o despovoamento progressivo", recorda ela.

À parte as interpretações várias, o que permanece ao leitor comum é a descrição impessoal, tal a de um discurso científico, de um quadro aterrador, cruel: o amanhã de uma possível catástrofe atômica. Espécie de fábula da ciência? Política-ficção? Metafísica-ficção? É o que dizem muitos críticos.

É um outro Beckett, com esse e os outros textos dos anos 60, que registram original e impessoalmente a crueldade do mundo. É o que justifica a concessão do Premio Nobel a ele, "o profeta de um século desesperador", segundo Pierre de Boisdeffre[26]. Melhor seria, talvez, denominá-lo: a testemunha aparentemente fria de um século e de um futuro desesperador.

A década de 70 é menos rica, quantitativamente. Beckett, já setuagenário, apresenta à parte pequenos textos teatrais – aliás, nunca aban-

---

25. *Op. cit.*, p. 49.
26. Pierre de Boisdeffre, *Histoire vivante de la littérature d'aujourd'hui*, Paris, Perrin, 1964, p. 340.

donou o teatro, nas décadas anteriores, tendo criado, entre outros, o sombrio *Fim de Jogo*, o magistral *Dias Felizes* –, apenas uma coletânea, não volumosa, composta de seis textos, curtos, às vezes meros fragmentos dos anos 50 e 60. Abrem-na, porém, dois textos de 1975: *Para Acabar Ainda* e *Imóvel*. O título geral inclui, irreverentemente, o termo *foirades*: *Para Acabar Ainda e Outras "foirades"*, que em inglês, ele traduz por *fizzles*, isto é, *fiascos e flatos*. Está assim minimizado seu valor. São fracassos. Mas serão?

Os dois que encabeçam a coletânea tão derrisoriamente intitulada são pouco extensos e têm, como sempre, agora, um narrador exterior ao narrado; e a tonalidade predominante é a habitual melancolia. O primeiro – *Para Acabar Ainda* – coloca um "crânio funerário", no vazio, escuro, cinzento; e ruínas onde aparece um observador expulso, que depois, sem causa aparente, cai e, estendido, continua a olhar o vazio com seus estranhos olhos azuis. É o expulso, e expulsos já eram os protagonistas das *Novelas,* e de *Primeiro Amor*, sendo a expulsão sinônimo de nascimento, e a vida errante, a vida, com o nada final, a morte. Mas naquelas, ainda havia um cenário urbano, ruas e transeuntes, e até uma mulher (Lulu) em *Primeiro Amor*; havia seres e diálogos. Enfim, vida ainda. Aqui, em texto de 1975, apenas a devastação, o vazio de um ambiente cinzento, com um observador/expulso, mudo, inerte, que acaba por cair e que não tenta levantar-se, limitando-se a olhar o vazio, tal a personagem da pantomima *Ato sem Palavras I*. É a desolação, pintada em tons cinzentos, neutros.

Quanto ao segundo, *Imóvel*, coloca um homem imóvel, sempre imóvel, solitário, como tantas personagens beckettianas, a olhar o exterior – sempre a *olhar,* sem nada fazer, inerte. Num "dia agonizante", sentado está ele diante de uma janela, em meio ao silêncio. É a janela que reaparecerá ainda na década de 1980, a sugerir também uma possível abertura para outra realidade. É oportuno esboçar uma comparação entre este homem e o velho de *De uma Obra Abandonada*. Aquele, de 1957, andava, falava (*eu*), amava as palavras, tinha a memória da voz, enquanto este, de 1975, não anda nem fala. É um narrador exterior que a ele se refere, de maneira fria e monocórdica, terminando o discurso, sem nenhuma vírgula, numa estagnação total: imobilidade, reiterada insistentemente ao longo do texto (dez vezes em cinco páginas e meia). E silêncio. O nada, como em tantos textos beckettianos.

O homem continua olhando para além da janela, depois baixa as pálpebras ou quase, e o narrador conclui: "Como se na *negra pálpebra fechada não bastante e mais que nunca necessário* contra o jamais *nada* [...]. *Deixá-lo lá bem imóvel* ou então tatear lado sons à escuta dos sons *bem imóvel* cabeça na mão a aguardar um som".

O som seria a vida. Ou a esperança de algo? Mas, ele só vê o nada. Daí semicerrar as pálpebras, voltando-se para o seu interior.

Em ambos os textos, datados com a distância de duas décadas, a solidão, o nada; no segundo, no entanto, o tom é mais depressivo. O protagonista, visto de fora, sequer fala. Está mudo. Visto e "fotografado" por um narrador impessoal. Bruno Clément fala[27], com razão, da *autotextualidade* em Beckett, visto haver em sua obra: citações, retomadas constantes de seus textos, esboços recomeçados, num aperfeiçoamento progressivo de elementos, de idéias; aproximação de temas e palavras. É a constante busca de uma "forma adequada", uma forma sempre inacabada, numa eterna luta, sem descanso. Luta, no entanto, pela "autonomia absoluta de cada texto, considerado, cada um, cada vez, como uma equação a ser resolvida", nota Pascale Casanova (p. 150). Beckett retoma tentativas anteriores, as reutiliza, muitas vezes, com outros fins. Assim, *O Inominável*, embora com toda sua carga revolucionária, prossegue com os oximoros de *More Pricks than Kicks*, recorda a postura de *Murphy* (por influência das leituras de Geulincx), e retoma as incansáveis repetições de *Molloy*. É uma busca que continua na renovada utilização de elementos.

TEXTOS MÉDIOS[28]

Prosseguindo na sua escritura, Beckett introduz uma novidade que, a rigor, não o é. Na verdade, é um retorno, pois compõe textos mais longos, se bem que bem mais reduzidos em relação aos primeiros romances em inglês e em francês. É o caso de *Companhia*, em inglês, e que apresenta um homem estendido, na escuridão – o eterno solitário, alongado e imóvel –, a escutar uma voz. Há, aparentemente, três seres: aquele que fala, aquele que escuta e aquele que registra, anota. Portanto, não está só; mas, talvez por isso mesmo, mais só ainda. Termina o texto com a palavra *SÓ*, graficamente em evidência, pois o que quer o homem é justamente *companhia*. Donde seu título.

Reina um clima de incerteza, no que diz respeito ao número de pessoas e à identidade de cada um, e também quanto ao local em que se encontram: espaço indefinido, mas prisão. É o vazio-prisão, ou o encarceramento no vazio-infinito. Ausência, pois, de cenário, como também de diálogos ou gestos, numa estagnação total, mostrando a criatura humana despojada de seu aspecto físico, definidor, a indagar-se sobre o porquê de sua vinda ao mundo – visto não ter solicitado –,

---

27. *L'oeuvre sans qualités – Rhétorique de Samuel Beckett*, Paris, Seuil, 1994, pp. 382 e ss.

28. Considerando-se a elasticidade dos termos "romance", "novela", "contos" e, ainda, o fato de vários textos terem sido encenados e filmados, parece adequado englobá-los sob o genérico "Textos". É o caso, por exemplo, aqui, de *Companhia*, que apresenta aliás muitos elementos autobiográficos.

sobre quem é, sobre seu destino e ainda sobre o que quer dizer quando diz *eu*. Perguntas sem respostas, já repetidas em tantas obras.

Tendo Beckett ultrapassado a terceira pessoa dos primeiros romances em inglês, a primeira pessoa dos grandes textos em francês, e a ausência dos pronomes *ele* ou *eu*, coloca agora um narrador *eu*, mas que fala do outro ao outro. Nunca fala de si mesmo. Nunca diz *eu*. Não fala de si senão quando fala ao outro, tratando-o por tu (você), quase sempre no passado e poucas vezes no futuro. Não fala de si senão falando do outro. E a voz. Em última instância, ouve-se Beckett, tantos são os elementos autobiográficos contidos no texto.

Companhia é talvez o romance em que Beckett mais se coloca: a data de seu nascimento, o pai andarilho, que é seu maior companheiro, a mãe rígida e áspera, que não o compreende... O *eu* que fala une assim o criador e sua criatura, nesse estranho texto, emitido por uma voz cansada, com tons de fracasso e morte, qual um lamento, sem lágrimas, desolador.

Já em *Mal Visto Mal Dito*, adota Beckett a técnica de filmagem ou de televisão: o espreitador é visto vendo e, qual uma câmera indiscreta, focaliza de longe um deserto branco e preto, com detalhes, em cujo centro se encontra uma pequena cabana insólita. E nesta, uma velha senhora; não um homem, mas uma mulher, e velha. A velhice dos protagonistas é, como se sabe, uma constante beckettiana, pois é o fim, ou melhor, o quase fim da vida, ou pré-morte. Aliás, já deveria ou poderia estar morta, pois lê-se: "Como se ela tivesse a *infelicidade de estar ainda viva*" (pp. 8 e 14, o grifo é nosso).

E a câmera vai acompanhando implacável os movimentos da velha senhora, suas saídas para o exterior; e depois esse, numa noite de inverno, ao luar. E amplia-se o quadro...

Trata-se de um texto originalíssimo, despojado, que, desde o título, já indica a obsessão do autor: *ver* e *dizer*, representar a realidade que nunca pode ser bem captada, considerando os impedimentos "do olhar" e "do objeto", tema dos vários ensaios seus sobre a pintura. Daí o *mal visto e o mal dito*, que, paradoxalmente, segundo a estética beckettiana, é a expressão ideal, e que será levada às últimas conseqüências, em *Rumo ao Pior*, com sua teoria e prática do fracasso.

Uma senhora é *vista, vendo*; é vista, movimentando-se e o olhar do espreitador – e com ele o do leitor – a acompanha, captando fragmentos de uma solidão, o velho e eterno tema beckettiano. Ágil, o espreitador-*camera man*, esforça-se por apreender o que vê – "Espetáculo impressionante ao luar" (pp. 11 e 31) –, porém fracassa como o escritor que conhece seu fracasso de tudo dizer e também o de nada dizer, mas que por isso continua a dizer. Não se silencia; só se silenciaria se triunfasse na sua captação, com uma visão justa, mas não é possível. Não a conseguindo, continua *mal dizendo*, posto que *mal visto*.

Ou como observa o narrador, em estilo telegráfico, temendo o desaparecimento da velha senhora, da paisagem, de tudo:

> *Vistos não importa como não importa como ditos. Medo* do negro.
> Do branco. Do vazio. *Que ela desapareça.* E o resto. Seriamente.
> E o sol. Últimos raios. E a lua [...] (p. 38, o grifo é nosso).

quando o que ele quer é captar, congelar as imagens sempre à beira do desaparecimento.

E o texto prossegue, no mesmo tom, com palavras isoladas, ou grupos de palavras, num ritmo escandido, para desembocar no vazio: "Não. Ainda um segundo. Nada senão um segundo. O tempo de aspirar este vazio. Conhecer a felicidade" (p. 76).

Texto despojado, sereno, na captação da imagem em movimento e, portanto, fugaz, é *Mal Visto Mal Dito*, um ponto alto na criação beckettiana.

Esse grande texto foi seguido de outro, não menos interessante na sua busca do fracasso, presente desde o título: *Rumo ao Pior*. É o *quanto pior, melhor*, engenhando-se o autor, ao longo de suas páginas, num empenho contínuo para bem fracassar.

> Tentar ainda. Malograr ainda. Malograr melhor (p. 8).

É seu lema. Seu objetivo. E hesitando entre as palavras, pondo em dúvida o que disse, corrigindo-se, tentando novamente, e , com as devidas ressalvas, qual a personagem Watt, do início da carreira de Beckett romancista, ou outras personagens-narradoras já mencionadas. Mas é o clímax da hesitação; ou da dúvida, e também do esforço para conseguir o melhor que, no caso, é paradoxalmente o *pior*: "De início o corpo. *Não.* De início o lugar. *Não.* De início os dois. Ora um ora o outro [...]. Ainda e ainda. *Tão mal quanto pior ainda*" (p. 8, o grifo é nosso).

Rumo ao Pior é, sem dúvida, o *ponto culminante da estética beckettiana do fracasso*, buscando mediante reiterações e superlativos e mesmo superlativos de superlativos, a captação de "o mínimo minimum", "o iminimizável mínimo minimum" (p. 10). São variações, infinitas, do *quase nada*, ilustrando a estética beckettiana do fracasso. E também, sob certo aspecto, manter a estética do *pouco*, tendo o autor, como se tem aqui dito, ao longo de sua carreira, reduzido seus textos, seus cenários, suas personagens e seus movimentos – é a imobilidade ou quase-imobilidade –, e suas falas, que até chegam às vezes a ser suprimidas, como, por exemplo, no teatro, nas pantomimas. É o minimalismo.

A escritura do *pouco* e do *fracasso*, teorizada e praticada aqui neste hermético texto, *Rumo ao Pior*, já se anunciava, porém, em *Para Acabar Ainda*, em que se lê: "Depois pouco, ou nada, até os mínimos" (p. 36); além de estar presente na descrição do tenebroso e insólito cilindro de *O*

Despovoador, em que se lê: "Tanto é verdade que no cilindro o *pouco possível lá onde ele não está não é somente mais e no menor menos o nada inteirinho* se esta noção é mantida" (p. 28, o grifo é nosso).

Portanto, redução ao extremo do limite do nada, até o quase imperceptível. O *pouco*, que Beckett destacava, admiravelmente, nos quadros do pintor Henri Hayden, tema do breve ensaio já recordado. Ou o *minimalismo* beckettiano, expresso também em *Mal Visto Mal Dito*: "Menor minimamente. Não mais. Bem partido para a inexistência como para zero o infinito" (p. 69); e que poderia constar do surpreendente *Rumo ao Pior*: o *pouco* tão bem captado por Hayden, associado ao *quase-desaparecimento*, ao quase-apagar da coisa a ser pintada, devido ao "impedimento do objeto" e ao "do olhar", como diz Beckett, referindo-se à pintura dos irmãos van Velde.

Rumo ao Pior vem sendo taxado de hermético e obscuro, ilegível. Mas, Pascale Casanova, num dos capítulos do livro *Beckett l'abstracteur – Anatomie d'une révolution littéraire*, o desmonta (pp. 13-32). E, realmente, uma leitura sistemática, analítica, atenta, permite compreender a *arte realmente combinatória* do autor, que, cabeça privilegiada, engenha tomadas e retomadas de termos (*ruim-pior*), em escala progressiva, em direção do agravamento do pior. Como diz o título, na tradução francesa, vai *rumo ao pior*, enquanto o original inglês – *Worstward Ho* – lida, lúdica e ironicamente, com a expressão "em direção ao oeste, avante" (*Westward ho*) assinalando, o movimento e a direção ao mesmo tempo. E o primeiro termo do texto inglês, *on* – em francês, *encore*, traduzido para *ainda, de novo* – reiterado várias vezes, expressa não só a continuação e o esforço, mas também o movimento para a frente. *A finalidade do texto é atingir o pior*. E se dizer é sempre *dizer mal*, torná-lo *pior* é, paradoxalmente, lograr o *melhor*, ou o êxito da expressão. É ao que o autor se propõe: o fracasso.

E Beckett, que se revela aqui um *formalista* puro, cerebral, desdobra sua capacidade de composição e organização, segundo regras. Como em textos anteriores mencionados, já no primeiro parágrafo assinala o *como* alcançar seu alvo: partir do *de uma maneira ou de outra* (*somehow*, em inglês e *tant mal que pire*, em francês), para chegar à impossibilidade, *ao impasse* (*nohow*, em inglês e *plus moyen*, em francês). São os dois modos de sua escrita visando ao objetivo, de *maneira econômica*, mediante o uso de: um vocabulário reduzido (a partir das palavras *mau, mal, pior*) e uma sintaxe que se limita ao essencial, sem vírgulas. E o texto vai mostrar as várias regras do jogo verbal, a partir dessas duas formas que são geradoras da sua escritura. No final, repete literalmente a proposta inicial:

Nos limites do vazio ilimitado. De onde não mais longe.

Melhor mais mal não mais longe. Mais mais menos. Mas mais pior. Mais mais nada. Mais mais ainda.
Seja dito mais mais ainda (p. 62).

sendo que cada *regra* para *piorar* é precedida da expressão "a partir de agora" (*from now* e *desormais*). E a primeira regra é: cada vez que se ler *dizer*, deve-se ler *mal dito*; portanto piorado. E as regras se sucedem, posto que uma vez enunciadas, são modificadas; não são fixas, acarretando contínuas correções. E o texto vai de *pior* a *pior*, numa intensificação que se amplia, generalizadora, transformando *para pior*, por exemplo, todas as expressões em que existam *bem, bom, belo*. São transformações sistemáticas, e não-aleatórias, como podem parecer à primeira vista ao leitor despreparado ou apressado.

Como numa série de operações matemáticas, parte para a segunda "operação", isto é, anuncia as sombras de seres que surgem no seu relato: um ser "ajoelhado" ao qual atribui o número *um*; "um par" (um velho e uma criança), isto é, o número *dois*; e "a cabeça", ou o número *três*. Figuras não nítidas que têm como cenário a escuridão – aquele que é o *habitat* beckettiano: o *vazio* e a *penumbra*, isolando-os ou destacando-os. Portanto, *cinco componentes indo rumo ao pior*, com um piorar gradativo de cada um deles. A formulação de cada um, uma vez emitida, é em seguida retomada *ainda* e *ainda* (ou *de novo, de novo*, como aparece na versão francesa), com modificações tênues, segundo regras que se formulam, sempre de acordo com a coerência do texto. Nada é deixado solto, nesse texto laborioso, cerebral. E uma nova regra se formula, mediante a pergunta, seguida da resposta "Acrescentar? Jamais" (pp. 26-31). Portanto, *não a soma* ou a adição de palavras que possam traduzir o pior; mas, sim, a *subtração*, a *diminuição*. Vem o momento de *substituir os comparativos* pelos superlativos: pior – *o pior*. É uma *nova fase*. E, num virtuosismo verbal incrível, tradução do cerebral, joga com as mesmas palavras, *negando* ou *desdizendo* a primeira afirmação, considerada falsa desde o ponto de vista lógico do texto. Mas logo retoma, com uma negação dupla, a primeira afirmação, tida agora como a melhor também do ponto de vista da lógica do texto. *Do pior* para então ir para a direção do *menor*: "Assim rumo ao *menor* ainda" (p. 42); chegando "Até o último *iminimizável* menor" (p. 43).

Rumo ao Pior é, realmente, uma síntese das perguntas e incertezas formais, das tentativas e soluções usadas, e muitas vezes encontradas em outros textos seus. Isso não só em relação às figuras-sombras, mas também ao *cenário*, dizendo:

Um lugar. Onde nulo. Houve um tempo em que tentar ver. Tentar dizer. Como exíguo. Como vasto. Como se não ilimitado limitado.
Donde a penumbra (p. 12).

E a *penumbra*, que vem sendo o lugar beckettiano, por excelência, assim aparece:

> Penumbra inobscurecida. Ou obscurecida à mais obscura ainda. A obscuríssima penumbra. O menorzíssimo na obscuríssima penumbra. A última penumbra. O menorzíssimo na última penumbra. *Pior impiorável* (p. 43, o grifo é nosso).

Os comparativos se cruzam e se misturam, ora referindo-se aos seres – com o termo *mal* –, ora ao duplo cenário – com o termo *menos*. Assim, na versão francesa, ao referir-se ao vazio, escreve a tradutora de Beckett: "Inaumentável iminimizável impiorável sempiterno quase vazio" (p. 56).

E se, com o emprego de *mais* é expresso o *menos* – "mais obscuro (é) menos luminoso" –, Beckett procede à correção, com uma tenacidade ilimitada, tentando a todo preço contornar as contradições. Donde *a forma retorcida*, com perguntas e respostas sobre seu procedimento para exprimir o pior crescente: É válido? É adequado?

Como bem nota Pascale Casanova, com a qual coincidimos na interpretação, há como que duas vozes: uma, a perguntar e a assumir os defeitos; e outra, a responder:

> "O quê? Sim"
> [...] Dizer sim.

O processo de "piorar" abrange, como foi dito, os cinco elementos, mas desses, *três resistem* a ele, como também ao desaparecimento: o vazio, a penumbra e a cabeça, apesar de todas as tentativas ao longo do texto. Se o vazio é "inaumentável", "iminimizável", "impiorável sempiterno *quase* vazio" (p. 56) (o grifo é nosso); se a penumbra é declarada "o menorzíssimo na obscuríssima penumbra. Pior impiorável", quanto à cabeça, que é "cena e espectador de tudo", vendo, dizendo e formando imagens, e que vê sua própria cabeça na cabeça, não há a possibilidade de fazer com que ela desapareça; se o fizesse, levaria consigo o texto, num duplo desaparecimento, porque é ela a responsável pelo texto e suas reflexões. É "Sede de tudo. Germe de tudo" (p. 22), dela própria e dos outros quatro elementos; é também a cabeça a sua espectadora. Cabeça que se transforma em "crânio" e que se desfaz em "substância mole" que destila, ficando um "pequeno resto". É o limite, além do qual é impossível continuar e piorar.

Assim, vem a ineludível pergunta: "De quem são as palavras?". Ou a questão de sua origem, questão sem resposta. Ou não se pode eliminar totalmente o que dizem as palavras, nem saber totalmente; pode-se, porém, saber "Bastante para saber (que) saber não se pode", pois "Saber o que é que as palavras que ela ('a assim dita sede de tudo e germe de tudo') secreta dizem não se pode. Dizer não se pode" (p. 38).

Não há o desaparecimento do texto. Mas seu objetivo, declarado desde o início, é dar-lhe fim – fim, quando impossível é sua continuação, visto estarem esgotadas suas forças.

O texto, produto da mente privilegiada de Beckett, constitui um caso excepcional de realização formal. Razão tem Pascale Casanova, quando nele vê uma espécie de "arte poética, última", em que Beckett *põe em prática* sua "teoria da abstração literária", ao mesmo tempo que a explica (p. 17). Ou é "a afirmação de sua invenção da abstração (que) nunca lhe foi verdadeiramente reconhecida" (p. 170). Ou talvez já tenha começado seu reconhecimento. Beckett, além de "modificar as formas de organização do texto", procede à subversão dos próprios fundamentos da literatura.

Com a ausência de assunto, a ausência de psicologia e de cenário, a não ser a penumbra e o vazio, fora do tempo e do espaço, é *Rumo ao Pior* a inauguração da "literatura abstrata", como arremata a autora supra, em seu livro *Beckett, l'abstracteur* (p. 32). É, de fato, um prodígio da arte puramente cerebral, consciente, supercontrolada, exigindo um esforço e um controle absolutos, pois nada ocorre espontaneamente. É um autêntico *tour de force* criador, de um Beckett já bastante idoso, mas firme em seu projeto artístico.

Impossível é não sublinhar, *uma vez mais*, a importância da *cabeça*, na obra beckettiana em geral. Freqüentemente e em não poucos textos, surge a *cabeça*. Já foi assinalada sua presença em *Imaginação Morta Imagine*. Mas mesmo antes, em "O Mundo e as Calças", ensaio sobre van Velde, já afirmava Beckett: "A caixa craniana tem o monopólio deste artigo" (p. 28); preferindo o funcionamento cerebral à grandiloqüência da alma, numa espécie de profissão de fé materialista; e em *Novelas* e *Textos para Nada*, reiterava o termo, que aqui é sublinhado: "É uma imagem, na minha *cabeça* [...] procuro ser como aquele que eu procuro, na minha *cabeça*, que a minha *cabeça* procura, que eu intimo minha *cabeça* de ter de procurar" (pp. 145-146).

Freqüentes são as personagens que seguram a cabeça, ou a apóiam nas mãos... E em *Rumo ao Pior*, como foi visto, não só está ela "inclinada sobre mãos atrofiadas", como é expressa sua excelência, sinteticamente: "Sede de tudo. Germe de tudo" (p. 22); cabeça, depois denominada "crânio" e subentendida em "substância mole".

Postura corajosa é a de Beckett que manifesta *não o fim da arte*, mas a vontade de pôr fim à ilusão e à crença artística comuns; por fim, em literatura, à idéia do poder da emoção. Ou um Beckett, como sempre, antitradicional, iconoclasta. Cerebral.

Após a extraordinária e exaustiva *Rumo ao Pior*, e mais próximo do fim, retoma Beckett, em *Sobressaltos*, longo monólogo de 21 páginas, dividido em três partes ou capítulos, de também longos parágrafos sem vírgulas, a figura de um *ele que se vê*, sentado uma noite, à sua mesa, com a *cabeça* entre as mãos, diante de uma janela – imagens recorrentes –, a olhar o céu. Vê-se "levantar-se e partir" (p. 7). E esse primeiro longo parágrafo, que termina com a possível extinção da luz, deixando-o nas trevas, até que ele "por sua vez se apague" (p. 9), bem sugere a iminência da morte, aliás desejada.

Outros partiram ou partirão; ele há muito começou a partir. Após uma "longa caminhada silenciosa" – a vida –, põe-se a refletir: "resignado a ignorar *onde estava* ou *como viera* ou *para onde ia* ou *como retornar lá de onde ignorava como partira*" (p. 22).

Protagonista anônimo, sem rosto, solitário, em meio à noite, sem localização espacial e temporal – apenas à noite –, aparenta-se com não poucos outros seres beckettianos, entre os quais: o solitário e melancólico *eu*, de *Fiasco IV*, que, diante também da janela, via "o céu"; o solitário *ele*, sentado em silêncio diante de uma janela, olhando a noite, o nada, de *Imóvel*... Mas, este último ser solitário talvez pareça mais lastimável pelas palavras finais, associadas ao fato de saber o leitor que Beckett já está mais próximo da morte: "*oh acabar. Não importa como não importa onde.* Tempo e sofrimento e ele suposto ele. *Oh tudo acabar*" (p. 28, grifo nosso).

Está ele exausto de tumulto, dos gritos e golpes que ouve em sua cabeça. Donde o título: *Sobressaltos*. Diante da morte que logo arrebataria Beckett, já alquebrado pelos anos, impossível ao leitor comum (e a certos críticos) uma leitura exclusivamente formal, mesmo porque se trata de um texto diferente de *Rumo ao Pior*.

Numa longa trajetória, com textos vários – romances, novelas, textos curtos e médios –, de início cômicos e depois sérios, e mesmo sombrios, emitidos por narradores de diferentes tipos, com técnicas diversas; com textos exuberantes de início e depois, mais e mais despojados, pela adoção da estética do *pouco*, além daquela da *não-objetividade*, do *fracasso*; com textos habitados de início por personagens excêntricas que vivem "na periferia do vasto mundo", mas que ainda têm nome e vínculos com o social, e depois por estranhos seres solitários, que se entregam à contemplação, à descrição de suas visões, perdendo a identidade e, sem vínculos de qualquer tipo, caminham para a imobilidade ou quase-imobilidade, é Beckett um mestre. Mestre que, depois, com tenacidade, metodicamente, vai organizando de maneira fria, neutra e matemática, seus textos, tais equações estilísticas, vinculando a arte à matemática e desenvolvendo "a arte combinatória", que culmina com o extraordinário texto *Rumo ao Pior*, hermético para os não-iniciados ou apressados, no qual chega a teorizar e praticar *o pouco, o pior*, clímax da *estética do fracasso*. Isso após ter retomado o tom melancólico de alguém que recorda (em *Companhia*), e que se repetirá no seu último texto: *Sobressalto*.

É Beckett, incontestavelmente, um revolucionário da literatura, por abalar os seus próprios fundamentos, procurando demolir a platitude do tradicional. É um esteta.

3. Ao Abrir das Cortinas

PEÇAS DE TEATRO, RÁDIO E TELEVISÃO – ROTEIRO DE CINEMA

Samuel Beckett – *Esperando Godot*. Associação inevitável, quando se fala de teatro, pois foi a peça que tirou o autor do anonimato, não apenas na Europa, alastrando-se seu nome pelos outros continentes. O êxito espetacular de *Godot*, se por um lado propiciou a fama ao seu autor, já por outro lado, em certos ambientes e durante certo tempo, dificultou, e prejudicou mesmo, numa certa medida, o conhecimento do que já escrevera e escreveria depois, com o devido reconhecimento de suas qualidades como criador, seja no teatro, seja no romance, ou em textos em prosa.

Segundo suas próprias declarações, compôs *Esperando Godot*, em francês, em quatro meses (de outubro de 1948 a janeiro de 1949), para escapar da "horrível prosa", à qual vinha se dedicando sem êxito; o teatro lhe permitiria sair das crises depressivas em que estava mergulhado, tendo dito: "minha vida estava muito triste, eu pensava que o teatro seria uma diversão"[1]. E, de fato, a peça divertiu, não apenas o público, com as falas muitas vezes descontínuas e os *lazzi*, os números de circo e de *music hall* das suas personagens-clown, palhaços que, como na tela de Picasso, representam a humanidade. Para Beckett, porém, apesar de todas as compensações, a peça teve o inconveniente

---

1. Deirdre Bair, *op. cit.*, p. 328.

de desviar a atenção do público (europeu, de início), talvez da parte mais importante de sua obra: do romance. Sua maior aspiração era ser romancista; compor para o teatro representa, pois, de início, não uma opção, mas, sim, uma necessidade para sair do impasse em que se encontrava, como homem, como escritor.

A passagem do romance ao teatro se explicaria então por *uma deliberada intenção de divertir*, associada à frustração de não ser lido como romancista. Como já foi dito, antes da *Trilogia* (*Molloy, Malone Morre* e *O Inominável*), já compusera, sem êxito, os romances *Murphy* e *Watt*, bastante curiosos, por seu conteúdo e sua técnica (sobretudo o segundo), porém sem conseguir atrair a atenção do público anglo-saxão. Agora, no teatro, no palco, provoca a confrontação direta com o público; diferente, portanto, do universo do romance. Além disso, por que não pensar numa possível evolução formal de uma para outra linguagem, a cênica? Realmente, é suficiente recordar o romance *Mercier e Camier*, composto em francês, em 1946, mas só conhecido posteriormente, que lhe abre caminho para o teatro, e em especial para *Esperando Godot*, com seus dois velhos amigos, *clochards* ou vagabundos *sui generis*, como Estragão e Vladimir, e que se entregam a diálogos infindáveis e descontínuos, enquanto tentam viajar. Recorde-se que muitos de seus diálogos, aliás abundantes, bem como posturas e quedas, evocam, ou melhor preparam, os dos famosos protagonistas da peça.

Os temas abordados por Beckett nos romances, ao serem transpostos cenicamente, ganham sem dúvida em termos de expressividade e força. Onde melhor que o palco para apresentar, concretamente, o espaço-prisão, com cenários enclausuradores, mesmo quando se trata de um espaço amplo e indeterminado, em que as personagens se sentem encurraladas? Além de que a tela de fundo do palco, de um lado, e o público, de outro, como que pressionam os atores, materializando a sensação de encarceramento. Lembre-se que Vladimir, de *Esperando Godot*, num determinado momento, diz: "De fato, somos servidos numa bandeja" (o francês, *plateau* = palco e bandeja) (p. 104).

Se no romance, colocava o autor criaturas enfermas, em decomposição física gradativa – pense-se nas personagens da *Trilogia* –, agora, no teatro, encontra a melhor forma para torná-las mais expressivas; ganham em força, pela permanência no palco de um ator ou atores, que concretizam o que antes era apenas narrado. É um corpo vivo, no palco; e não através de palavras que o descrevem. Corpo que fala, que se move; mas que sabe também calar-se e imobilizar-se. Conforme diz Bernard Dort: "é o que o teatro tem de mais material e elementar, um espaço, uma voz, um corpo"[2]. Além do que, no teatro, a linguagem é múltipla. Como nota Barthes, o teatro é uma espécie de máquina cibernética, em repouso, oculta atrás de uma cortina, e que

2. *Apud* Alfred Simon, *op. cit.*, p. 64.

ao ser descoberta, põe-se a emitir aos espectadores mensagens simultâneas, se bem que em ritmo diferente – informações vindas do cenário, da iluminação, do lugar ocupado pelos atores, de seus trajes e maquilagem, e de seus gestos e palavras, numa autêntica "polifonia informacional"[3]. Não há, pois, apenas a linguagem verbal.

Beckett, a rigor, não estreou diretamente no teatro, com *Esperando Godot*. Antes dessa peça que demoliu as convenções teatrais vigentes, já exprimira sua profunda insatisfação no que concerne à prática teatral. *Eleutheria*, sua primeira peça acabada, e que, a seu pedido, permaneceu inédita, durante anos, a não ser para os que com ele conviviam, exprime de maneira bastante curiosa suas idéias sobre como deveria ser o teatro – um teatro diferente, antitradicional.

De início, viram-na, equivocadamente, como fazendo parte da tradição realista, e não da tradição pirandelliana, de *Seis Personagens à Procura de um Autor*. Mas, *Eleutheria* não é tampouco o ponto inicial de sua postura antitradicional, visto ser, na realidade, a última de uma série de tentativas que ressaltam, de forma satírica, a impropriedade das convenções teatrais dominantes até então. A primeira foi a paródia de *O Cid*, de Corneille, composta em 1931, quando Beckett era ainda assistente no Trinity College, de Dublin, mas de parceria com Georges Pelorson, francês originário da École Normale Supérieure, de Paris. Tratava-se de participação no Festival Anual de Arte Dramática Estrangeira, da "Sociedade das Línguas Modernas", da Universidade Irlandesa.

Kid, que infelizmente se extraviou, e que fazia parte de uma série de esquetes cômicos, pretendia desmitificar as convenções adotadas pelo grande dramaturgo do Século de Ouro Francês, Corneille, tais como a famosa regra das três unidades – ação, tempo, lugar –, além do clima de grandeza e decoro e da proibição da violência em cena. Sabe-se que Beckett, de barba, vivia o herói espanhol, D. Diego, pronunciando um discurso que, à medida que o tempo corria – um despertador à mão do "herói" e um grande relógio de enormes ponteiros manipulado por Pelorson, no fundo do palco, indicavam as horas –, ia se tornando cada vez mais e mais ininteligível e absurdo, em meio às gargalhadas incontidas do público[4]. Discurso absurdo, que deve sempre ser citado como antecedente da logorréia estapafúrdia de Lucky, de *Esperando Godot*, carregada porém esta última de conotações múltiplas, pois o autor não era mais o jovem Samuel Beckett... Outras mais eram suas preocupações.

Mas faz-se necessário recordar seus passatempos por aquela época, e até antes. Como assinala Deirdre Bair, o teatro em Dublin, nos anos 20, constituía o passatempo favorito de seus habitantes, havendo

---

3. Roland Barthes, *Essais critiques*, Paris, Seuil, 1964, p. 258.
4. Deirdre Bair, *op. cit.*, p. 122.

espetáculos não só de profissionais, como também de amadores, que, obviamente, atraíam o jovem Beckett, no Abbey Theatre. Entre os autores nacionais, admirava O'Casey; e, entre os estrangeiros, Pirandello, que ultrapassava, acreditava ele, a todos "pelo tema e pela forma" (p. 54). Ora, além do Abbey, domínio do nacionalismo irlandês, havia o Gate, domínio do teatro experimental europeu, e o Queens Theatre, centro do melodrama na cidade. Era este que, à saída dos *pubs*, Beckett, sempre solitário, freqüentava, além do Theatre Royal e do Olympia, centro do *vaudeville*. Era também espectador assíduo do cinema, admirando Chaplin, a dupla Laurel e Hardy, Harold Lloyd e, mais tarde, os Irmãos Marx. É evidente a importância desses passatempos na sua formação de dramaturgo. Mas ela se completaria, entre 1935-1938, como também salienta a biógrafa citada, após uma experiência teatral fracassada por suas ousadias, ao ajudar, a pedido da Sra. Howe, nas modificações de uma peça sua que seria montada no Gate Theatre. Começa então a freqüentar vários grupos dramáticos: os Dramiks, que se interessam sobretudo pelo expressionismo alemão (Wedekind, Toller, entre outros); o Drame League, verdadeiro centro de atividade dramática em Dublin, com seus programas inovadores e com as montagens sobretudo de *Henrique IV, Vestir os Nus, Assim É se lhe Parece*, de Pirandello; e o Dun Laoghaire Theatre Groupe, do qual ele mais se aproxima, atraído não só pelas conversas inteligentes e vivas que lá encontravam espaço, como por seu entusiasmo pelo teatro contemporâneo. Embora sem participar ativamente de suas realizações, lá ouve, assiste aos ensaios, aprende e reflete. É seu aprendizado teatral.

Antes mesmo, porém, em 1931, durante os cursos de Literatura Francesa que ministra em Dublin, e em seu romance autobiográfico "Dream of Fair to Middling Women", exprime suas idéias sobre o teatro, no que se refere à escolha das personagens, à intriga da peça e às expectativas dos espectadores. Já se encontra aqui a concepção estética do autor, se bem que ainda em fase de elaboração, e que viria mais desenvolvida, em *Eleutheria*. Nos cursos, trata do aspecto da expressão teatral que ele chama "a realidade humana", opondo-se de maneira especial à ação por ele considerada como "bola de neve", isto é, uma intriga que vai reunindo, cena após cena, todas as causas que impelem as personagens, até o desenlace, de maneira inevitável. Focaliza o conflito entre a natureza complexa e não determinada da "experiência humana" e "os mecanismos redutíveis" da arte. E, em "Dream of Fair to Middling Women", refere-se a Balzac, e a seu "mundo cloroformizado", criticando-lhe a onipotência (p. 47). Mas, no domínio específico do teatro, avança a sua crítica feita em *O Kid*, compondo "Human Wishes", peça que fica inacabada, com apenas a curta cena inicial[5]. Preparou-a, de maneira cuidadosa, pensando num retrato realista da

---

5. "Human Wishes", em *Disjecta*, ed. cit., pp. 155-166.

psicologia do Dr. Samuel Johnson, autor de *The Vanity of Human Wishes*[6].

"Desejos Humanos" se abre com uma exposição convencional, pela conversa de três mulheres numa sala – a Sra. Williams, a Sra. Desmoulins e a Srta. Carmichael –, bem localizada, pois, no espaço e no tempo. Descrevem sua situação na casa do Dr. Johnson, em Bolt Court, definindo-se as condições bem como as diferenças de cada uma. Com a chegada de Levett, médico-auxiliar da casa, instala-se o tema da felicidade humana, ainda que a personagem, muda, apenas atravesse o palco, cambaleante, sob o efeito do álcool. Já havia sido mencionado o alcoolismo como possível sucedâneo da felicidade.

Mas, de repente, a personagem que deveria ser revelada pelos comentários das mulheres passa a ser *manifestamente ignorada* e mesmo descartada *com indignação*, diz a rubrica. Uma delas se põe a ler; a outra fica absorta na meditação e a terceira tricota, até que, à saída do homem, apenas *se entreolham*, manifestando *desaprovação*, segundo a rubrica (p. 160). É quando dizem:

SRA. W – *As palavras nos fazem falta.*
SRA. D – *Agora, sem dúvida, um autor dramático nos faria falar.*
SRA. W – Ele nos faria explicar Levett.
SRA. D – Ao público.
SRA. W – Ao público ignorante.
SRA. D – À galeria.
SRA. W – Aos camarotes. (p. 161)

É a incapacidade de bem explicar-se, ou melhor, a expressão do poder do autor tradicional que tudo explica, após o que, passa a peça à questão que preocupa Beckett: *a inoportunidade das convenções teatrais*. Isso mediante a alusão a três autores contemporâneos de Johnson e que são associados ao "público ignorante": Arthur Murphy, com o caráter artificial e o didatismo de sua comédia de costumes; Hugh Kelly, com a idéia da arte como vetor para a instrução moral, na sua também comédia de costumes, sentimental; e, ainda que apenas referido, Goldsmith, com a comédia de costumes, também sem vida – três autores "MORTOS" (pp. 161-162).

Essa cena curta se interrompe com a idéia de que não pode o teatro – tal como aparece nos "gêneros maiores" – "representar a condição humana". Ou, segundo ainda o comentário de Dougald McMillan: "A ubiqüidade da morte, sua indiferença às particularidades individuais, às condições ou às atitudes dos indivíduos, constitui um desafio à toda explicitação teatral"[7] – é o desafio que Beckett enfrentará no futuro.

---

6. *The Vanity of Human Wishes*, do Dr. Johnson, referida por Beckett, que quis aproveitar seu título.
7. "*Eleutheria*: Le discours de la méthode inédit de Samuel Beckett", *Revue d'Esthétique – Samuel Beckett*, ed. cit., pp. 101-109.

Já *Eleutheria*, cujo manuscrito, conservado na Biblioteca da Universidade do Texas, traz a data de 8 de janeiro de 1947, comporta, em tom paródico, mas de maneira mais desenvolvida, as concepções teóricas fundamentais de Beckett para seu novo teatro. Daí, a importância que ele lhe atribui, sendo suficiente recordar-se que tanto *Esperando Godot* como *Eleutheria* são propostas para a encenação, em 1950. E só a recusa, ou melhor, a sugestão de modificações ou reduções da segunda, feita por Jean Villar, no T.N.P. (Théâtre National Populaire), enquanto a primeira foi logo aceita, provocou o esquecimento, ou antes, a vontade expressa do autor de manter *Eleutheria* inédita, no que foi atendido até recentemente.

Trata-se de peça *aparentemente tradicional*, localizada num espaço definido (Paris) e num tempo especificado, com suas dezessete personagens, girando em torno do estranho protagonista, Victor Krap, ser solitário, que escapa de sua família, da noiva e de toda e qualquer atividade que envolva compromisso. Evita explicar sua conduta, seja aos seus, seja a um vidraceiro que aparece em sua mansarda para consertar uma janela. E até mesmo a um espectador que, exasperado, sobe ao palco, e declara sua intenção de lá esperar a elucidação do misterioso protagonista, o que, afinal, não acontece, pois termina com este, sozinho, deitado no palco, "de costas para a humanidade". É, *grosso modo*, *Eleutheria* (do grego, liberdade) um manifesto de liberdade do protagonista, sugestivamente chamado Victor, pois quer viver sua própria vida, afastado de tudo e de todos. Mas é também, sob a aparência tradicional, *expressão da nova arte cênica* que Beckett propõe, *liberta das convenções teatrais* que a vinham dominando. Só mais tarde, porém, seria percebida essa intenção... Daí sua valorização, atualmente.

Um primeiro nível de leitura permite ver Victor, com sua solidão voluntária, com seu mutismo e apatia, recolhido em sua mansarda e estirado freqüentemente na cama, no que se aproxima, e muito, de Murphy, do romance homônimo, de 1938; e também do próprio Beckett, cuja vida foi esmiuçada por biógrafos dos Estados Unidos e da Inglaterra. Um segundo nível de leitura só ocorreria, como foi dito, tardiamente. Assim permaneceu ignorada, enquanto *Esperando Godot* fez carreira; e não pára de ser montada e remontada, respondendo a aspirações de encenadores vários, de distintas nacionalidades, que nem sempre obedecem às exigências de Beckett, obcecado pela minuciosa precisão, não apenas em relação a essa peça.

Eleutheria, sob a aparência ingenuamente tradicional, é demolidora, visando a uma longa série de peças ou de convenções teatrais bem-definidas e respeitadas até então. Parodicamente, alude a Sófocles e Shakespeare, a Molière e Corneille, a Shaw e Ibsen, a Hauptmann e Artaud... Simbolismo e surrealismo não escapam tampouco de seus dardos. E até mesmo Pirandello, que admirava...

Dougald McMillan é um dos que procederam à releitura da peça, vendo por exemplo as personagens sob dois enfoques: um, como "verdadeiros" seres humanos; outro, como "caricatura de todos os estratagemas dramáticos"; vendo também em cada ato, a exploração satírica de "um método dramático diferente". É a caracterização indireta do protagonista; é a sua caracterização direta, com a visível paródia de Hamlet e seus célebres monólogos; é "a revelação inconsciente de si mesmo", pelo sonho, tradição do teatro onírico expressionista. E as personagens que procuram "invadir" o mundo fechado de Victor, mais que meros papéis tradicionais – a mãe, a noiva, o criado, o médico... –, são "encarnações dos elementos mais fundamentais do teatro" (p. 106).

Enfim, peça injustamente desconhecida, pois já propõe a eliminação de componentes tradicionais, gastos e, portanto, ultrapassados, é *Eleutheria* uma peça indispensável para quem pretende conhecer Beckett, desde seus primeiros passos como dramaturgo. Mas *Godot* a venceu. Foi um passo decisivo e outras peças a seguiram. Seria, no entanto, Beckett atraído pelo *rádio* e, mais adiante, pela *televisão*, à qual consagra muitas de suas últimas peças, notáveis, já quase no final da vida. O rádio representava, de fato, um desafio a alguém que se preocupava sempre com a imagem; mas *Tudo o que Cai*, com apenas palavras e sons, cria o visual, resultando num sucesso. Descortina-se ao ouvinte toda uma paisagem irlandesa rural, colorida, atravessada por sons e ruídos peculiares, com animais, e um desfilar de personagens, tipos pitorescos, em sucessivas cenas, admiráveis, inclusive pela nota cômica. E mais três peças radiofônicas a seguem: *Cinzas, Palavras e Música* e *Cascando*, sendo que a música tem papel relevante, principalmente nas duas últimas, visto não ser apenas elemento ambientador.

Quanto à televisão, impossível a ela não aderir. Segundo sua própria confissão, trabalhar em peças televisivas correspondia a uma *necessidade sua,* para poder *dominar o local*, bem como *a luz*. Antes de acontecer essa possibilidade ou oportunidade, o que se dá com *Diga Joe,* já confessara a Axel Kaunt, naquela carta de 9 de julho de 1937, freqüentemente citada: "Eu experimentava a necessidade de criar para um *espaço mais reduzido,* um espaço no qual poderia dominar o local em que as pessoas estão e evoluem, e sobretudo *dominar a luz*"[8] (o grifo é nosso).

São as palavras de Beckett, quando elaborava ainda o seu romance *Watt*, explicando sua exigência de depuração e redução ao que considera essencial, visível nos diferentes gêneros que cultivaria. Ora, onde encontrar um espaço mais reduzido e onde poderia melhor dominar – pensa ele – que o ocupado por uma tela de televisão? Onde há maior possibilidade de dominar a luz e tornar sua linguagem mais

---

8. Em *Disjecta*, ed. cit., pp. 51-54.

expressiva? Este seria, pois, seu campo de trabalho, no final de sua longa trajetória. Aliás, se compõe várias vezes diretamente para a televisão, outras para ela adapta suas peças de teatro ou textos, ou ainda suas peças filmadas são lá difundidas, mesmo sem qualquer adaptação, o que não deve ter sido agradável para ele, em geral tão exigente e minucioso.

É o êxito alcançado com as peças radiofônicas, na BBC de Londres, que favorece o seu trabalho na televisão, sobretudo porque os antigos realizadores daquelas peças passaram a atuar no novo campo. Mesmo quando não lhe dão, oficialmente, o título de "realizador", colabora com os técnicos, podendo seguir e controlar o processo de criação na tela, isso porque os meios de comunicação do vídeo e sua estrutura técnica, mais modernos, permitem-lhe o acesso. Não só em Londres (BBC), mas também em Stuttgart (Süddeutsch Rundfunk), passa ele do rádio à televisão, sendo que nesta última se torna realizador dos próprios textos, para cuja filmagem exige a maior precisão, sob todos os aspectos – movimentos, luz, sons. É notória sua atitude a respeito.

Sua concepção do trabalho na televisão vai evoluindo, como em outros campos, e admitindo modificações e ajustes. Assim, se em *Diga Joe* ouvia-se a voz feminina a ecoar na consciência do protagonista, sentado à beira da cama, havendo coincidência entre o monólogo interior e a câmera, em *Trio do Fantasma*, de 1975, a voz não é mais uma voz interior e a mulher não mais participa da ação, pois tal uma apresentadora ou um *mestre de cerimônias*, acolhe os espectadores, descreve, acompanhada pela câmera, o local onde se desenrolará a ação, até surgir o protagonista, mudo como o anterior; mas, depois, a imagem fala por ele. Além de que a música, nessa peça, composta dez anos após *Diga Joe*, desempenha um papel relevante, exprimindo o estado emocional do protagonista. Aliás, como já assinalado, recorrera à música em peças radiofônicas, e estava consciente de seu valor expressivo, não a reduzindo a mero acompanhamento ou fundo musical.

Parece que a televisão passa a corresponder então a uma antiga e alentada aspiração de Beckett: escapar da linguagem e da literatura, visto lhe parecerem limitadas. É o que nota Martin Esslin, no seu interessante estudo "Une poésie d'images mouvantes"[9], ao tratar das peças televisivas e, em especial, de *Quad*, em que a imagem poética é totalmente liberada da palavra. Ou uma poesia com sons, mas sem palavras – "um novo gênero" (p. 401), espécie de criação pictural, visual, que deve ser interpretada pelos espectadores.

Tentando entender a insatisfação do dramaturgo em relação à linguagem e à literatura, transcreve o autor aquela carta de Beckett, de 1937, portanto antiga, escrita a Axel Kaunt, em alemão, há pouco ci-

---

9. Em *Revue d'Esthétique – Samuel Beckett*, ed. cit., pp. 391-403.

tada, mas que, por sua relevância e pertinência, é aqui transcrita de maneira mais extensa:

> Escrever em um inglês convencional se torna para mim cada vez mais difícil, isso me parece absurdo mesmo. E, *cada vez mais*, minha própria língua me aparece como um véu que é preciso *rasgar a fim de atingir as coisas* (ou o nada) que se acham para além... Considerando que não podemos eliminar a linguagem com um só golpe, *devemos pelo menos nada negligenciar daquilo que possa contribuir para o seu descrédito*. Cavar aí buracos, um após outro, até o momento em que o que está oculto atrás – alguma coisa ou absolutamente nada – se ponha a escorrer através: não posso imaginar um maior ideal para um escritor, hoje [...]. Há na natureza viciosa da palavra uma santidade paralisante que não se encontra nos elementos das outras artes? Há uma única razão para que a superfície da palavra, terrivelmente tangível, não possa ser dissolvida como, por exemplo, a superfície do som, rasgada por longas pausas na Sétima Sinfonia, de Beethoven, de tal maneira que durante páginas inteiras não nos percebemos de nada a não ser de uma passarela composta de sons, suspensa a alturas vertiginosas e unindo entre eles dois abismos insondáveis de silêncio? (o grifo é nosso).

Citação longa, mas imprescindível – ressalte-se – para compreender não apenas o Beckett autor de televisão, sobretudo das últimas peças – *Quad I e II* e *Nacht und Träume* – que não podem ser consideradas dentro da categoria *ballet* nem de *peças com mímica*, pois representam "um gênero totalmente novo: *poemas visuais*", na apreciação de Martin Esslin. Nestes, há "a condensação do máximo de experiência numa metáfora gráfica" – metáfora visível e audível ou "um poema sem palavras", como os qualifica o crítico, no artigo citado. É verdade que metáforas poéticas visuais são também encontráveis em suas últimas *peças de teatro*, como em *Não Eu, Aquela Vez, Passos, Cadeira de Balanço, Improviso de Ohio, Catástrofe* etc. Mas já não estavam presentes, bem antes, desde *Dias Felizes*, de 1960? Só que acompanhadas da linguagem verbal. E as peças *...mas as nuvens...*, *Quad I e II* e *Nacht und Träume*, com *Trio do Fantasma*, constituem um conjunto bem representativo do Beckett, no final de sua carreira: econômico, concentrado, sutil e refinado[10].

Como salienta Barthes, em seus *Essais critiques*, há pouco citado, a linguagem teatral é múltipla, caracterizando-se pela "polifonia informacional" (p. 258). São informações várias vindas do cenário, e de tudo o que está no palco, convenientemente "iluminado", não apenas no sentido literal. A linguagem cênica é, pois, total, abrangendo *a visual e a sonora*, em sentido amplo. O dramaturgo moderno aumenta a eficiência de seu Verbo, reforçando-o com a linguagem paraverbal, ampliando o ato da comunicação, aperfeiçoando, manipulando de

---

10. A focalização do teatro, rádio e televisão, e roteiro de cinema, a partir de agora, é um aproveitamento, ainda que ampliado e atualizado, do nosso pequeno livro publicado pela Perspectiva: *A Linguagem de Beckett*, 1977, coleção Elos.

maneira mais cuidada e sutil todos os elementos – às vezes o essencial –, que vão "falar" ao público. Este vê e ouve, captando mensagens que lhe são enviadas, desde o abrir da cortina, de diferentes maneiras e ritmos, uma vez que o *teatro novo* – que não é mais tão novo, tendo mais de cinqüenta anos – lança mão de muitos elementos para atingir o espectador, por intermédio dos sentidos. É a promoção do *sensorial* que se manifesta ainda mais acentuadamente no uso sistemático das "materializações" pregadas por Antonin Artaud, isto é, símbolos visuais e auditivos, que têm uma notável importância, mormente por seu caráter hiperbólico. Pense-se no Teatro do Absurdo, em geral, com suas "materializações".

LINGUAGEM SONORA

À parte as pantomimas, em que predomina a linguagem visual e, em particular, a gestual, em todas as demais peças de teatro de Beckett – sem excluir a visual – está presente a *linguagem sonora*, que compreende vários elementos diferentes pela sua natureza e pelo papel que representam. *Ao lado da linguagem verbal, da palavra articulada*, está o que Claudel chamou de "*voz inarticulada*, o resmungo, a exclamação, a dúvida, a surpresa, todos os sentimentos humanos expressos por simples entonações"[11], porque, não há dúvida, esses elementos fazem parte da linguagem, exprimindo e comunicando sentimentos, em apoio às palavras, ou mesmo isolados. *E a linguagem musical* e a *linguagem dos ruídos* completam a parte sonora do teatro de Beckett, *presente ao lado da visual*, e predominante nas peças radiofônicas, substituindo a visual, pois permite, entre outras, evocar ambientes, criar atmosferas, graças ao seu poder de sugestão.

Linguagem Verbal

Se dramaturgos franceses do século XX, como Claudel e Giraudoux (se bem que com sua carga relativamente inovadora) ou Gide e Montherlant, consideraram a *linguagem verbal* como o meio de expressão por excelência, admirando-lhe a beleza e reconhecendo a supremacia do Verbo; e se lhe atribuíram o poder de ordenar o universo, uma vez que representa situações de maneira inteligível – é o otimismo em relação à linguagem –, já o *teatro novo*, da década de 50, do qual Beckett é o maior representante, caracteriza-se por uma posição completamente oposta, já manifesta no romance: a desconfiança da linguagem verbal, a dúvida em relação ao seu poder de captar a rea-

---

11. *Apud* Pierre Larthomas, *Le langage dramatique*, Paris, Armand Colin, 1972, p. 114.

lidade, de comunicar, enfim, o que dá origem a uma atitude de derrisão. Derrisão da linguagem verbal, paralela à da condição humana. Cultor do anti-romance, é também Beckett o máximo cultor do antiteatro, ou do *teatro novo*.

Beckett e os outros dramaturgos desse tipo de teatro transformaram o domínio da expressão verbal. "O velho estilo" a que se refere a protagonista de *Dias Felizes* é bem o estilo que Beckett evita em suas obras, ao eliminar os elementos que caracterizam a linguagem literária tradicional. Não estilo nobre ou elevado; não adornos nem emprego de tempos e modos verbais abolidos da linguagem coloquial, da mesma forma que são suprimidos o bom tom e o espírito de salão. Se, em *A Última Gravação*, por meio das fitas gravadas no passado, quando o velho protagonista ainda era jovem, surgem certos termos como *viduité* (e não o usual *veuvage*, para indicar a viuvez), tal emprego obedece à pura intenção irônica, tanto assim que quem os proferiu em tempos idos não mais os reconhece ou compreende, revelando-se incapaz de associar a camada sonora ao significado.

Paralela à supressão das características da linguagem literária tradicional, vem a introdução de termos e expressões familiares, de gíria ou escatológicos, presentes tanto nessa última peça, como em *Fim de Jogo* e outras, e cuja intenção parece a de sacudir o leitor ou espectador, tocando-o mais agudamente.

A atitude revolucionária dos dramaturgos da década de 50 não foi – é necessário reconhecer – pioneira. Não faltam antecedentes à sua reformadora postura no campo da linguagem e obrigatória é a lembrança de Valéry, que, entre outros, assinalou não só a impossibilidade da *palavra* no que diz respeito à captação da realidade, como também seu aspecto despótico, isto é, a linguagem, por ser algo que herdamos dos outros, impõe-nos seu pensamento. Sem que houvessem previsto, Valéry e alguns mais contribuíram para uma nova filosofia da linguagem, sendo que Antonin Artaud, este metafísico do teatro, é o primeiro que dirige críticas à linguagem, ao pensar em termos de teatro – teatro é a arte da representação e não da palavra – e ao pregar a supremacia do espetáculo. Ficava então a *palavra* relegada a um plano secundário, uma vez que o *gesto* e o *signo* podiam e deviam "falar" mais e melhor. E é assim que dramaturgos como Ionesco ou Beckett – os maiores – procederam ao emprego de elementos que pudessem exprimir idéias, não *dizendo* com palavras, mas *fazendo sentir* tais idéias. Ou, como afirma Ionesco, seguindo as pegadas artaudianas: "Tudo é linguagem no teatro: as palavras, os gestos, os objetos, a própria ação, porque tudo serve para exprimir, para significar"[12]. Vai, pois, "materializar angústias, presenças interiores", fazer com que "representem os objetos, vivam os objetos, animem os cenários, concretizem

---

12. *Notes et contre-notes*, Paris, Gallimard, 1962, p. 197.

os símbolos" (p. 63), além de que os gestos, a pantomima, continuem a palavra ou a substituam. Não é só "falar" com palavras, verbalmente; mas "falar", "comunicar" mediante todos os meios de expressão: auditivos e visuais.

Mas, entre os novos dramaturgos da década de 50, é talvez Beckett o crítico mais agudo e feroz da linguagem. Conhecedor da obra do filósofo Fritz Mauthner que dedicara sua vida à crítica da linguagem, e tendo inclusive lido trechos desse autor ao amigo Joyce, vai Beckett ficar alerta às imperfeições da linguagem verbal para a boa captação da realidade. E isso explica sua arte. Sem que tenha realizado, de início, uma total invenção, o que fez foi utilizar sistematicamente certos procedimentos antigos, se bem que renovados, associando-os a outros novos. Focalize-se, porém, mais de perto o diálogo beckettiano.

Diálogo

O diálogo do teatro de Beckett se caracteriza pelo empobrecimento, pelo depauperamento, isto é, pela presença de falas curtas em que subsistem os traços do diálogo tradicional. E nessas são encontráveis tanto a *oposição*, como a *repetição* ou a *esticomítia*, cujo emprego nada tem de inovador, visto remontar seu emprego a séculos passados. Se desde o teatro tradicional, surgiam personagens animadas pela oposição de sentimentos, pela oposição de valores, e tal choque se traduzia verbalmente, o mesmo vai ocorrer no teatro de Beckett, como por exemplo em *Esperando Godot*, no diálogo em que se opõem Estragão e Vladimir, ou ainda em *Fim de Jogo*, quando se chocam Clov e Hamm. É a oposição, expressa por meio de poucas palavras, concisamente, como aqui:

> Vladimir – Oh perdão!
> Estragão – Eu escuto você!
> Vl. – Mas não!
> Est. – Mas sim!
> Vl. – Eu interrompi.
> Est. – Ao contrário.
>
> (*Olham-se com cólera.*)
>
> Vl. – Vejamos, nada de cerimônia.
> Est. – Não seja cabeçudo, ora.
> Vl. – Acabe a frase, digo eu.
> Est. – Acabe a sua. (p. 127)

Este e tantos outros exemplos que poderiam ser transcritos revelam a presença da *oposição*, concisa, rápida. É a oposição pura, inovadora em relação aos clássicos, e que sugere a paródia ou a caricatura do teatro tradicional e da própria vida. É ainda a procura da essência teatral, sob a *forma lúdica*, como quando se lê:

VLADIMIR – Obrigado a você.
ESTRAGÃO – De nada.
VL. – Mas sim.
EST. – Mas não.
VL. – Mas sim.
EST. – Mas não. (p. 79)

Dir-se-ia o jogo de palavras, paralelo ao jogo de objetos que circulam das mãos de Estragão às de Vladimir, ritmicamente, regularmente... Animando o diálogo, tirando-o do marasmo, graças à mudança do ritmo e ao caráter lúdico, a tradicional oposição agora renovada se faz, pois, presente no início da obra beckettiana.

Quanto à *esticomítia*, esse duelo verbal entre as personagens em oposição e que se apóia na antítese e no paralelismo verbal, é também utilizada por Beckett, em *Esperando Godot*, como o foi pelos gregos e latinos e pelos grandes dramaturgos do século XVII francês, entre outros. A esticomítia, que também apresenta um caráter lúdico, bem refletindo a essência teatral, adquire no entanto nas mãos beckettianas um novo aspecto, graças à elipse da parte inicial. É Beckett o grande utilizador dessa forma tradicional, renovada pela construção elíptica; aliás a elipse é freqüente em sua obra, dando margem a amplas sugestões. E, paralelamente, recorre ao emprego de termos com débil desvio semântico, de maneira que há oposição entre eles, ao mesmo tempo em que são uma estranha mescla de antônimos-sinônimos. Entre os inúmeros exemplos, o mais digno talvez de menção por seu caráter eminentemente poético e musical – razão pela qual aqui é citado em francês, já que perderia com a tradução – é o que se segue:

> VLADIMIR – Ça fait um bruit d'ailes.
> ESTRAGON – De feuilles.
> VL. – De sable.
> EST. – De feuilles.
>
> (*Silencie*)
>
> VL. – Elles parlent toutes em même temps.
> EST. – Chacune à part soi.
>
> (*Silencie*)
>
> VL. – Plutôt elles chuchotent.
> EST. – Elles murmurent.
> VL. – Elles bruissent.
> EST. – Elles murmurent.
> VL. – Ça fait comme um bruit de plumes.
> EST. – De feuilles.
> VL. – De cendres.
> EST. – De feuilles[13].
> (p. 88)

13. VLADIMIR – Isto faz um ruído de asas.
ESTRAGÃO – De folhas.

Como se vê, pelo emprego muito pessoal da esticomítia tradicional, está conservada a simetria, embora parcial, graças à elipse (visível à leitura; audível à representação), ficando destruído o caráter de sentença ou de aforismo. É forma paródica – dizem –, mas impossível deixar de reconhecer seu alto valor poético, como no caso citado.

Quanto à *repetição*, essa figura de retórica de tão rico emprego não apenas entre os clássicos, é também usada por Beckett, que procede de duas maneiras: ora, numa única fala, a personagem repete várias vezes o mesmo termo; ora é reiterado o termo ou uma frase, espaçadamente, tal um tema musical ou *leitmotiv*, assim sublinhando ou evocando um conceito-chave. Inúmeros são os exemplos, entre os quais pode ser citado o caso da fala da protagonista de *Dias Felizes*: solitária em meio a um deserto escaldante (o marido está praticamente ausente), em que nada acontece, ela se entrega a monótono monólogo; tenta em vão evocar os tradicionais versos clássicos, procedendo à derrisória repetição. Em vez de avançar a expressão, esta é retardada pelos termos que voltam uma e outra vez, como:

Quais são esses versos delicados? (*Um tempo.*) Tudo... ta-la-la... tudo se esquece... a vaga... não... se quebra... tudo ta-la-la se quebra... a vaga... não... onda... sim... a onda sobre a onda se esquece... dobra... sim... a onda sobre a onda se dobra... e a onda... não... a vaga... sim... e a vaga que passa esquece... (*Um tempo. Com um suspiro.*) A gente perde os clássicos (pp. 79-80).

É a linguagem dos clássicos que não é conservada; linguagem que aparece cortada, em fragmentos, repetidos, e não na sua elegante fluência, na sua tranqüila correção, ou melhor, no "velho estilo" – expressão freqüentemente empregada pela cinqüentona Winnie – e à qual se opõe o "novo estilo", não citado mas subentendido. O "velho estilo", como "a gente espera Godot" (*Esperando Godot*), "acabar, isto vai acabar" (*Fim de Jogo*) ou "Isto me parecia sem esperança" (*A Última Gravação*), todas são reiteradas, como o retorno de um tema

V<small>L</small>. – De areia.
E<small>ST</small>. – De folhas.
(*Silêncio*)
V<small>L</small>. – Elas falam todas ao mesmo tempo.
E<small>ST</small>. – Cada uma à parte.
(*Silêncio*)
V<small>L</small>. – Antes elas cochicham.
E<small>ST</small>. – Elas murmuram.
V<small>L</small>. – Elas fazem ruído.
E<small>ST</small>. – Elas murmuram.
V<small>L</small>. – Isto faz como que um ruído de penas.
E<small>ST</small>. – De folhas.
V<small>L</small>. – De cinzas.
E<small>ST</small>. – De folhas.

musical ao longo das peças, salientando-se assim "o velho", "o tradicional", como "a espera", "o fim do jogo", ou "o desalento". É a constante, a nota permanente, mediante a reiteração, se bem que às vezes com pequenas variantes; à força de reiterar, está garantida *a presença*. A repetição, sensível em diversos níveis em *Esperando Godot*, bem traduz o tédio da vida, o interminável recomeçar. Partindo da dramaturgia da peça, tipicamente cíclica, tudo o mais é repetição: gestos, vocábulos, expressões. Procedendo ao levantamento da freqüência de certos termos e frases[14], verifica-se o seguinte:

- O termo *Nada*, usado num total de cinqüenta vezes, e que abre a peça – "Nada é possível fazer", diz Estragão, referindo-se à dificuldade em tirar o sapato que o incomoda –, coloca-a sob a marca do negativismo, embora haja a espera, freqüente no refrão: "A gente espera Godot".
- A frase "a gente espera Godot" (oito vezes); "Esperar Godot" (quatro vezes); "Esperei Godot"; "Esperamos que Godot venha" (uma vez), pela sua freqüência, torna-se autêntico refrão a atravessar a obra, vindo seguido do inevitável "É verdade" (dez vezes). O esperar Godot é a realidade sobre a qual não pairam dúvidas, quem quer que ele seja: Deus ou alguém ou algo indefinido, que não aparece ou acontece. A fórmula porém mais freqüente é:

  – Vamo-nos.
  – Não podemos.
  – Por quê?
  – Esperamos Godot.
  – É verdade.

  São falas que, qual uma cantilena, atravessam essa farsa trágica ou metafísica (pp. 16, 67, 95, 96, 100, 109, 118), com pequenas variantes, sendo que, numa das últimas vezes, sublinhando comicamente a lição aprendida em virtude da contínua repetição, diz Estragão, sozinho, sinteticamente: "Vamo-nos. Não podemos. É verdade" (p. 127).

- "A espera" (duas vezes), o verbo "esperar" (37 vezes), num total elevado, com a exclusão dos casos acima referidos, acusam explicitamente o ato de "esperar", que vem enunciado desde o título – é a espera de Godot, nome que é repetido 36 vezes, sem computar os casos citados e o emprego dos "ele", além das constantes sugestões.
- O emprego dos verbos "dizer" (115 vezes), "falar" (23 vezes), "tagarelar" (duas vezes), "conversar" (duas vezes), "contar" (quatro

---

14. Esse levantamento consta em nosso artigo "A Linguagem Beckettiana em *Esperando Godot*", *Revista de Letras*, Faculdade de Filosofia, Ciências e Letras de Assis, Assis, 1975, vol. 17, pp. 231-253.

vezes), com seu elevado total (146 vezes) é assaz expressivo da tagarelice e da obsessão das palavras nas personagens, que assim preenchem o longo tempo da espera de Godot.

- O emprego dos verbos "saber", na forma negativa ou interrogativa (com valor negativo), num total de 49 vezes, e do verbo "compreender" (cinco vezes) perfaz um número bastante elevado a testemunhar a incapacidade das personagens, e portanto do homem que elas representam, de saberem e compreenderem alguma coisa do universo em que se encontram prisioneiras; donde a impossibilidade de crerem em algo. Aliás, elas não *podem*, termo muito freqüente na peça.
- O emprego do verbo "poder", na forma negativa (24 vezes), bem traduz a privação de poderem elas fazer algo ou suportar a vida. Donde a descrença. Paradoxalmente, porém, ainda esperam.
- O emprego de "talvez" (*peut-être*), num total de 24 vezes, além das formas "não é seguro" (três vezes), "nada é seguro" (uma vez), "você está seguro?" (sete vezes), num total geral de 35 vezes, parece confirmar, com os verbos anteriores, a idéia da impossibilidade de as personagens obterem certeza, segurança quanto a qualquer coisa. Tudo é incerto, duvidoso, instável, sendo que quando há certeza, é justamente de algo incerto, constituindo tal afirmação categórica a derrisão da certeza absoluta. E curiosa é ainda a afirmação de segurança quanto à falta de veracidade de algo que foi dito anteriormente; é uma vez mais a impossibilidade de segurança, ironicamente sublinhada pela rubrica que mostra Pozzo *cada vez mais senhor de si,* justamente no momento em que nega a veracidade do que dissera: "Não sei mais muito bem o que disse, mas podem estar certos de que lá não havia uma palavra de verdade" (p. 47).
- A repetição da pergunta "Que é que a gente faz agora?" (sete vezes) e ainda de "Mas agora vai ser preciso achar outra coisa", além do emprego do "agora" (24 vezes), acusam a importância do "agora" para as personagens e a necessidade de fazerem algo para o preenchimento do vazio da existência, patente nas reiteradas perguntas: "Que fazer?", "Que devemos fazer?" (pp. 19, 22, 62, 100, 118, 119). É a expressão de sua angústia existencial, de sua necessidade de fazerem algo, embora lá esteja a constatação inicial e que não muda no curso da peça: "Nada é possível fazer". Apenas lhes sobra, além da espera de Godot, suas pequenas ações que se tornaram "hábito" (p. 113).
- A repetição de outros termos ou frases traduz por outro lado a dificuldade de transmissão de mensagem, o problema da comunicação, quando por exemplo o interlocutor não ouve bem, ou quando não compreende o que lhe é transmitido. Assim, no diálogo:

>   Estragão (*inquieto*) – E nós?
>   Vladimir – Por favor?

Est. – Eu digo, e nós?
Vl. – Não compreendo.
Est. – Qual nosso papel nisso?
Vl. – Nosso papel? (p. 24)

e ainda no diálogo, mais longo – e por isso não transcrito aqui –, em que se estabelece a confusão entre Godot e Pozzo, com a conseqüente repetição dos nomes (pp. 29-30). Beckett lança, pois, mão da tradicional repetição, dela tirando o máximo partido.

A repetição de certos termos regulares ou anômalos pelo tartamudeio, associada à ausência de pontuação ou de pausa, ao jogo de palavras, à ironia, à elipse, à conotação escatológica, faz do "discurso" de Lucky o melhor exemplo de uma linguagem absurda a serviço da expressão do absurdo, do homem no universo. É o domínio do absurdo, do irracional, coerentemente apresentado de maneira absurda – originalidade beckettiana e de outros dramaturgos desse tipo de teatro (ainda que com suas peculiaridades). Focalize-se apenas o início da longa tirada da personagem ironicamente batizada com o nome de Lucky (felizardo) e que é um *knouk*, neologismo que, como em Mallarmé, é compreendido menos conceptualmente que contextualmente. Leia-se:

> Lucky (*monotonamente*) – Considerando a existência tal como ela jorra dos recentes trabalhos públicos de Poinçon e Wattman, de um Deus pessoal quaquaquaqua de barba branca quaqua fora do tempo do espaço que do alto de sua divina apatia sua divina atambia sua divina afasia nos quer bem salvo algumas exceções não se sabe porque mas isso acontecerá [...] após pesquisas inacabadas não antecipemos pesquisas inacabadas mas não obstante coroadas pela Acacacacademia de Antropopopometria de Berna-em-Bresse de Testu e Conard... (p. 59)

É a derrisão – sob o aspecto de incoerência – dos fundamentos das convicções religiosas, intelectuais e científicas, convicções que se deram ao homem do passado a sensação de apoio e perenidade, revelaram-se ao homem do pós-guerra – entre os quais Beckett – frágeis e efêmeras. Irreverência em relação a Deus, a quem são atribuídas três características inusuais: atambia (total indiferença), afasia (traumatismo mental que provoca a perda da fala ou da compreensão da linguagem) e a apatia (desinteresse e insensibilidade) – características que não constituem qualidades, como o sugere o reiterado emprego do termo "divina", principalmente por estar anteposto. Ironia em relação a Deus que é reforçada pela associação de "Deus pessoal" e "quaquaquaqua", tendo este último elemento dois significados simultâneos: *quoi? quoi?*, isto é, "quê"? "quê"? que deprecia o primeiro; e o escatológico "caca" que ridiculariza a noção de religião antropomórfica. É a mesma derrisão com respeito ao intelecto e à ciência, graças ao tartamudeio na articulação dos termos *Academia* e *antropometria*, (cacacapopopo), com suas conotações escatológicas, empenhando-se o dramaturgo na irônica introdução de anomalias, quer no nível do vocábulo: *Wattman* (condutor de bonde e *What man?*), *Testu* (*têtu*, isto é, teimoso, obstinado), além de outros nomes que aparecem no texto e que se prestam a grotescos trocadilhos; quer no nível do grupo de vocábulos, pois a existência não "jorra" nem são "públicos" os trabalhos do chamado "Wattman" (além das referências à divindade).

A repetição presente na logorréia de Lucky, recaindo sobre determinados termos e grupo de termos-chave, tais como: *homem* (quatro vezes), *cabeça* (seis vezes), *Deus* (cinco vezes, incluindo-se o "divina"), *não se sabe porque* (dez vezes), impede que se percam de vista as derrisórias intenções de Beckett quanto à criatura humana e suas limitações para a compreensão do universo absurdo – universo em que, ironicamente, ele vê *a divina apatia, a divina atambia, a divina afasia*.

Retomando o assunto do diálogo, mas no que concerne à sua *progressão*, nota-se que apresenta, em parte, características do diálogo tradicional, isto é, a continuidade semântica, com o jogo de perguntas e respostas. A descontinuidade porém se impõe, testemunhando a dificuldade de comunicação, e a solidão das personagens, ainda que vivam em par.

Continuidade e descontinuidade se alternam em meio a inúmeros e longos silêncios, com mal-entendidos e qüiproquós, chegando a dar muitas vezes a impressão de uma conversa que está desfalecendo e acabará. Mas explode novo ímpeto, nova partida, num diálogo contínuo, e depois descontínuo, até novo desfalecimento e novo relançar da "bola" do diálogo: tal é o diálogo de *Esperando Godot*, a partir do início. Estragão, que tenta debalde tirar o sapato que o incomoda, pronuncia palavras que são empregadas no sentido literal, isto é, "Nada é possível fazer" com o sapato; estas porém são compreendidas no sentido metafórico por Vladimir, que entra em cena nesse momento, e que pensa na vida e nas lutas dela decorrentes, carregando-as de angústia. É o pseudodiálogo, pois na realidade são dois monólogos justapostos, mergulhado cada um em seu problema, em suas preocupações:

> Estragão – Nada é possível fazer.
> Vladimir (*aproximando-se com passinhos rígidos, e as pernas separadas*) – Eu começo a acreditar nisso. (*Fica imóvel*) Resisti muito tempo a esse pensamento, dizendo-me, Vladimir, seja razoável. Você ainda não experimentou tudo. E eu retomava o combate. (*Ele se recolhe, pensando no combate.*)

Há então a interrupção do "diálogo" – se é que pode assim ser chamado – dominando o silêncio, que é depois quebrado com nova tentativa de comunicação, com nova base.

> Vladimir – Então, você está aqui, você.
> Estragão – Você acha?
> Vl. – Estou contente de ver você. Eu pensava que você tinha partido para sempre.

É a continuidade semântica, com base em perguntas e respostas pertinentes, como no teatro tradicional. Mas advém novo silêncio, nova interrupção, que será seguida de novo encetar de diálogo. E assim sucessivamente.

Enquanto durou o diálogo, houve a progressão na linha tradicional; mas esta não é a única e aqui se situa uma das inovações beckettianas na técnica do diálogo: *a progressão pela associação de conceitos e a progressão pela associação baseada na justaposição de dois níveis de diálogos alternados.*

Quanto à *progressão do diálogo pela associação baseada na justaposição de dois níveis*: o concreto e o abstrato, ou o sério e o cômico, alternando-os, encontra exemplos, de maneira especial, em *Esperando Godot*. Quando Estragão, tendo tirado o sapato que o incomodava, passa a examiná-lo e, depois, o próprio pé, estabelece-se o seguinte diálogo, cujo ponto de partida é o concreto: o sapato e, daí, o pé, dando ocasião a Vladimir de meditar sobre o homem, e por associação, sobre o problema da culpabilidade, evocando o caso dos ladrões que se encontra no Novo Testamento. E isto conduz à idéia de arrepender-se. Transcrevendo a passagem:

> VLADIMIR – Então?
> ESTRAGÃO – Nada.
> VL. – Deixe-me ver.
> EST. – Nada há para ver.
> VL. – Tente calçá-lo de novo.
> EST. (*tendo examinado seu pé*) – Eu vou deixar respirar um pouco.
> VL. – Eis o homem inteirinho, preocupando-se com o sapato quando é o pé o culpado. [...] Um dos ladrões foi salvo.
> (*Um tempo*) É uma porcentagem honesta. (*Um tempo*)
> Gogo...
> EST. – O quê?
> VL. – Se a gente se arrependesse?
> EST. – De quê?
> VL. – E bem... (*Ele procura*) A gente não teria necessidade de entrar nos pormenores. (pp. 12-13)

Assim, a partir da *gag* do sapato – situação concreta – chega Vladimir à idéia da redenção; passa, pois, do contingente ao geral, do particular ao universal, e avança o diálogo, oscilando entre os dois planos. E tal oscilação se faz também presente entre o sério e o cômico, como quando Estragão sugere ao companheiro o suicídio, o que suscita uma série de réplicas opostas à trágica idéia (p. 25). Há neste, como no caso anterior, a ruptura da continuidade e tal técnica é freqüente entre os dramaturgos do *teatro do absurdo*, bem ilustrando, comicamente, suas preocupações.

A progressão do diálogo pode ainda ser feita pela *intervenção da música,* alternando-se frases musicais com as verbais, o que se verifica nas peças radiofônicas: *Palavras e Música* e *Cascando*. Como indica o primeiro título, é um duo sustentado por uma música, cuja autoria é de John Beckett, parente do dramaturgo. Ouvem-se duas vozes: a de Palavras e a de Croak – nome que significa "resmungos", e mais precisamente, "o grasnar das rãs" ou "o crocitar dos corvos", sugerindo ainda o termo *croaker*, nome de desprezo conferido ao que dá demasiada importância aos acontecimentos políticos. Nova ironia do autor, que, como se sabe, viveu afastado da política, atraindo a crítica dos escritores engajados?

Palavras, com termos confusos, entrecortados, redobrados, fala de maneira prolixa sobre a paixão da preguiça, sobre o amor e sobre a velhice, atendendo ao pedido de Croak, que o interrompe com seus suspiros e gemidos. Exprimem ambos a preocupação do homem que envelheceu e que é dominado pela melancolia das recordações, fascinantes e desesperadoras. Mas, nessa peça curta, de um lirismo acerbo, e em que a ironia se faz presente, surge Música, que corrige, contradiz Palavras, fazendo progredir o "diálogo", pela interação das "falas" verbais com as musicais, como neste exemplo:

> MÚSICA – *Dê longamente o lá.*
> PALAVRAS (*implorando*) – Não!
> (*Violento golpe de maça. De Croak.*)
> CROAK – Cães!
> MÚSICA – *Lá.*
> PALAVRAS (*tentando cantar*) – Velhice é quando...
> MÚSICA – *Correção.*
> PALAVRAS (*tentando seguir a correção*) – Velhice é quando de cócoras...
> MÚSICA – *Sugestão para o prosseguimento.*
> PALAVRAS (*tentando seguir a sugestão*) – Cuspindo sobre os tições... (pp. 69-70)

Correções, tateios, sugestões. É assim que avança o diálogo; um diálogo muito peculiar, como o é o da também curta peça *Cascando*. Nesta, a Música é como que uma terceira personagem intervindo no diálogo entre o Abridor (*Ouvreur*) e a Voz, com suas frases musicais que funcionam como réplicas. Ao comentar o papel da música nesta obra, disse Mihalovici, que colaborou na sua composição, ao mesmo tempo que salientava os dons musicais de Beckett:

> Tratava-se, com efeito, não de um comentário musical do texto, mas da criação pela música, de uma terceira personagem, poder-se-ia dizer, que intervém ora só, ora ao mesmo tempo em que o narrador, sem no entanto ser seu acompanhamento[15].

Duas vozes, como em *Palavras e Música*, se fazem ouvir; mas na realidade, não são senão de uma única personagem: a do Abridor, que abre, fecha, e novamente abre as comportas das lembranças e refle-

---

15. *Apud* Pierre Mélèse, *op. cit.*, p. 155.

xões expressas pela Voz, havendo ainda, como já foi dito, a Música, que ora sublinha a Voz, ora "fala" por si só, qual outra personagem. E assim se expressa a queda no abismo da desolação, a queda da esperança – *Cascando*.

Monólogos

A obra beckettiana está repleta de monólogos, e não apenas em romances e novelas. No teatro, mesmo em *Esperando Godot*, muitos diálogos entre Estragão e Vladimir não passam de pseudodiálogos; são monólogos paralelos, bem traduzindo a questão da incomunicabilidade humana. E longo monólogo é o de Winnie, de *Dias Felizes*, pois o marido é quase inexistente, ficando a maior parte do tempo oculto atrás de uma elevação. Sozinha, pois, vai entregar-se aos seus pensamentos que se sucedem, encadeando-se por via associativa e indo de reflexões a impressões, de reflexões a evocações. E, espontaneamente, naturalmente, vão saindo suas palavras, do seu mundo interior, uma vez que nenhum acontecimento exterior, imprevisto, vem animá-la. Se, no Ato I, enterrada até à cintura, podia mover seus braços e mãos e assim revistar os fundos de sua bolsa, ponto de partida de muitas de suas palavras, já no Ato II, estando enterrada até o pescoço, não dispõe senão de sua mente que a leva a falar de coisas e fatos, mediante associação de idéias. Ainda que quase toda a obra apresente tal tipo de linguagem, citem-se apenas algumas poucas linhas, com a supressão das rubricas, e em que proliferam os silêncios, as pausas, sumamente sugestivas, traduzidas pelos travessões. O ponto de partida, aqui, é Willie, o marido:

> Pobre Willie – não mais por muito tempo – enfim – nada é possível fazer – pequena infelicidade – ainda uma – sem remédio – nenhum remédio – ah sim – pobre caro Willie (p. 12).

> Pobre Willie – nenhum gosto – para nada – nenhuma finalidade na vida – pobre caro Willie – [...] logo cedo enfim bastante visto – sem dúvida – desde o tempo – quais são esses versos maravilhosos? – infeliz de mim – que vejo o que vejo... (p. 14).

E assim se desenrola a peça, saltando o pensamento da protagonista do presente ao passado e vice-versa, com a sucessão de reflexões e reminiscências.

E, avançando sua carreira teatral, cria Beckett várias peças em que há uma única personagem; ela e sua memória. É o caso da inovadora *Não Eu*, com a protagonista reduzida a uma *boca*, que fala ou conta ou evoca *sua* vida, mediante uma avalanche de palavras, de frases desprovidas de sintaxe e salpicadas de perguntas sem respostas – fala melhor entendida à leitura. Leia-se o início desse relato de uma vida solitária, fracassada:

mundo... posta no mundo... este mundo... pequeno pedaço de nada... antes da hora... longe de... quê?... feminino?... sim... pequeno pedaço de mulher... no mundo antes da hora... longe de tudo... [...] no mundo... dito... não importa... pai mãe fantasmas... não vestígio... ele fugiu... nem visto... nem conhecido [...] (o grifo é nosso).

Também em *Aquela Vez*, uma evocação, porém tripartida – três vozes que chegam ao protagonista, de três diferentes pontos –, mas na realidade, uma única pessoa e suas recordações. É o Recordador, com seus fragmentos de memória, restos bem expressos pelos fragmentos de frases.

Monólogos são ainda a fala monótona de *Solo*, que soa tal o dobrar pungente de sinos, numa perfeita expressão da morte; e a leitura do velho leitor de *Improviso de Ohio*, também monótona, além da fala que ouve a velha protagonista, paralela ao seu embalo em *Cadeira de Balanço*. Ouça-se apenas o início desta, que é *reiterado*, e segue reiterativo, com leves modificações, obsessivamente. É a *reiteração* de palavras e frases, tal a mórbida recordação de uma vida frustrada, solitária, errante, vazia. Pura poesia:

> até o *dia enfim*
> *fim* de um longo *dia*
> em que *ela diz*
> se diz
> a quem outro
> *tempo que ela acabe*   (É um refrão)
> tempo que ela acabe
> acabe de errar
> daqui de lá [...]
> (p. 42) (o grifo é nosso)

É a tendência beckettiana a fazer ouvir uma única voz, nesta última etapa de sua carreira de dramaturgo, na qual *Catástrofe* constitui uma exceção, explicável se se pensar nas circunstâncias que determinaram sua elaboração: a pedido da "Associação Internacional de Defesa dos Artistas" e dedicada ao ilustre prisioneiro político Vaclav Havel. Parece-lhe mais dramático aumentar o número de personagens-opressoras e um único "prisioneiro", mudo (Seria um ator, num ensaio? Num espetáculo? Ou não?). Mudo, na impossibilidade de reagir aos diretores? Ou aos carcereiros?

Música das Palavras

A presença da música como personagem, ou da música estreitamente ligada com o tema da obra – como se verá mais adiante – atesta a preocupação de Beckett pela parte sonora e, conseqüentemente, a importância que ele lhe atribui.

Segundo o testemunho de seu encenador, Jean-Marie Serreau, por ocasião da montagem de *Comédia*, revelava Beckett "um cuidado extremo com a dicção, com o ritmo da entonação", o que o levava a "fazer trabalhar as sílabas" e até mesmo a redigir "um comentário por escrito para cada frase", obrigando os atores à repetição incansável de cada réplica. Esses curiosos e interessantes comentários e outros seriam muito úteis para um estudo que pretendesse ser profundo, no que diz respeito à importância da camada sonora na sua obra. Beckett tem o ouvido para os sons, para a música; afinal, foi excelente pianista e conhecedor não apenas de música erudita.

Consta que essa peça – *Comédia* –, de apenas dezessete minutos de duração, foi ensaiada durante meses, tal a exigência do dramaturgo no que diz respeito à dicção, à entonação. E, pelos depoimentos do mesmo encenador, e, em particular, quanto à espécie de coro do seu início, em que falam, ao mesmo tempo, as três personagens, sabe-se que Beckett "anotou com separação em colunas, a fim de marcar a correspondência exata de cada palavra, de cada sílaba, e isto apesar de que o conjunto permanece mais ou menos incompreensível; mas ele se atém ao efeito rítmico do conjunto". São os incontestáveis dotes musicais do autor a serviço de sua vontade de inovar.

A preocupação beckettiana pelos sons, pelos seus matizes, não diminui em outras peças, sendo suficiente lembrar as observações de Madeleine Renaud, a intérprete de Winnie, de *Dias Felizes*. Assim se manifestou ela sobre as exigências do dramaturgo, em 26 de abril de 1965: durante os três meses de ensaios, Beckett procurava e indicava novas sutilezas vocais, de maneira que a atriz estava "persuadida" de que após um período de repouso, ao retomarem a peça, no inverno seguinte, deveriam retrabalhar juntos o texto, refinando ainda mais o autor quanto às tais "sutilezas"[16]. Aliás, é essa peça extraordinária pelo texto despojado, de extrema economia de meios, mas de acentuada riqueza semântica, e em que o *silêncio* (que será focalizado oportunamente) "fala" tanto ou mais que as palavras associadas aos gestos.

A palavra em Beckett pode alcançar muitas vezes a musicalidade de um alexandrino raciniano, como o notou Jean-Louis Barrault, num dos seus *Cahiers*, citando falas de Winnie, simétricas, e que são transcritas em francês para a conservação do som do original:

Fut-il un temps, Willy, où je pouvais séduire?
Fut-il jamais un temps où je pouvais séduire?[17] (p. 42)

Para Barrault, ao confessar então que vai talvez "surpreender, sem querer" os leitores, "o autor moderno que mais lembra Racine" é jus-

---

16. *Apud* Pierre Mélèse, *op. cit.*, pp. 150 e 153. O autor reúne vários testemunhos sobre o trabalho de Beckett encenador.
17. Houve um tempo, Willy, em que eu podia seduzir?
Houve alguma vez um tempo em que eu podia seduzir?

tamente Beckett. E, de fato, as falas citadas, dignas de um Racine, não destoariam nos lábios da desiludida Roxane, diante do jovem Bajazet.

A *lítotes*, que consiste em exprimir o máximo, dizendo o mínimo, e que nos clássicos do século XVII está ilustrada em verso freqüentemente citado pela sua especial expressividade paralela à *sonoridade* – é o famoso alexandrino de Corneille, em *O Cid*:

> Chiméne, qui l'eût dit?
> Rodrigue, qui l'eût cru?[18]

verso em que explode toda a dor dos dois apaixonados diante da inesperada morte que os separa – a lítotes também está presente em Beckett, e com igual sonoridade. Lança mão o autor de efeitos, de procedimentos sutis: interrupções, silêncio à procura dos termos, inflexões da voz, fazendo modular a fala, por exemplo, do palhaço Vladimir, para bem expressar sua desesperança, a sensação da inutilidade de sua vida, ou da vida:

> Maintenant... (*joyeux*) te revoilà... (*neutre*) nous revoilà... (*triste*) me revoilà (p. 82)[19].

Os grupos de palavras caem, sonoramente, em cadência – três sílabas – quatro sílabas – quatro sílabas – quatro sílabas –, como que exprimindo a inexorabilidade de uma existência sem saída, graças ainda a uma espécie de gradação ou progressão: tu – nós – eu, e à passagem do tom "alegre" para o "triste", por meio do "neutro". Mas o "eu" é o "você", o "nós", abrangendo toda a humanidade, numa imagem globalizadora. Sobriedade da expressão; mas notável poder de sugestão, principalmente por essa economia verbal, em que ressalta, ao lado da simetria (com a simples mudança do pronome), a repetição dos sons, precedidos estes pelas nasais do decepcionante e encurralador *maintenant* (agora):

> te revoilà
> nous revoilà
> me revoilá.

As personagens-palhaços de *Esperando Godot* têm, como nota Lavielle[20], "o ouvido fino e, se a poesia é reminiscência, são verdadeiros poetas", que dizem "perfeitos alexandrinos, na derrisão", como:

> On ne descend pas deux fois dans le même pus (p. 84)[21].

18. Chimena, quem o teria dito?
    Rodrigo, quem o teria crido?
19. Agora... (*alegre*) eis-te... (*neutro*) eis-nos... (*triste*) eis-me.
20. *En attendant Godot*, Paris, Hachette, 1972, p. 84.
21. Não se desce duas vezes no mesmo pus.

em que há também a deformação da famosa:

On ne descend pas deux fois dans le même *puits*[22].

Beckett é o poeta que sabe trabalhar com os sons, as modulações da voz, tirando partido das repetições a fim de exprimir o máximo, numa aparência de emprego mínimo de recursos. E esta não seria a arte raciniana, ainda que beckettianamente tratada? Veja-se outro exemplo de *Esperando Godot*:

– Dis, je suis content.
– Je suis content.
– Moi aussi.
– Moi aussi.
– Nous sommes contents.
– Nous sommes contents.
– Qu'est-ce qu'on fait, maintenant, qu'on est content? (p. 84)[23]

Essas falas curtas, repetidas, em que predominam as nasais, caindo sobre o *contentamento* e negando-o ao mesmo tempo, sobretudo na pergunta final, mais longa, são um exemplo a mais da arte poética beckettiana.

Falas líricas, musicais, ritmadas, como as que continuam a ser citadas em francês, já que perderiam com a tradução:

– C'est pour ne pas penser.
– Nous avons des excuses.
– C'est pour ne pas entendre.
– Nous avons nos raisons.
– Toutes les voix mortes.
– Ça fait un bruit d'ailes.
– De feuilles.
– De sable.
– Des feuilles (p. 87)[24].

---

22. Não se desce duas vezes no mesmo poço.
23. – Diga, eu estou contente.
    – Eu estou contente.
    – Eu também.
    – Eu também.
    – Nós estamos contentes.
    – Nós estamos contente.
    – Que é que a gente faz, agora, que se está contente?
24. – É para não pensar.
    – Temos nossas desculpas.
    – É para não ouvir.
    – Temos nossas razões.
    – Todas as vozes mortas.

Tais falas – e por que não versos? – evocam *Automne malade* (Outono Enfermo), de Apollinaire, cujos versos finais dizem:

Les feuilles
Qu'on foule
Un train
Qui roule
La vie
S'écoule[25].

Embora sejam dissílabos e os de Beckett comecem com seis e caiam para duas sílabas – queda muito sugestiva –, notável é sua poesia. É, no entanto, Racine que também é novamente evocado por Emile Lavielle, pois "o encanto dessa música é evidentemente sua perfeita adaptação às vozes, e qual arte senão a de Racine foi outrora capaz dessa adaptação?" (p. 84).

Sonoridade, cadência, ricas de sugestões, caracterizam muitas passagens beckettianas, como a deste trecho de *Esperando Godot* que alcança uma dignidade trágica, merecendo transcrição:

> Pozzo – Il s'apaise. (*Regard circulaire.*) D'ailleurs, tout s'apaise, je le sens. Une grande paix descend. Écoutez. (*Il lève la main.*) Pan dort.
> VLADIMIR (*s'arrêtant.*) – La nuit ne viendra-t-elle jamais? (*Tous les trois regardent le ciel.*) (p. 49)[26]

A fala de Pozzo, com as pausas cortando as frases e fazendo salientar *a paz*, e com o emprego das nasais, apresenta sugestiva melodia. Poderia assim ser distribuída, em versos, esta fala poética e musical:

Il s'apaise
D'ailleurs
Tout s'apaise
Je le sens

– Isto faz ruído de asas.
– De folhas.
– De areia.
– De folhas.

25. As folhas
    Que pisamos
    Um trem
    Que roda
    A vida
    Se escoa.

26. Pozzo – Ele se apazigua. (*Olhar circular.*) Aliás, tudo se apazigua, eu sinto. Uma grande paz desce. Escutem. (*Levanta a mão.*) Pan dorme.
VLADIMIR (*detendo-se.*) – A noite não virá jamais? (*Todos os três olham o céu.*)

Une grande paix descend
Écoutez
Pan dort

em que se nota como que uma gradação, que culmina com o expressivo *Pan dort*.

Não nos parece gratuita essa tentativa de valorizar a poesia beckettiana, de apontar-lhe o ritmo, a sonoridade, a musicalidade, uma vez que, como já se sabe, o dramaturgo deu provas, durante a encenação de suas peças, de grande preocupação quanto à dicção, ao tom, ao ritmo; enfim, à parte sonora. E todos seus últimos textos, inclusive fora do teatro, também são musicais. Recordem-se os já focalizados *Bing, Sem, Rumo ao Pior* ou *Sobressaltos*, com seus "fragmentos-fantasma", fragmentos que retornam, regularmente, fascinando, hipnotizando o leitor (ou ouvinte) tais "melodias hipnóticas dos rituais". Quando encenados, o que não é raro, mais forte é a sensação criada pelos sons, pelo ritmo.

No teatro, *Solo*, proferido em meio à semi-obscuridade, por uma voz monótona, tal uma cantilena sussurrada, por alguém já exausto, cria um estranho clima hipnótico. A fala, feita de frases elípticas, curtas, cai ritmicamente, bem sugerindo o passo inexorável da morte. Leia-se, na versão francesa, para melhor desfrutar de sua musicalidade, o final desse verdadeiro réquiem:

> Immobile tête haute il fixe l'au-delà. Rien qui bouge. Bouge à peine. Trente mille nuits de fantômes au-delà. Au-delà du noir au-delà. Lumières fantômes. Nuits fantômes. Funerailles fantômes. Êtres chers – il allait dire êtres chers fantômes. Là donc à fixer le vide noir. Aux lèvres tremblantes des mots à peine perçus. Traitant d'autres questions. Essayant de traiter d'autres questions. Jusqu'á comme quoi à peine il n'est pas d'autres questions. Ne fut jamais d'autres questions. Jamais qu'une seule question. Les morts et en allées[27]. (pp. 36-37)

Linguagem da Música

Se a música representa o papel de personagem em certas peças radiofônicas, já em outras obras, se bem que não tenha tal importância, não deixa de ser significativa; não é gratuita, pois exerce uma função, estando estreitamente ligada ao tema. É o que acontece com a canção cantada por Vladimir, no começo do Ato II de *Esperando Godot*, essa peça da estagnação, da circularidade, evidenciadas em

---

27. Imóvel cabeça alta ele fixa o além. Nada que mova. Mova apenas. Trinta mil noites de fantasmas além. Além do negro além. Luzes fantasmas. Além do negro além. Luzes fantasmas. Noites fantasmas. Funerais fantasmas. Seres queridos – ele ia dizer seres queridos fantasmas. Lá pois a fixar o vazio negro. De lábios trêmulos de palavras apenas percebidas. Tratando de outras questões. Tentando tratar de outras questões. Até como que apenas não existissem outras questões. Não houve jamais outras questões. Jamais senão uma única questão. Os mortos e em alas.

diferentes níveis. É o eterno retorno de ações, de réplicas, em freqüentes repetições, traduzível também na canção que canta a morte de um cão ao roubar uma lingüiça na copa, tendo sido enterrado pelos outros cães ao pé de uma cruz em que se lia sua história. E assim, incansavelmente, se repete até ao infinito:

> Um cão veio à copa
> E pegou uma lingüiça.
> Então a golpes de concha
> O cozinheiro o pôs em migalhas.
> Os outros cães vendo isso
> Depressa depressa o sepultaram
> Ao pé de uma cruz de madeira branca
> Em que o transeunte podia ler:
> Um cão veio à copa.
> ....

Esta circular cançãozinha que Edith Kern identifica como uma "triste baladazinha de origem germânica"[28], reproduz a incansável, a interminável espera dos dois amigos: a espera de Godot. E, como essa "balada" da circularidade, surge em *A Última Gravação* uma cançãozinha que é de início interrompida pela tosse do velho protagonista, absorto na audição de suas velhas gravações, e que ao ser completada quase no final da peça, se revela estreitamente entrosada com o seu tema. Trata-se de uma "bucólica *bluette*", como a qualifica Ludovic Janvier[29], que prepara o silêncio e a imobilidade finais do velho protagonista, ouvindo fitas antigamente gravadas, e revivendo ou tentando infrutuosamente captar o passado. O quarteto de versos octossílabos, como em outras peças (embora versos com distinta métrica), esclarece a obra, com sua mensagem de morte:

> A sombra desce de nossas montanhas,
> O azul do céu se apagará,
> O ruído se cala (*Acesso de tosse.*
> *Quase inaudível*) – nas nossas montanhas,
> Em paz logo tudo dormirá (pp. 18 e 30).

Esse canto é, aliás, profundamente derrisório, pois através da fita gravada e que Krapp ouvira, ele negara a possibilidade de cantar um dia (p. 16). Derrisão que também está presente nas letras da valsa de *A Viúva Alegre*, escutada com alegria pela pobre Winnie e que a voz do não menos pobre Willie acompanha, em *Dias Felizes*. Discordante com o ambiente e a situação, ressoa zombeteiramente a romântica e esperançada música que canta depois a protagonista, com doçura, an-

---

28. *Apud* Pierre Mélèse, *op. cit.*, p. 31.
29. *Pour Samuel Beckett*, Paris, Minuit, 1966, p. 255.

tecipando o melancólico final – ela, já quase totalmente enterrada no montículo, em que não mais se pode mover, olha o marido que não consegue sequer levantar-se, numa imagem-símbolo da usura da vida:

> Hora deliciosa
> Que nos embriaga
> Lentamente,
> A carícia,
> A promessa
> Do momento,
> O inefável abraço
> De nossos loucos desejos,
> Tudo dito, Tome-me
> Pois sou sua (p. 88).

A incorrigível Winnie, com seu tenaz otimismo a esconder a atroz situação, ainda canta, embora sabendo-se para sempre separada do amado Willie. É o humor negro de Beckett levado ao extremo, pois já lá estava desde o início da peça, subjacente em todas as suas joviais exclamações que marcam o desnível entre o como ela vê (ou finge ver) a situação e o como a vêem os espectadores.

Digna de nota é ainda a presença da música *A Morte e a Donzela*, que ecoa tal fúnebre presságio em *Tudo o que Cai*. Beckett é, sem dúvida, o mestre da expressão da cegueira do homem diante do que o espera – a morte, antecedida por tantos outros males.

E, em duas peças para a televisão, a música erudita reaparecerá. Embora o *visual* seja prioritário, é inegável que o sonoro a ele se acopla, com resultados excelentes, por exemplo, no *Trio do Fantasma*. Nesta, o protagonista ouve parte da famosa melodia de Beethoven, que tem esse título – *Trio do Fantasma* –, para piano, violino e violoncelo –, vinda de um gravador que ele segura, ocultamente. E o som se faz mais presente, no final, com alternância; amplia-se, em seguida, antes de desaparecer, tendo porém salientado, com uma voz, os movimentos do protagonista à espera da mulher que, afinal não vem. Possivelmente morta – um fantasma.

E mesmo a peça mais estritamente visual, com *Nacht und Träume*, apresenta a música – final de um dos *Lieder* de Schubert –, de início cantarolada, docemente, pela voz do "Sonhador". É a *Nacht und Träume* (*Noite e Sonho*), depois cantada, em *voz baixa*, e *com palavras*; mas apenas o final do *Lied*, que começa com *Holde nacht*. Música, pois, associada à diafonidade da imagem, do sonho – o da *Noite Feliz*.

Realmente, além do cerebralismo beckettiano, que tudo calcula, só uma sensibilidade aguçadíssima para a música (além daquela para a pintura) poderia criar uma peça de tão extrema delicadeza, que envolve aspiração à paz, a algo indefinível, que poderia talvez ser Deus. Mas em Beckett?

Voz Inarticulada

Dentro do "cenário sonoro", "a voz inarticulada" ocupa um lugar privilegiado[30]. Resmungos, exclamações, gritos, gemidos, fazem parte da linguagem, exprimindo e comunicando sentimentos humanos, em apoio às palavras, ou mesmo isolados. Croak, a velha personagem de *Palavras e Música*, se faz presente com suas interjeições, gemidos e suspiros, enquanto Palavras fala do amor, fazendo-o sofrer com a recordação. E essa mesma peça se encerra com um profundo suspiro de Palavras, enquanto Croak se afasta arrastando as chinelas. É o predomínio da linguagem sonora, pois se trata, como se sabe, de *peça radiofônica*.

Embora as diferentes peças, em distintos graus, apresentem esse tipo de linguagem sonora, digno de atenção é o "intermédio" *Respiração*, em que apenas se ouvem gritos, vagidos, ruídos de inspiração e expiração, sopros, mesmo sem a presença do emissor – a criatura humana. Trata-se de uma linguagem regulada, cronometrada, matematicamente. Vêem-se detritos esparsos; e estes não são elementos do cenário visual, servindo de fundo às personagens. São, esses detritos, os protagonistas; os ruídos, "sua voz", suas "palavras", e não mero cenário sonoro, constituindo tal emprego uma das grandes originalidades do autor.

Ao depauperamento visual progressivo das personagens – dos palhaços de *Esperando Godot* às personagens-tronco ou jarro de *Dias Felizes* e *Comédia*, até os resíduos de *Respiração* – corresponde o depauperamento da linguagem sonora, verbal, a ponto de se fazerem ouvir apenas gritos, vagidos e ruídos de inspiração e expiração.

Ruídos

Beckett utiliza ainda um último tipo de linguagem sonora: os ruídos, quer nas peças de teatro, quer nas peças radiofônicas ou televisivas. Entre as primeiras, é necessário fazer menção a *Dias Felizes*, obra em que o elemento sonoro não humano é tão importante que chega a provocar a ação, isto é, as palavras e gestos da protagonista. Ao levantar a cortina, Winnie está adormecida; mas um ruído, estridente, se faz ouvir: um toque de campainha, forte, de cinco segundos de duração; e um novo toque, de três segundos, e está como que desatada a mola da ação. A personagem começa a falar, falar, falar... E isso se repete no Ato II, embora com um único toque de campainha; e já no final, como que encerrando a peça. Mas se, ao começar, o toque agudo determinava uma série de movimentos com os braços, paralelos às abundantes palavras, depois, além das palavras, apenas a abertura dos olhos de Winnie. No final, não mais palavras; não mais gestos. So-

---

30. Pierre Larthomas, *op. cit.*, p. 109.

mente um olhar, um sorriso ao marido. Tal como o apito do *Ato sem Palavras I* ou o aguilhão do *Ato sem Palavras II*, que provocam os movimentos, a campainha é o estímulo às palavras e aos movimentos de Winnie, até que sua situação o permita. Estímulo auditivo não agradável, mas agudo, estridente, e que bem desperta a protagonista para um mundo hostil, representado pelo árido cenário com sua *luz ofuscadora* e o calor escaldante. É o sinal de alerta quanto à irremediabilidade de sua situação, por mais que ela procure dissimular sua tomada de consciência de: ausência ou silêncio da divindade; impotência diante da natureza, e da inexorável passagem do tempo; incomunicabilidade e solidão a que está condenada, por mais que obedeça aos ritos sociais... Claro está que um suave e melodioso despertar ao som de românticos violinos não conviria à mensagem beckettiana, feita de lucidez e sangue frio quanto ao que espera o homem, desprovido de uma crença num compensador além. Ou o homem diante da morte.

Já nas peças radiofônicas, sobretudo, o elemento sonoro é sumamente expressivo, criando uma atmosfera, indicando uma tonalidade e chegando a suprir a ausência do cenário visual.

Por que um dramaturgo tão visual como Beckett – suas pormenorizadas e abundantes indicações cênicas o comprovam – aderia ao rádio? Além de que lhe representava um novo campo de expressão artística e, portanto, um desafio, o que parece é que, se, no romance, já havia apagado as próprias personagens em face das palavras, no rádio, sem o apoio do suporte visual, as palavras sozinhas poderiam ao mesmo tempo significar e evocar, permitindo-lhe dar livre curso à imaginação e à reflexão. Sem a interferência do elemento visual, poderia o ouvinte, a partir das vozes anônimas e dos ruídos ou das vozes inarticuladas, dar corpo ao que ouvia; e ele, Beckett, sem intervenções do visual, exprimir-se com maior liberdade. O teatro, no entanto, não seria abandonado.

Em *Tudo o que Cai*, a única que se situa num local determinado – o campo irlandês; a estação com a chegada do trem –, numerosas são as indicações que evocam o ambiente, ampliando o espaço cênico. Desde o início, ouvem-se ruídos. Diz a rubrica: *Ruídos do campo. Carneiro, pássaro, vaca, galo, separadamente, depois juntos. Silêncio... Ruído de passos que se arrastam... Uma fraca música: A Morte e a Donzela. Os passos enfraquecem e se detêm.* E, ao longo da peça, são passos que se arrastam, aumentando ou diminuindo seu volume, segundo se aproximam ou se afastam; animais que se fazem ouvir; o estalar de golpes; o apito do trem na estação; ruídos de movimento do carro que se põe em marcha, da charrete que se detém etc. Criando o ambiente em que se passa a ação, suprem, ou melhor, substituem a imagem visual, e duas partes, bastante nítidas, são visíveis por intermédio da linguagem sonora: a ida para a estação e o retorno. A primeira, uma série de cenas rápidas, vivas, pitorescas; a segunda, lenta, menos animada, com suas análises psicológicas, e que leva ao perturbador desenlace. Nessa peça da decomposição, em que tudo se desfaz e desaparece, até mesmo a paisagem e as palavras, sublinha Beckett a impotência humana, projeção da impotência ou da insensibilidade divina, o que faz com que os protagonistas, com uma estranha mescla de desafio e masoquismo, riam das palavras do sermão dominical: "O Eterno sustém todos os que caem. E levanta todos os que estão curvados" (p. 139).

Já *Cinzas*, tanto quanto *Tudo o que Cai*, é atravessada por ruídos ambientadores que rodeiam a estranha personagem entregue a suas evocações. É a presença do mar, desde o começo: *Mar apenas audível. Passos de Henry sobre os seixos. Ele se detém. Mar um pouco mais forte.* E, pouco mais adiante, e assim em seqüência, os ruídos partindo dos movimentos da personagem e dos produzidos pela natureza circundante: *Ele se senta. Ruído de seixos que desabam. Mar audível durante tudo o que se segue, cada vez que um tempo é indicado.* Mas é o fundo sonoro de um longo monólogo: o de Henry, que, como seus irmãos do romance – Molloy, Malone e outros –, fala sem repouso, embora diferentes vozes se façam ouvir: a do pai, a de Ada ou de Addie, ou ainda a dos professores. Tudo se passa na mente do protagonista, isolado na sua própria prisão, balançando-se entre ruídos reais e ruídos imaginários.

E ruídos se fazem ouvir, associados a personagens, como que as caracterizando. Nas peças radiofônicas, como *Palavras e Música*, é o arrastar de chinelas do velho Croak, desiludido e cansado da vida; e, em *Cascando*, é o ruído das quedas de Maunu (*cascando* é termo italiano que evoca essas quedas). Mas mesmo em peças de teatro, em que o silêncio paira funebremente sobre as personagens, ouvem-se passos, como naquela peça do mesmo nome – *Passos* –, cuja protagonista anda todo o tempo, carregando lembranças; os mesmos passos, únicos ruídos que se fazem ouvir também numa das últimas peças de Beckett para televisão: *Quad*, cujas personagens andam, sem cessar, no mesmo ritmo (embora cada uma com o seu), dentro de um quadrado-prisão.

Silêncio

Beckett, *o dramaturgo da palavra* – palavra banal e derrisória, muitas vezes –, é também, e sobretudo, o *dramaturgo do silêncio*. Empregado em diferentes dosagens e com diferentes matizes, é o silêncio um importante ingrediente da sua obra. Se é predominante nas pantomimas – o que é óbvio –, notável é ainda o seu emprego em outras peças, vindo indicado por *travessões*, quando não por rubricas, mediante os termos *pausa, um tempo, um tempo longo, um longo silêncio*, ou simplesmente *silêncio*.

Mas faz-se necessário recordar Belacqua, o inventor do silêncio, ou como diz o próprio Beckett: "o inventor das palavras furadas pelo silêncio". Belacqua, uma das primeiras personagens do romance beckettiano e que reaparece em muitas de suas obras, em especial em "Dream of Fair to Middling Women" e em *More Pricks than Kicks*, é originária de Dante, do Canto IV do Purgatório, da *Divina Comédia*. Não é vista senão uma única vez, no grupo dos "indolentes", com a cabeça baixa e os braços enlaçando os joelhos. Ora, para Beckett, representa esse *luthier* ao mesmo tempo a criatura que renunciou à luta e que tem a paciência e a imobilidade de um sábio de poucas palavras; retirou-se, silenciosamente, da vã agitação do mundo.

Se, para uns, o imobilismo e a espera do nada de Belacqua podem ser aproximados da eterna e vã espera de Estragão e Vladimir, para outros também é ele, com sua postura, uma evocação do feto, num movimento de regressão ao estado pré-natal que, em Beckett, significa "derrota absoluta". Já Evelyne Grossman aventa a hipótese de que a figura enigmática remete, em Beckett, "ao enigma de seu próprio silêncio"[31]. Aliás, Beckett com ele se identifica. E, quando o coloca como protagonista do romance "Dream of Fair to Middling Women", empresta-lhe não só o desejo de tornar-se escritor, como também o projeto de criar *uma escritura permeada de silêncios*. É a escritura que Beckett cultivará, *grosso modo*, a partir do romance *Como É*, mas que Belacqua já preconizava. Diz ele:

> *A experiência de meu leitor estará entre as frases, no silêncio,* comunicado pelos intervalos, *e não pelos termos do enunciado.* [...] sua experiência será a ameaça, o milagre, a memória, de uma trajetória não "falável" (p. 49, o grifo é nosso).

Intenção que será ainda mais explícita, cinco anos mais tarde, na carta, de 1937, a Axel Kaunt, já várias vezes mencionada e que define sua poética de *palavras roídas pelo silêncio* – silêncio que é uma das características de sua escritura, no romance e no teatro. Escreve Beckett:

> *Haverá uma razão pela qual essa materialidade* de tal maneira *arbitrária* da superfície da palavra não poderia ser dissolvida, como por exemplo a *superfície do som, roída por grandes silêncios negros* na *7ª Sinfonia de Beethoven*, que fazem com que durante páginas não se possa nada perceber senão uma ala de *sons* suspensos a alturas vertiginosas *ligando insondáveis* abismos de silêncio? (o grifo é nosso).

O silêncio, em si, não tem valor algum, pois não pode existir sozinho, salvo nas pantomimas, em que a linguagem visual, gestual, substitui a falada. O silêncio existe então entre as palavras, entre dois ou mais elementos e depende de seu contexto imediato. Diz respeito ao que antecede e ao que se segue. Como o silêncio é a ausência de sen-

---

31. *Op. cit.*, p. 19.

tido – significante de grau zero –, poderia ter um significado de grau zero, isto é, ausência de significado. Mas como diz Sartre, em *Que é Literatura?*, "esse silêncio é um momento da linguagem"[32].

No que diz respeito ao longo monólogo de Winnie, por exemplo, feito de longas frases cortadas por silêncios, a análise nem sempre é fácil, pois o silêncio sistemático vai velando a mensagem; há "uma fragmentação que elimina detalhes, abole as relações entre os elementos tradicionais do discurso e não deixa subsistir senão o essencial", bem arremata Emmanuel Jacquart, ao referir-se ao uso do silêncio em Beckett[33].

É claro que o emprego do silêncio não é novo e Diderot, já em *O Pai de Família*, a ele recorre. E o sutil Tchécov, dele se utiliza. Mas em Beckett constitui uma verdadeira marca. Como nota Dubois, em sua *Rhétorique Générale,* o silêncio, além de *elipse,* pode ser: *assemia, suspensão* e até mesmo *hipérbole*[34]. Se o último, por sua quantidade, sublinha a palavra, amplia seu impacto, atraindo e forçando mais a atenção do público, no teatro, a *assemia* transmite ao texto uma certa opacidade. E esta pode dar margem a vários sentidos.

E uma nova citação, a de Lefebvre, parece fundamental para a questão, visto ser Beckett o grande usuário do silêncio:

> Uma mensagem, na qual os brancos, os *stops*, as lacunas desempenham um papel, é incomparavelmente *mais difícil de decifrar e não pode esgotar-se.* A decodificação ou decriptagem nunca terminará. Os brancos, sensivelmente ou não sensivelmente especificados impedem que o sentido seja apreendido exaustivamente. Porque acontece qualquer coisa, nos brancos: a entrada em cena de um sentido. Nem mais nem menos[35].

Mas vejam-se exemplos em *Esperando Godot.* Abre-se com um silêncio, e com ele se fecha, sendo que este mudo final é como que enfatizado e ampliado pela imobilidade das personagens, em discordância com as últimas falas que se referem à necessidade da partida. E os silêncios freqüentes, isolando palavras e frases – como isoladas e desamparadas estão as personagens – podem bem sugerir o que o final ressalta – o Silêncio. Não há resposta para a busca de sentido para a existência: o "silêncio branco" é a expressão do Nada, pela suspensão do ruído.

Ainda que Beckett tenha salientado a importância da voz humana em sua obra, de igual modo sublinhou a presença do silêncio. E este silêncio é a grande respiração de *Esperando Godot* – seu fundo mudo e principal apoio. Silêncio de variável duração, desde o mais breve até

---

32. *Qu'est-ce que la littérature?*, Paris, Gallimard, 1966, p. 32.
33. *Le théâtre de dérision*, Paris, Gallimard, 1974, p. 238.
34. *Rhétorique Générale*, Paris, Larousse, 1970.
35. *Le langage et la societé*, Paris, Gallimard, 1966.

o mais longo, cortado por um suspiro ou um gemido, e servindo de fundo mudo aos gestos e jogos de cena das personagens-palhaços que simbolizam a humanidade. Restringindo-se apenas às indicações de *Silêncio* (sem o cômputo, portanto, de *pausa, repouso,* ou mesmo das rubricas que mostram as personagens que *refletem,* e a reflexão é sinônimo de silêncio e imobilidade), tem-se: 45 vezes no Ato I; 61 vezes no Ato II, aumento que pressupõe um maior desalento, uma bem mais aguda desesperança quanto à possível chegada de Godot, com a conseqüente falta de sentido da existência.

Tanto o começo como o final de *Fim de Jogo* estão também marcados por sugestivos silêncios, o mesmo acontecendo com as peças para televisão, como *Diga Joe, Cascando* e outras. Beckett é o dramaturgo que sabe manipular a ausência de vozes e sons, a fim de bem carregar sua obra de sentido. Longe de significar ausência, carrega o silêncio uma forte dose de sugestões, cujos limites não são fáceis nem possíveis de serem determinados neste rápido estudo. Polissêmico é o silêncio, como no começo de *Fim de Jogo,* ao falar Hamm de maneira entrecortada, que aparece aqui indicado por travessões:

A – (*bocejo*) – a mim (*um tempo*). Representar.

Primeiramente, parece que se apresenta como ator: lança, no entanto, uma espécie de grito de pedido de socorro, ao mesmo tempo em que, com o bocejo, – interrupção da palavra – exprime o cansaço e a conseguinte vontade de dormir e repousar; ou ainda talvez o tédio da sua constante atuação como ator – ou o homem em face da vida. É o que explica Emmanuel Jacquart (p. 238).

A peça *Dias Felizes* é, porém, talvez o melhor exemplo da alternância de palavras e silêncios. Winnie, ao mesmo tempo em que fala e faz pequenos gestos (Ato I) ou apenas fala (Ato II), alterna suas palavras com silêncios. Limitando o cômputo apenas às rubricas *um tempo* e *um tempo longo*, com a omissão portanto de outras indicações – como os travessões – que indicam ausência de som, o resultado é: Ato I (pp. 11-65): 287 vezes *um tempo*; 14 vezes *um tempo longo*; Ato II (pp. 67-89): 286 vezes *um tempo*; 17 vezes *um tempo longo*.

O silêncio pode, pois, abarcar toda uma gama de matizes, da hesitação ao medo, da incerteza à reticência, isto é, à ocultação... Múltipla pode ser sua intenção, como vário seu valor. Daí sua polissemia.

Em Beckett, o uso do silêncio é sistemático, e mesmo em peças radiofônicas, como *Cascando,* sendo que em *Dias Felizes,* há páginas e páginas marcadas por silêncio, quando por exemplo, a protagonista manipula seus objetos que retira da sacola; seus gestos como que escondem as palavras, semeando silêncios. Em quatro páginas (pp. 8-12), há cerca de 120 pausas, usando aqui Beckett o travessão, quando em outra obras, lança mão das indicações *pausa* ou *um tempo*. Mas sempre silêncio. Transcrevendo apenas algumas linhas de sua fala, que é, como em muitas outras peças, elíptica:

> Pobre Willie – (*ela examina o tubo de pasta dentifrícia, fim de sorriso*) – não por muito tempo – (*procura a tampa*) – enfim – (*apanha a tampa*) – nada a fazer – (*reexamina a tampa*) – pequena infelicidade – (*põe de lado o tubo*) – ainda uma – (*vira-se em direção à bolsa*) – sem remédio (*remexe na bolsa*) – nenhum remédio – (*tira um espelhinho, volta de frente*).
> – Ah sim – (*inspeciona os dentes no espelho*) – pobre caro Willie – (*apalpa com o polegar os incisivos superiores, voz indistinta*) – bom! – (*levanta o lábio superior a fim de inspecionar as gengivas, do mesmo jeito*) – bom Deus!

Se é bem verdade que o silêncio não pode existir sozinho (nas pantomimas os gestos das personagens "falam" associados a todos os demais elementos visuais que constituem o "cenário", em sentido amplo) e que aparece entre as palavras, não há dúvida de que é "um momento da linguagem", faz parte da linguagem. Se por um lado faz ressaltar a palavra, amplia-lhe o valor – é a hipérbole –, por outro lado confere ao texto uma certa impenetrabilidade, tornando difícil sua total decifração, sobretudo por vir associado a uma linguagem verbal freqüentemente elíptica e a toda uma linguagem de acentuada riqueza semântica pelo que apresenta de sugestões.

Tagarelas como Winnie são "a boca" de *Não Eu* e aquela cuja voz ouve a velha senhora, em *Cadeira de Balanço*. Mas o silêncio as domina no final, antes que se apaguem as luzes. Por outro lado, muitas são as personagens silenciosas; apenas ouvem ou se ouvem, pois é sua voz interior, ainda que Beckett se esmere para que ela saia de diferentes direções, como no caso de *Aquela Vez*. É a maneira de Beckett diversificar sua técnica: em lugar de um *monólogo proferido pelo protagonista, ele é ouvido pelo protagonista*, embora a voz esteja falando de sua vida.

É de notar-se, ainda, a técnica de fazer com que o silêncio preceda e finalize o discurso. O silêncio inicial (antes da fala) e o final (com o congelamento da imagem) – uma das marcas beckettianas – são sepulcrais, como também as vozes, que parecem de fantasmas. Pense-se em *Passos*, cuja protagonista, silenciosa, ouve uma voz, à qual se associa pouco a pouco o dobrar de sinos, além do ruído dos próprios passos, ininterruptos, até que reine o silêncio absoluto. Digno de nota, entre outros mais, é o silêncio que antecede o início de *Solo*. Na tradução francesa, abre-se o texto com: "Seu nascimento foi sua *perda*", enquanto o original inglês, muito mais direto, incisivo, diz: "Seu nascimento foi sua *morte*". E o texto é um desfilar, infindável, de alas e alas de mortos, em meio a um cenário mortiço, cujo efeito é, realmente, impressionante. É o silêncio pairando sobre os mortos. Mas também sobre os vivos.

E, para a televisão, em que é óbvio o predomínio do visual, da imagem, aparecem estranhas personagens totalmente *silenciosas*, como as quatro figuras misteriosas que caminham num quadrado, em *Quad*, fazendo ouvir apenas seus passos rítmicos; ou aquelas, também *mudas*, de *Nacht und Träume*, em que se ouve somente o final de um *Lied* de Schubert... Poemas, realmente.

LINGUAGEM VISUAL

Visual é o teatro beckettiano. Antecipando as falas, já lá estão as personagens no palco, "falando" aos espectadores por meio de sua simples presença – imóvel ou quase – e que se apresentam, pelo menos até um determinado momento, com a indumentária muitas vezes na linha do palhaço, ou com um aspecto bizarro por suas anomalias. Mas elas se encontram em meio a um cenário, que também "fala".

Linguagem do Cenário

Universo inóspito, hostil, lúgubre, vazio, angustiante, é, *grosso modo*, o *habitat* do homem beckettiano. Para traduzir visualmente tal *habitat*, recorre Beckett ao cenário nu, despojado, pobre, e isso desde *Esperando Godot*, se bem que o desta, comparado ao de outras, ainda pareça "rico". Vê-se uma estrada desoladora, em que apenas surge uma árvore sem folhas e uma pedra – dura e fria, é a conotação obrigatória –, na qual está sentado Estragão, em silêncio, tentando em vão desembaraçar-se do sapato que o incomoda – posição inconfortável do homem num mundo igualmente inconfortável. É a linguagem visual, muda, antecipando a sonora.

Tal cenário, com todo o seu despojamento, ainda apresenta uma árvore, que, no Ato II, surge *com algumas folhas*, indicando a passagem do tempo, se bem que sem grandes transformações para Estragão e Vladimir, sempre à espera de Godot. Essa árvore tem sido alvo de muitíssimas interpretações, inclusive religiosas (vide Parte II). Qualquer que seja porém a identificação, trata-se de um elemento arquetípico que leva a considerar a peça um mito. Mítica, pode ser associada à árvore dos sonhos que, em Virgílio, marca a entrada nos Infernos: as almas que esperam, desejosas de transpor o Aqueronte, rio infernal, são comparadas a folhas mortas; e, Estragão e Vladimir ouvem "vozes mortas", isto é, "ruído de folhas", como se lê numa passagem da peça, já citada por sua melodia (p. 87).

A estrada no campo, lugar concreto e bastante banal, não seria um lugar metafísico, que não é o Paraíso nem o Inferno, mas ao mesmo tempo Antepurgatório e Limbo? – pergunta-se Emille

Lavielle[36]. E, realmente, os protagonistas ignoram o local onde se encontram, não podem descrevê-lo, e não vêem senão a árvore (p. 122). Impõe-se então uma pergunta: neste Antepurgatório e Limbo, Pozzo que tortura Lucky, arrastando-o nas suas andanças, seria Caim? É o que o texto sugere quando Pozzo responde ao chamado por este nome (p. 118); e, se ele é Caim, trata-se – diz um autor – das andanças errantes às quais está condenado o réprobo. Aliás, não é fácil negar a marca religiosa no conjunto da obra beckettiana, por mais que o autor tenha se defendido de possíveis sentimentos religiosos. As alusões aos dois Testamentos, as imagens bíblicas, as citações e os símbolos, explícitos ou não, revelam o autor cuja infância se alimentou com a leitura da Bíblia, levando comentaristas a verem nessa peça uma moderna moralidade com temas cristãos.

O deserto indefinido – à parte interpretações várias –, mas deserto, inconfortável e desanimador, é o cenário preferido por Beckett, que o utiliza não apenas em sua primeira obra-prima, mas também em *Dias Felizes* (ainda mais inóspito, pela forte luz e o calor sufocante) e nas pantomimas, entre outras.

Se em *Esperando Godot* ainda havia uma estrada conduzindo a alguma parte e uma árvore, embora não copada, na segunda, o desértico cenário se faz mais áspero e impróprio à vida. É uma *extensão de relva queimada* e aí se vê um montículo em que Winnie está enterrada até a cintura, no início. A tela de fundo, segundo as indicações do autor, representa *a fuga e o encontro ao longe de um céu sem nuvens e de uma planície nua*, para bem marcar o caráter voluntariamente artificial de uma paisagem morta, estranha, iluminada por uma luz crua, *ofuscante*. Nada a protege contra essa natureza hostil, salvo a frágil sombrinha – derrisória proteção e que, num dado momento, incendeia-se de maneira misteriosa. É bem verdade que reaparecerá no Ato II, ao lado da bolsa-sacola de cujo interior antes retirava seus pequenos objetos – pente, lima, escova de dentes, frasco de remédio etc. –, derrisórios diante de sua situação, mas que lhe propiciavam meios de preencher seu vazio, sua solidão; mas está agora enterrada até o pescoço e não pode servir-se de nenhum deles, nem mesmo do liberador revólver pousado junto da bolsa e da sombrinha.

Cenário como acessórios expressivos evocam o universo e a existência humana, precária, jamais feliz. Se nas peças citadas era o inóspito deserto o *habitat* dos protagonistas, em outras é o encarcerador ambiente que os sufoca. Não mais árvore nem céu aberto. Estão os seres beckettianos "entre quatro paredes", tal o *huis clos* sartriano, se bem que tampouco Winnie possa escapar da prisão em que se encontra, em pleno ar livre, o mesmo se dando com a personagem de *Ato sem Palavras I*. Esta última, projetada num deserto, em meio a uma

36. *Op. cit.*, p. 28.

luz *ofuscante*, ainda que disponha da capacidade de mover-se, de andar, tenta em vão sair desse universo para onde foi lançada a contragosto; são-lhe subtraídas todas as possibilidades de melhor vida ou de morte. Quanto às personagens de *Ato sem Palavras II*, encontram-se e vivem numa *plataforma estreita e vivamente iluminada* – mundo não confortável.

Esse universo-prisão se repete através do cenário fechado de *Fim de Jogo*, com seu *interior sem móveis*, iluminado por uma *luz cinzenta*, sem vida, comunicando-se com o exterior por *duas pequenas janelas*, altas, cujas cortinas estão fechadas, mas que quando são abertas por Clov, a pedido de Hamm, imobilizado em sua cadeira de rodas, mostram ao primeiro que, tanto do lado da terra, como do mar, tudo está *mortibus* (p. 46). Lanterna, gaivotas, sol, tudo desapareceu. E dentro, acabaram-se os calmantes de Hamm – possibilidade de evasão da realidade, uma realidade que exala odor de cadáver – e o quadro dependurado à parede está mostrando seu reverso como que a negar a Clov, que não é cego, a liberdade do sonho, tão liberador quanto o calmante do outro, cego além de paralítico.

Enclausurador é também o cenário de *A Última Gravação*, em que se vê o velho Krapp recolhido em sua "toca" imersa nas trevas, a não ser na parte em que se encontra a mesa e *nos arredores imediatos banhados por uma luz crua*. Os objetos que manipula – gravador, fitas gravadas – representam a vida que se foi, com seus sonhos e frustrações. Cenário, pois, significando o homem preso ao passado, à irreversibilidade do tempo, à inexorável marcha da vida; passado que, quando foi presente, tampouco o satisfez...

E o despojamento se acentua, o espaço cênico se reduz em "Comédia" e em *Vaivém*, com suas três personagens idênticas, se bem que em jarras na primeira peça. Todas, porém, encurraladas, sem horizontes: é, parece, a condição humana, segundo a óptica beckettiana, sempre originalmente expressa.

Imprecisão e estranheza caracterizam o cenário em que *a luz* representa um importante papel: crepuscular em *Esperando Godot*; cinzenta em *Fim de Jogo*; abrasadora em *Dias Felizes*; ofuscante em *Ato sem Palavras I*; viva em *Ato sem Palavras II*; crua, em contraste com a obscuridade circundante em *A Última Gravação*; alternadamente reveladora e aniquiladora em *Comédia*. É o cenário emoldurando personagens, mas "falando" tanto quanto elas; é a luz iluminando cenários e personagens, e "falando" com elas. É a linguagem visual habilmente utilizada por Beckett para traduzir sua visão do mundo.

Impossível omitir comentários sobre o cenário de *Filme*[37], roteiro de um filme mudo que, ao contrário das obras acima mencionadas,

---

37. Como se aproxima, e muito, da peça de televisão *Eh Joe*, aqui está inserido. É a câmera que capta as imagens.

apresenta variedade de locais: uma rua, uma escada e um quarto, muito embora todos se associem para a criação da mesma atmosfera de clausura ao redor da personagem, cuja única preocupação é evadir-se, esconder-se, fechar-se aos outros e à câmera que a persegue, e que consegue focalizá-la, de frente, apenas no final. A rua, num *bairro de pequenas fábricas, pouco animado, com operários que se dirigem sem pressa para o trabalho*, e em que aparece a personagem O beirando precipitadamente o muro, chocando-se contra um casal, até que se esgueira pela porta aberta de um imóvel, é este primeiro cenário fixado durante oito minutos. O segundo, o da escada, é focalizado a partir do vestíbulo, servindo de fundo à ascensão da personagem (com duração de cinco minutos), que alcança afinal seu quarto, onde se desenrola a maior parte da ação (durante cerca de dezessete minutos), após ter-se chocado contra uma velha, no segundo patamar. Este pequeno quarto, com um mínimo de móveis – entre os quais uma cadeira de balanço, que representará um importante papel, favorecendo o sono do protagonista – e com uma única janela, que ele fechará com a cortina, é bem o típico cenário beckettiano: um autêntico *huis clos*. Os animais que aí se encontram – cão, gato, papagaio na gaiola, peixe vermelho no aquário –, bem como certos objetos – espelho e gravura de Deus, cujos olhos *o fixam severamente*, são ansiosamente eliminados pela personagem para preservar-se de ser vista. E destruídas são as fotos, em número de sete, que representam a evolução de um mesmo homem: um bebê com a mãe; um menino de quatro anos, ajoelhado para a prece; um colegial de quinze anos, sorridente; um universitário, de vinte anos, sorridente, recebendo o diploma; um rapaz, de vinte e um anos, sorridente, abraçando a noiva; o mesmo, aos vinte e cinco anos, uniformizado, sorridente, com a filha nos braços; a última, aos trinta anos, mas envelhecido, sozinho, e a *expressão feroz*, enquanto esconde o olho esquerdo (p. 134).

Ampliou-se o cenário; aumentou o número de personagens secundárias; proliferaram os acessórios; mas não diminui a solidão do protagonista. Ao contrário, é ela acentuada por essa "riqueza", que contrasta com a "pobreza" de outras obras.

Cenário e acessórios "falam" tanto quanto a personagem, de maneira muda, da solidão do homem num mundo adverso, enclausurante. É curioso é o fato de Beckett recorrer a essa experiência cinematográfica muda, em 1965, em pleno apogeu das mais elaboradas técnicas do cinema falado, abdicando da palavra sonora e de toda sonoplastia para concentrar-se somente no elemento visual. Apenas se ouve o *chiu*, esta interjeição equivalente a *Silêncio* e que parte da mulher, na rua, dirigindo-se ao seu acompanhante que, após o choque com o desajeitado O, vai protestar. Pantomima, pois, reforçada pelo cenário e acessórios, a serviço da expressão do isolamento do homem, num mundo em que lhe foram tiradas a infância, a juventude, a família, enfim, a vida. Expressão, ainda, do encurralamento do homem pela própria opção, além daquela apontada pelo próprio autor, pois cita a famosa frase do filósofo Berkeley: *Esse est percipi*, fundamento do idealismo absoluto e do solipsismo.

E o mesmo cenário fechado – só que agora único, pois a peça se passa no quarto da personagem focalizada pela câmera que tenta captá-la de frente, o que também só acontece no final – aparece em *Diga Joe*, escrita para a televisão, no mesmo ano em que foi composto o roteiro de *Filme*. Cenário encarcerador, como auto-encarcerado se encontra o protagonista: tudo faz para isolar-se, por intermédio da pantomima inicial, fechando porta, janela, armário, e poder assim entregar-se ao universo angustiado da autoconfrontação.

Nas obras seguintes, para o teatro e para a televisão, o *cenário* se caracteriza pela sobriedade absoluta, associada à estranheza, ou se se preferir, à indefinição. Mas sempre escuro e despojado, na linha redutora, com a luz a iluminar sobretudo o protagonista.

Escuro e vazio é o cenário de *Não Eu*, em que sobressai, iluminada, a três metros acima do nível do palco, uma *boca* que, incansavelmente, em ritmo acelerado, embora com breves pausas, fala da vida fracassada de outra – *ela*, enquanto uma figura enigmática, encapuzada, enorme, sobre um pódio, a um canto, está a ouvir, com algum raro alçar de ombros; escuro também o cenário de *Passos*, salvo no fundo, onde um raio de luz vem de uma porta entreaberta – o quarto de uma enferma, invisível – e numa *faixa* estreita *fracamente iluminada* sobre a qual anda, sem cessar, a filha da enferma, fazendo ouvir seus passos. Daí o título.

Ambiente escuro envolve ainda uma velha senhora, iluminada apenas ela, no centro do palco, a balançar-se em sua cadeira de balanço, ao som de uma voz, à qual se junta a sua, em determinados momentos – *Cadeira de Balanço*. E a mesma escuridão circunda as duas estranhas figuras grisalhas, de negro, sentadas em cadeiras brancas, diante de branca mesa, em *Improviso de Ohio*. Já num cenário escuro, mas *vagamente iluminado* por um lampadário, cujo globo de vidro tem a dimensão de *um crânio*, está um homem, de pé, enquanto a um canto, num catre, apenas vislumbrado, encontra-se um ser que agoniza, possivelmente o duplo do primeiro. É a peça *Solo*.

Obscuro é igualmente o cenário de *Aquela Vez*, em que sobressai, iluminado, a três metros acima do palco, só um *rosto pálido*, e nada mais, ao qual chega uma voz tripartida – a sua, gravada. Há, pois, em geral, um *cenário escuro*, em que se ressalta a personagem, convenientemente iluminada para atrair a atenção. Ou o contraste claro *x* escuro, como numa tela.

Mais "habitada" e iluminada é a peça *Catástrofe*, com seu cenário nu, onde se encontram *M* (*metteur em scène*), *A* (assistente) e *P*, protagonista (ou prisioneiro?), num interrogatório ou ensaio (?). Se há uma luz inicial, forte, ela vai se extinguindo até que se *apaga lentamente,* deixando apenas *P* iluminado; depois até seu corpo *entra lentamente no negro*, de maneira a ficar só a *cabeça iluminada* – a cabeça pensante (de Vaclav Havel, prisioneiro checoslovaco, a quem é dedicada a peça). Volta então *a luz lentamente*, a iluminar o corpo; e, outra vez, *P entra lentamente no negro*. Só *a cabeça iluminada* se destaca. Após os aplausos (era então um ensaio, que se tornou espetáculo?), *P* levanta a cabeça e fita a sala. Silêncio. Findo este, *a cabeça entra lentamente no negro*. Há, pois, todo um trabalho cuidadoso, minucioso, de claro e escuro, tendo a cabeça como alvo. Ou é "iluminada" a questão da liberdade, da liberdade de pensamento? Do intelectual e do homem, em geral.

E, na televisão, os cenários não diferem. É na *escuridão* que a luz "inteligente" realça o protagonista, em *Diga Joe*: ele é, pouco a pouco, mais e mais acuado pela câmera (é a autoconsciência). E em *...mas as nuvens...*, no *palco circular, de cinco metros de diâmetro, rodeado de sombra profunda*, diz a rubrica, há uma *luz progressiva, desde a periferia obscura até o máximo de luz no centro*, sendo que H 1 emerge da sombra e nela desaparece várias vezes, enquanto a voz de *H* fala daquela ausente, cujo *rosto* aparecerá *iluminado* um instante, e depois reaparecerá, limitado apenas aos *olhos* e *boca*, no final. Focalização de *H*, focalização do rosto. E a escuridão total tudo envolve.

Nessa peça, como em tantas outras, engenha-se Beckett nos detalhes que dizem respeito à luz, num trabalho que visa a dar o máximo realce à imagem. Já em *Quad*, o trabalho com a luz é menos elaborado, uma vez que reina a escuridão ao redor do *quadrilátero*, este sim *iluminado*, pois lá caminham, de maneira rítmica, suas quatro figuras mudas, de rosto oculto. É bem a aplicação do que apregoara Beckett, no passado: um *espaço reduzido permitindo dominar o local*, em que se encontram as personagens, bem *como a luz* que as ilumina. Ou: o prestígio do visual, em detrimento do oral. Ou "o descrédito da linguagem verbal".

Presença das Personagens

As personagens, no palco, em meio a um cenário em si significativo, "falam" aos espectadores por intermédio de sua simples presença – a indumentária, o aspecto, enfim. E isso é verificável, em diferentes graus, com diferentes matizes, mediante uma incursão pela obra beckettiana. Indumentária, maquilagem, mímica, anomalias, associadas à linguagem não apenas verbal, exprimem a visão do homem no universo. É o homem não no seu aspecto corrente, normal, mas estranho, inusitado, muitas vezes na linha caricatural, pelo menos no início de sua carreira teatral.

Seja em *Esperando Godot*, seja em *Fim de Jogo*, ou ainda nas pantomimas, se bem que nem sempre apareçam indicações cênicas relativas à indumentária, os encenadores em geral acompanham a linha de *A Última Gravação*; e o que ressalta, desde o levantar da cortina, é a silhueta da personagem como palhaço, com suas roupas mal adaptadas ao corpo, exageradas, não só quanto ao tamanho, mas também quanto aos acessórios. São os sapatos, ou melhor, botinas enormes; é o chapéu-de-coco não condizente com o resto da indumentária, e que confere à personagem o perfil burlesco do palhaço. Aliás, as rubricas beckettianas que dizem respeito à maquilagem, nas edições aqui utilizadas, insistem neste aspecto circense das suas personagens.

A peça *Fim de Jogo*, já na apresentação das personagens, esboça a figura burlesca de Clov, que tem a *cútis muito vermelha*, o mesmo se dando com Hamm, ao deixar cair o lenço que recobre o rosto, em que contrasta a vermelhidão com os óculos pretos. Quanto a Nagg e Nell, cujas cabeças emergem das latas de lixo, apresentam o *rosto muito branco*. Rostos muito vermelhos, rostos muito brancos; é a máscara que, associada a outros elementos, dá-nos uma visão bastante estranha. Quanto à maquilagem de Krapp, de *A Última Gravação*, não é tampouco banal, apresentando matizes pitorescos. Não se limita Beckett a indicar o tom branco ou vermelho na totalidade do rosto, mas descreve-o com o *rosto branco. Nariz violáceo. Cabelos cinzentos em desordem. Mal barbeado*, além de que seus olhos devem estar sempre semicerrados num esforço de visão, pois é *muito míope (mas sem óculos)* e a cabeça deve inclinar-se no esforço para melhor ouvir, pois é *duro de ouvido*. Este rosto branco, com nariz violáceo e cabelos cinzentos, como os demais rostos totalmente brancos ou totalmente vermelhos, é o tipo da máscara imóvel, sem crispações, à maneira do teatro oriental. Máscara que (com os gestos, as *gags*) vai falar ao espectador, visualmente, antes mesmo que as personagens articulem palavras ou emitam alguns grunhidos, como é o caso de Krapp.

Continuando a incursão pelo teatro, vê-se que não diminui sua preocupação com o aspecto visual das personagens, embora modificada, sublinhando-lhes a estranheza facial ou total. Assim, em *Comédia*, aparecem as cabeças do homem (H 1) e das duas mulheres (M 1 e M 2) que constituem o clássico triângulo amoroso, modernamente tratado. São cabeças que saem de jarras idênticas, à guisa de corpo, e que permanecem *rigorosamente de frente e imóveis* todo o tempo, *impassíveis*, sendo *sem idade, como obliteradas, e apenas mais diferençadas que as jarras*. Confundindo-se com as jarras das quais emergem, devem estes rostos impassíveis – pois são como que de barro – ter também a cor dessa massa. A indicação bem ressalta a perda de seu aspecto humano, pois agem como robôs.

Mesmo quando as personagens têm uma figura mais humana – com tronco e membros – engenha Beckett indicações cênicas aos encenadores (e aos leitores que mentalmente as visualizam), de maneira a torná-las estranhas na sua semelhança de máscara impassível. É o que se dá também, por exemplo, em *Vaivém* com as três mulheres, cujos nomes pitorescamente sugerem sua semelhança – Vi, Ru e Flo – e que se associam não menos pitorescamente, no imutável aspecto físico; são intercambiáveis. Ficando seus rostos à sombra das grandes abas dos chapéus, são elas *tão semelhantes quanto possível*, apenas diferenciadas pela cor da roupa, uma vez que ela é idêntica quanto ao modelo. Mas, enquanto os rostos ficam na penumbra, semivisíveis, diz Beckett que as mãos, em contraste, serão *tão visíveis quanto possível, graças à maquilagem*. Que quereria significar o autor com esta semelhança das silhuetas e dos rostos semi-ocultos, ao lado da gritante visibilidade das mãos? Seria talvez a não correspondência entre o exterior e o interior, sendo o verdadeiro *eu* traduzido pelas ações, expressas pelas mãos, embora estejam imóveis? Ou seria então a impossibilidade de ação? É o que parecem significar. Já, para vários críticos, elas são as Parcas.

A protagonista de *Dias Felizes* apresenta-se com o rosto normal, sem a maquilagem exagerada de atriz circense. Essa normalidade inusitada é, no entanto, imediata e concomitantemente destruída pelo fato de, como se sabe, não ter pernas, estando semi-sepulta. É um contraste violento, derrisório: normalidade e, mesmo, frivolidade (ela usa chapéu e colar...) / proximidade, ameaça, do fim ineludível.

No "intermédio" *Respiração*, como se disse, os protagonistas são os vagos *detritos*, dispersos *confusamente* pelo palco e que, em geral, fariam parte do cenário como elemento ambientador.

Na sua apresentação visual das personagens, procede Beckett a um empobrecimento, a um despojamento gradativo, que é também verificável em outros níveis, justificando a sua escritura como "escritura da penúria", "do pouco"[38]. "Escritura da penúria", que é paradoxalmente rica por seu alto valor de sugestão, uma vez que o leitor ou espectador não apenas "lê" ou "vê", mas procura decifrar a obra, *uma obra aberta* com sua indubitável polissemia.

Que é o homem no mundo senão um pobre boneco, um desolador palhaço? Ser em paulatina decomposição? Fadado à morte desde o dia do nascimento? É a cômico-trágica visão do homem no universo, provocando ambivalente reação do público diante de sua derrisória imagem. Se em *Esperando Godot* não nos apresenta o rosto ou a indumentária de suas personagens (à parte o chapéu-coco), no-los sugere no entanto "através" das rubricas referentes aos seus gestos e *gags*. Com seus gestos mecânicos, suas figuras mal-equilibradas, exe-

---

38. Gérard Durozoi, *Beckett*, Paris, Bordas, 1972, p. 141. O autor designa a escritura de Beckett: "a escritura da penúria". Ao tratar da pintura dos van Velde, nela viu Beckett a "penúria", que pode ser aplicada à sua própria escritura.

cutando "números" de circo ou de *music hall*, só poderiam ser maquiladas e vestidas como palhaços, mormente porque as falas (obedecendo muitas vezes às técnicas cômicas do circo) se associam aos gestos para completar-lhes o perfil.

E freqüente é a indicação da idade das personagens beirando à cinqüentena ou ultrapassando-a. Winnie, Joe, Krapp – ainda com nomes, pois já no final, nas peças (como nos últimos textos) as personagens são anônimas –, todas já viveram, o que lhes dá a possibilidade de procederem ao balanço de sua vida, fazendo com que ressaltem frustrações, inutilidade dos esforços, o fracasso, enfim. Homem-palhaço que, tal um burlesco novo Sísifo, continua com seus pequenos gestos a arremedar derrisoriamente os esforços da mítica personagem que empurra a rocha. Mas se Sísifo realizava seu penoso labor nos Infernos – labor que constitui, para Camus[39], a grandeza desafiadora do homem diante da inutilidade dos seus esforços, visto que a rocha não permanece no alto da montanha, mas rola sem cessar para o sopé –, o homem, na visão beckettiana, está condenado a suportar a vida na terra, preenchendo muitas vezes seu vazio com pequenos gestos inúteis, com pobres e incansáveis palavras, para dar-se, como diz uma das personagens de *Esperando Godot*, "a impressão de que existe" (p. 97).

Miseráveis palhaços – ou pobres mendigos, segundo alguns críticos –, sem identidade, pois na realidade os nomes não os identificam; sem situação e despojados de tudo, inclusive da integridade de seu corpo, Estragão e Vladimir apenas esperam e, enquanto esperam, se entregam a pequenos gestos – um agir sem finalidade, a não ser o de preencher o vazio esmagador. Já as personagens de *Fim de Jogo*, cujos nomes têm se prestado a curiosas interpretações, apresentam acentuada degradação física, sendo que Clov tem dificuldade de andar e os pais de Hamm (paralítico e cego) são Negg e Nell, seres-tronco enterrados em latas de lixo, tal o grau de sua avançada decadência. Quanto a Krapp – nome bastante sugestivo da decomposição de que é vítima – é um alcoólico meio surdo, oscilante, sujeito a contínuas tosses, e incapaz inclusive de reconhecer termos por ele empregados no passado, como o atesta a fita que ele então gravou e que agora ouve, como que num desejo de captar o passado e de revivê-lo. E Winnie, por mais que se refira aos *belos dias*, consome o resto de sua existência, passando de mulher-tronco – está na cinqüentena – a mulher-rosto, antes de deslizar definitivamente para o Nada. Por sua vez, as personagens-jarra de *Comédia*, que já nem nome têm, existem apenas pelas palavras que pronunciam – não espontâneas, mas *extorquidas* pelo projetor que as focaliza, uma após outra. Personagens que em *Respiração* estão reduzidas a meros detritos. Perderam tudo o que ainda as fazia "homens": existência social, aparente normalidade, saúde, atividades, exercício

---

39. *Le mythe de Sisyphe*, Paris, Gallimard, 1942, p. 27.

dos sentidos, e até a faculdade de expressão ou de raciocínio. Decadência física e mental, pintada hiperbolicamente, atingindo assim de maneira mais profunda e aguda o espectador ou o leitor de Beckett, o dramaturgo lúcido quanto ao que espera o homem na sua trajetória pela terra: doenças, velhice, morte.

Quanto às personagens das peças posteriores, como já salientado, aparecem reduzidas, seja a *uma boca*, seja a *um rosto*. É a sempre redução beckettiana, que atinge também seu trabalho para a televisão. Em *Nacht und Träume*, apenas se vêem a cabeça e as mãos do Sonhador, além do seu duplo, mais fracamente iluminado, que é o Sonhado, e as mãos femininas, sem corpo, estas em belíssimos movimentos em relação ao segundo. Se há a divisão Sonhador (A) e seu duplo (B), há por outro lado a redução da mulher amada a simples mãos.

Quando, aparecem de corpo inteiro, sem falar, apenas ouvindo (*Passos*), ou andam, de maneira rítmica, também sem falar, mas sem ouvir (*Quad*). Ou, ainda, estáticas, falam, monocordicamente, na maior estagação (*Solo*). Impossível a abolição total: sonora e visual.

Necessárias se fazem mais algumas referências ao aspecto físico, à indumentária das personagens da última fase criadora do autor, bem como algumas conjeturas. São seres solitários de longos cabelos grisalhos, indicando a idade já avançada, donde a possibilidade de retorno ao passado, mediante as recordações, com o malogro de vidas. Seres envoltos em longas túnicas, atemporais, mas sempre austeros, ocultando as formas do corpo, como ocultos muitas vezes estão os rostos sob capuzes. Maneira talvez de ressaltar o homem, o ser, mesmo porque o espaço em que se encontram não é identificável, definido, numa supressão ou omissão que pode significar o distanciamento de mundo. Seres que, quando falam, num monólogo, este é distinto do monólogo interior usual: não os situa no mundo, numa realidade exterior concreta, com marcos definidos, e tampouco esclarece, totalmente, sobre si mesmos, pois tudo é impreciso, vago. Não são uns homens, um homem, mas o homem. O ser.

Objetos

Mas se há personagens-homens – ou sombra de homens, com sua progressiva degradação – há também na obra beckettiana personagens inumanas, ou melhor, *objetos*, tais como: o aguilhão, em *Ato sem Palavras II*, que age sobre os homens A e B, levando-os por sua vez à ação; o projetor que age sobre as personagens-jarras de *Comédia*, "extorquindo-lhes" a palavra; a câmera que persegue incansavelmente Joe, em *Diga Joe*, e a personagem em eterna fuga, em *Filme*, roteiro cinematográfico. Deixando de lado, por ora, o enfoque do aguilhão que será estudado na parte da *linguagem gestual*, pois não é ele imóvel, avançando e retrocedendo qual um ser inteligente; veja-se a câmera, essa outra personagem, de *Filme*. Beckett a designa por *Olho* (Oeil), isto é, *OE*, enquanto o homem é designado por *Objeto* (Objet), isto é, *O*, bem marcando a inversão dos papéis, a saber, o ser humano é o "objeto" a ser observado e a privilegiada situação do "observador" está a cargo da máquina. Ironia beckettiana quanto ao conflito, criado pelo progresso, entre homem e máquina? Alusão antecipada à derrota do homem na era tecnológica? O fato é que a câmera se move empós da personagem, tentando tomá-la de frente, o que só consegue no final. Câmera-algoz como algoz é o apito, reiterado, em *Ato sem Palavras I*, atraindo a atenção da personagem-homem para objetos desejáveis ou situações liberadoras, e recusando-lhas, em seguida. Sadismo, mas também masoquismo, no caso por exemplo da câmera de *Filme*, em que, a julgar pelo "Resumo Geral" apresentado pelo próprio Beckett no início do roteiro, *o protagonista se cinde em dois, objeto (O) e olho (OE), o primeiro em fuga, o segundo em perseguição*. E, sabe-se ainda, pela rubrica, que *aparecerá somente no fim do filme que o olho perseguindo é, não o de um qualquer, mas o próprio*. Poderia ser a perseguição implacável, sem trégua, do homem pela sua própria consciência moral? Seria o "olhar sartriano" que impõe o julgamento e que se torna insuportável pela sua frieza e inexorabilidade?

Desdobramento ou não do *eu*, que se presta a uma interpretação psicanalítica – como a maior parte da obra beckettiana –, a câmera é, no entanto, apresentada como outra personagem: personagem fria e impiedosa, como o é o projetor ou o aguilhão, diante do homem reduzido a uma situação defensiva – quando se protege mediante a fuga – ou a uma situação de obediência, quando responde ao estímulo, falando (*Comédia*) ou movimentando-se (*Ato sem Palavras II*).

Linguagem Gestual, Pantominas e Outras Peças

A simples presença da personagem no palco é, como já sublinhado, expressiva, independente da fala. A silhueta silenciosa, imóvel, "fala" antes mesmo de pôr-se em ação, com movimentos, e de exprimir-se verbalmente, havendo, diz Michèle Foucré, "uma elaboração em dois tempos – silhueta silenciosa e imóvel – personagem animada"[40]. Melhor seria, parece, dizer que a "animação" da personagem se faz de três maneiras:

- Pelos movimentos, isto é, pela mímica, constituindo a *linguagem gestual*. É o caso das pantomimas.
- Pelas falas, em peças estáticas, havendo pois o predomínio da *linguagem verbal* (que não exclui, é claro, as outras formas da linguagem cênica).

---

40. *Le geste et la parole dans le théâtre de Samuel Beckett*, Paris, Nizet, 1970, p. 19.

- Pelos gestos e palavras, constituindo uma *linguagem mista*, e que, *grosso modo*, caracteriza o teatro do primeiro Beckett.

Realmente, há personagens que, uma vez conhecida sua figura muda, vão animar-se por intermédio de movimentos; dispõem de meios para a locomoção, andam, movimentam-se, "falam", mesmo antes de abrirem a boca. É o caso, por exemplo, de Estragão, que aparece ao abrir a cortina de *Esperando Godot*. Sentado numa pedra, tenta com esforço tirar o sapato que o incomoda, indicando a rubrica que *ele se encarniça com as duas mãos, ofegando*, sem obter bom resultado, o que o leva a repetir, infrutiferamente, uma e outras vezes os mesmos movimentos. Desiste então, pois "nada é possível fazer", exclamação que dá origem ao qüiproquó, à entrada de Vladimir. Mas antes, já lá estava "falando" da sua solidão e da inutilidade de seus esforços para viver mais confortavelmente.

Há também personagens que "falam" muito com sua simples *presença*, se bem que quase desprovidas de movimento. É o caso das personagens-jarras de *Comédia*; e principalmente das personagens-recipientes de lixo de *Fim de Jogo*, numa visível tradução da usura da vida, o mesmo acontecendo com a protagonista de *Dias Felizes*; esta, porém, mais gritante – porque é progressiva, de um ato para outro, traduzindo plasticamente, poeticamente, o deslizar para a morte. As palavras e o rosto vão falar da vida que se foi e continua a ir-se irremediavelmente, com seus amargos "belos dias"; mas sua imobilidade progressiva, sua incapacidade de locomover-se, são, sem dúvida, muito mais expressivas. É a expressão visual do aniquilamento do homem no universo enclausurante, de sua impossibilidade de luta diante do irremediável de sua condição. E "fala" também visualmente a maioria das personagens de suas últimas peças de teatro e televisão... Falam elas de vida fracassada, de solidão, de tempo irreversível, de morte...

Movimentos e não-movimentos; palavras e não-palavras; tudo exprime a visão beckettiana do cosmo, visão feita de lucidez e objetividade (dizem uns) ou de amargura e pessimismo (dizem outros). Mesmo sem articulação de palavras, apenas com movimentos em relação a objetos, traduz Beckett nas pantomimas – *Ato sem Palavras I* e *Ato sem Palavras II* – sua trágica visão do homem. Nestas, está abolida a linguagem verbal, uma vez que a expressão lingüística da edição só serve para descrever os movimentos ou a imobilidade das personagens no palco, atualizando o texto que já aparece livre do apoio lingüístico. As frases são apenas instruções para a encenação, de maneira que:

(o texto lingüístico) → mobilidade e imobilidade
(o texto cênico) → texto (lingüístico)

dando-nos o sentido dos *Atos*, isto é, a ilustração da vida humana.

No primeiro, em meio a um deserto, é lançado um homem. Tropeça, cai, limpa-se, reflete. Ao ouvir um apito à direita, procura por aí sair. Mas, empurrado novamente, volta, e novamente tropeça, cai, limpa-se, põe-se a refletir. Novo apito à esquerda; nova tentativa do homem de por aí sair. Tudo se repete, uma, duas vezes, exprimindo a impossibilidade de evasão deste mundo para onde a criatura humana é lançada, sem que tenha solicitado.

A pantomima continua, associando-se movimentos e objetos. Do urdimento, desce uma árvore, cuja sombra se projeta no solo, mas que desaparece quando o homem sob ela procura abrigar-se. E a inospitabilidade do universo vai acentuar-se mais e mais, com o convidativo aparecimento de objetos a acenarem alegremente para o homem e que, de súbito, desaparecem, num verdadeiro suplício de Tântalo. Desce uma garrafa de água, com a qual o homem poderia saciar a sede; surgem, misteriosamente, corda, tesoura, cubos, oferecendo-lhe meios de resolver sua situação. Mas impossível é atingir, seja a água, sejam os outros objetos; impossível é melhor viver ou evadir-se, voluntariamente, da vida. Tenta em vão alcançar a garrafa, que se lhe escapa no alto; tenta em vão apoderar-se da corda para poder enforcar-se ou da tesoura para poder cortar o pescoço, pois os cubos sobre os quais pousam tais objetos, desaparecem repentinamente. Cansado de lutar, senta-se num dos cubos, em busca do repouso; este porém lhe é negado, com o brusco desaparecimento do objeto, que o lança ao chão. Exausto pelo esforço infrutífero, não mais tenta o homem mover-se, agir; estendido no solo, imóvel, não mais responde aos estímulos da garrafa de água, com sua mensagem de vida, ou aos estímulos da corda e da tesoura, com seu convite à morte. Nada mais o tenta; renunciou a todo desejo de vida ou de morte. Árvore e garrafa podem desaparecer novamente. A ele, homem, nada resta senão o olhar às mãos impotentes, diante do público, testemunha de sua incapacidade de arrastar a vida num universo hostil, absurdo, sem sentido, e no qual entrou, arremessado, a contragosto. Nenhuma palavra. Nenhum grito de protesto nessa imagem cruciante da miséria do homem diante de uma personagem invisível, mas cuja presença se faz sentir auditivamente por meio dos estridentes apitos para convidá-lo a sair do mundo ou para sadicamente, enganadoramente, chamar-lhe a atenção para os objetos salvadores. Vida-suplício; vida-prisão, com os apitos:

Laterais → Convite – repulsão
Superiores → Oferecimento – negação de objetos,

ensinando o homem sobre sua posição no mundo. E ele aprende, ou melhor, toma consciência de que *deve renunciar a agir* e também *a pensar*. Se, de início, a cada som de apito vindo do alto, correspondiam movimentos e reflexão do homem, já no final, ao contrário, é a inércia completa: física e mental, como se pode ver mediante a comparação das rubricas:

> Apito vindo do alto. Ele *se volta, vê* a árvore, *reflete* [...]
> Apito vindo do alto. Ele *levanta os olhos, vê a garrafa, reflete* [...]
> Apito vindo do alto. Ele não se move.

É, pois, a renúncia de reflexão, reflexão que antecedia qualquer movimento, e do próprio movimento, uma vez que este seria fadado ao malogro. Nada lhe resta senão olhar-se, e olhar as mãos inertes, incapazes de ação. Os verbos "olhar", "ver", "refletir", tantas vezes usados antes de cada movimento:

> Ele *se volta, vê... reflete.*
> Ele levanta a cabeça, *vê... reflete.*
> Ele levanta os olhos, *vê... reflete.*
> Ele se volta, *vê* o cubo, *olha-o, olha* a garrafa, pega o cubo.
> Com o laço na mão, vai em direção da árvore, *olha* o ramo, se volta.
> *Olha* os cubos, *olha* novamente o ramo [...]

assim como os verbos essencialmente mentais – "querer" e "reconsiderar" –, usados no início:

> Ele se volta, *vê* o segundo cubo... *quer* levar o cubo para o seu lugar, *reconsidera*, pousa-o, vai procurar o cubo grande... ele... vai em direção dos cubos, pega o pequeno e o leva embaixo do ramo, volta para pegar o grande e o leva para embaixo do ramo, *quer* colocar o grande sob o pequeno, *reconsidera*, coloca o pequeno sobre o grande...

desaparecem, dando lugar apenas ao "olhar as mãos", sem mover-se, apesar dos apitos alertadores da vinda da garrafa e da árvore, que vão agora desaparecer diante da ausência de sua resposta. E isso, por mais que a garrafa se aproxime, tentadoramente, terminando a pantomima com as seguintes indicações cênicas:

> Apito do alto.
> Ele não se move.
> A árvore sobe e desaparece no urdimento.
> Ele olha as mãos.

Sem mais olhar os objetos, já que são inacessíveis, e desenganado quanto aos estímulos – que só podem partir de um Opositor (Deus?) – limita-se a olhar as mãos, como que constatando a inutilidade dos esforços diante de um mundo absurdamente hostil, em que Deus, um Deus bom e compreensivo parece não existir.

Embora a pantomima seguinte – *Ato sem Palavras II* –, como o próprio título indica, tenha sido composta após a primeira (de 1956 e 1959, respectivamente), poderia antecipá-la. Nesta, assiste-se outra vez a uma parábola da existência humana, da vida rotineira, monótona, absurda, e que Camus tão bem expressa, quando escreve, em *O Mito de Sísifo*:

> Levantar, bonde, quatro horas de escritório ou de fábrica, refeição, quatro horas de trabalho, refeição, sono e segunda-feira terça-feira quarta-feira quinta-feira sexta-feira e sábado no mesmo ritmo, este caminho se segue facilmente a maior parte do tempo (p. 27).

É a vida e seu círculo vicioso: qualquer que seja aquilo que se faça, ou como quer que se o faça, lá está a morte a aguardar o homem.

Esse *Ato*, em relação ao primeiro, representa por um lado maior riqueza, em virtude do número de personagens-homens: A e B, segundo a denominação do autor. Por outro lado, um maior despojamento, uma vez que desaparecem vários elementos: a linguagem sonora, (os apitos); objetos em movimento, que aparecem e desaparecem. Ausência, pois, de sons e de objetos móveis, exceto um aguilhão, estímulo visual para os dois homens que, um após o outro, sofrem sua ação. Há, pode-se dizer, três personagens: um emissor do estímulo – o aguilhão – e dois homens que lhe respondem, saindo dos sacos em que se encontram, lado a lado. Atingido pela ponta metálica do aguilhão, vindo dos bastidores, sai do saco o primeiro homem (A) e executa, lentamente, uma série de movimentos, ao fim dos quais retorna ao ponto de origem, após ter carregado ambos os sacos para a esquerda. O aguilhão atinge então o saco da direita, de onde sai o segundo homem (B), que executa também uma série de movimentos, em ritmo acelerado, ao fim dos quais retorna ao seu invólucro, após haver transportado ambos os sacos para a esquerda, havendo ainda uma terceira entrada do aguilhão.

Examinem-se as posturas e os movimentos de cada uma das personagens:

	Postura	*Movimentos*	*Imobilidade*
A.	De quatro	Sai do saco, engatinha	Pára, devaneia
	(de joelhos)	Junta as mãos, reza	Devaneia
	De pé	Levanta-se	Devaneia
		Pega um frasco	Devaneia
		Traga uma pílula	
		Guarda o frasco	Devaneia
		Anda até o monte de roupas	Devaneia
		Veste-se	Devaneia
		Tira uma cenoura, morde-a	
		Mastiga-a	
		Cospe-a	
		Guarda-a	Devaneia
	(cambaleando)	Pega os dois sacos	
		Anda	
		Carrega os dois sacos	
		Deposita-os no centro	Devaneia

	Despe-se	
	Joga as roupas	Devaneia
	Tira o frasco	
	Toma uma pílula	Devaneia
(de joelhos)	Ajoelha-se, reza	
De quatro	Engatinha, entra no saco	
(Deitado)		Imóvel, dorme.

Há, pois, movimentos repetidos, ações repetidas: andar, engatinhar, rezar, tomar remédio. É a preocupação com *a alma*; mas também com o *corpo*, ainda que coma *brevemente*, e este ato seja seguido de *cuspir com desgosto*, como que a exprimir o desprezo em relação à matéria, com a supremacia, pois, do espiritual. O emprego dos verbos "devanear", "sonhar" (11 vezes), bem como dos verbos "rezar", "imobilizar-se" salientam a supremacia do mental, do espiritual, o que distingue A da personagem B, que passa agora a ser focalizada.

Ao ser estimulada pelo mesmo aguilhão, ainda que melhor equipado, como se verá mais adiante, a personagem B vai desdobrar-se numa série de ações, sem jamais deter-se para talvez perguntar o porquê de seus rápidos movimentos, controlados pelo contínuo olhar ao relógio. É o homem escravizado pelo tempo; homem-matéria, que come com apetite, que faz movimentos "vigorosos", que toma consciência do mundo, da sociedade, e que não se preocupa com rezar: a prece não entra em suas cogitações. E sua postura predominante é de pé, numa afirmação de seu poder como homem, ignorando Deus ou a ele equiparando-se.

Examinem-se, mais de perto, suas posturas e movimentos:

B.	*Postura*	*Movimentos*	*Imobilidade*
	De quatro	Sai do saco, engatinha	
	De pé	Levanta-se	
		Tira o relógio, consulta-o, guarda-o	
		Faz ginástica.	
		Consulta o relógio	
		Tira uma escova de dentes, escova os dentes, *vigorosamente*, guarda-a	
		Consulta o relógio	
		Esfrega o couro cabeludo, *vigorosamente*	
		Tira um pente, penteia-se, guarda o pente	
		Consulta o relógio	
		Vai até as roupas, veste-se	
		Consulta o relógio	
		Tira uma escova, escova as roupas, *vigorosamente*	
		Tira o chapéu, escova os cabelos, *vigorosamente*, repõe o chapéu,	

	guarda a escova	
	Consulta o relógio	
	Tira a cenoura, morde-a,	
	mastiga-a, traga-a com apetite,	
	guarda-a	
	Consulta o relógio	
	Tira o mapa, consulta-o,	
	guarda-o	
	Consulta o relógio	
	Tira a bússola, consulta-a,	
	guarda-a	
	Consulta o relógio	
(Cambaleando)	Pega os dois sacos, leva-os,	
	deposita-os	
	Consulta o relógio	
	Despe-se, faz um monte de	
	roupas	
	Consulta o relógio	
	Esfrega o couro cabeludo,	
	penteia-se	
	Consulta o relógio	
	Escova os dentes	
	Consulta o relógio	
	Dá corda no relógio	
De quatro	Entra no saco	Imobiliza-se
(Deitado).		

Há, como se vê, o predomínio da postura de pé, bem traduzindo sua superioridade. A imobilidade, indicada apenas uma vez, no final, contrasta com o contínuo movimento, em ritmo acelerado, e que é posto em relevo pela freqüente consulta ao relógio (13 vezes, entre uma e outra ação), sendo que na última vez, há o movimento de dar-lhe corda, anunciando a continuidade de seu uso. É a escravidão do homem ao relógio, indicador de suas atividades que não lhe dão oportunidade de deter-se para pensar em Deus, rezar, devanear. E, para acentuar a rapidez dos movimentos ininterruptos, apenas na primeira vez há indicações de: tirar o relógio do bolso da camisa, consultá-lo e guardá-lo; nas demais vezes, só há o movimento de *consultar* o cronômetro, como se ele não mais fosse guardado para evitar a perda de tempo.

Quanto às ações expressas pelos verbos de movimento "escovar" (os dentes, as roupas, os cabelos) e "esfregar" (o couro cabeludo), vêm acompanhadas pelo advérbio *vigorosamente*, para bem acentuar a energia com que são executadas. É o pleno domínio da vitalidade da personagem. Aliás, se os "dentes" simbolizam a *vitalidade do físico,* assim como a "cabeça" e, por extensão, "o couro cabeludo" e "os cabelos" simbolizam o *pensamento*; e se "as roupas" cuidadas simbolizam o *social*, tem-se que B se caracteriza pela vivacidade física e mental, relacionada com o social. Aliás, "a ginástica", o comer com apetite, os movimentos vigorosos de esfregar, de escovar, revelam a energia física da personagem, enquanto a constante consulta do relógio (o controle de tempo e de tudo o que deve ser feito, dentro de curto prazo), assim como os cuidados em relação à cabeça revelam *a vivacidade mental*.

B = Físico e Mente + Social.

Não é ele diante de sua alma (como o é A); mas ele e a sociedade, ele e o mundo, pois *consulta o mapa, consulta a bússola*, a fim de poder orientar-se. Não é o ser isolado; mas ele e o universo, sendo patente a diferença entre as personagens A e B, não só quanto ao ritmo em que vivem, mas sobretudo quanto aos seus valores. E essa diferença torna-se mais acentuada, à segunda saída da personagem A, cuja atuação se reduz a:

De quatro	Sai do saco	Devaneia
	Junta as mãos, reza.	

Não mais preocupações materiais. É o puro predomínio da alma, do sobrenatural, ignorando a parte física, a sociedade e o mundo terreno.

Veja-se agora a terceira personagem: o aguilhão que substitui o estímulo-som do *Ato I*, materializando a ordem ao homem para que saia do saco em que se encontra recolhido. Se no *Ato I* o estímulo auditivo (E) atraía o olhar do homem (P), provocando-lhe a inteligência e levando-o à ação, para ensinar-lhe a inação, numa cadeia:

E (auditivo) → P (visão) → inteligência → ação → *inação*,

já no *Ato sem Palavras II*, desaparece tal cadeia, havendo resposta imediata:

E → A → Ação

sem exigir-lhe esforço de adaptação à situação, pois tão logo o aguilhão atinge o saco e nele se enterra, A sai e executa uma série de movimentos.

Veja-se como *se apresenta*, visualmente, a personagem-estímulo E:

- Para o paciente A, sabe-se que o aguilhão, sempre munido de ponta metálica para bem traduzir sua aguda atuação, ainda que sem nenhum equipamento, entra *pela direira, estritamente horizontal*, para atingir de maneira direta seu alvo: A.
- Para o paciente B, já entra ele *num suporte de quatro rodas*, portanto mais elaborado, fazendo prever-se maior eficiência e energia.

- Para o paciente A, em sua segunda entrada, aparece o aguilhão ainda melhor equipado, pois além de vir sobre o suporte de rodas, *é acompanhado à alguma distância por um segundo idêntico aguilhão*, isto é, o estímulo surge possivelmente com dobrada energia e eficiência.

Minucioso na apresentação de suas personagens, humanas ou não, vai Beckett agora engenhar a descrição da sua atuação, que se desenvolve em *fases*. O Agente não atua sempre da mesma maneira, ou melhor, atuando de igual maneira, introduz diferenças quanto à freqüência de suas investidas paralelas à sua técnica mais elaborada, o que faz supor um Ser inteligente que vê, sabe e mede o que faz, tendo em conta a resistência do paciente e visando a um bom resultado. Se atua em três fases, quanto ao paciente A, que é mais lento, vai reduzi-las a duas quando se tratar de estimular B, mais rápido na resposta e na sua forma de responder ao estímulo, embora empreguem ambos o mesmo tempo.

Em relação a A, apresenta, pois, três investidas, com um tempo de espera após cada uma delas, e introduz técnica melhor elaborada ao chocar-se com a não-resposta ao seu estímulo:

- À primeira investida, *a ponta se imobiliza a trinta centímetros do saco*, aguarda, sem obter nenhum movimento da parte do paciente.
- À segunda investida, *recua, fica imóvel um instante, se enterra no saco, se retira, retoma seu lugar a trinta centímetros* e aguarda *um tempo* a resposta que não vem, pois o saco não se move.
- À terceira investida, *recua novamente, um pouco mais que a primeira vez, se imobiliza um instante, se enterra novamente no saco, se retira, retoma seu lugar a trinta centímetros* e aguarda a resposta, que vem: move-se o saco e ele, aguilhão, sai.

Realmente, se na primeira vez *não* atinge o saco, já na segunda o atinge após o impulso que supõe o fato de *recuar*; e na terceira este impulso se faz mais forte pelo maior recuo, com o contato à segunda e à terceira vez, sendo que mais vigoroso na última, com a conseqüente resposta. Mas o fato de mediar *um tempo* entre as várias investidas sugere a espera de resposta desde a primeira vez, levando à suposição de que houve uma fase anterior, em que à simples aproximação do saco, a trinta centímetros de distância, já o saco se movia. E o mesmo se repete em relação a B e a A (à sua segunda saída), se bem que com menor número de investidas quando se trata do mais ágil B. Portanto:

```
E   → A = R
E + → B = R +
EE  → A = R
```

O fato de tratar-se o Agente de um Ser provido de inteligência está agora comprovado duplamente: antecipando a lentidão da resposta ou a não-resposta, vem mais e melhor equipado, pois sabe que se, equipado com um suporte, teve uma resposta R + do paciente B, e, se, sem suporte, teve uma resposta R do paciente A, deve agora – no seu segundo estímulo a A – melhor equipar-se, dobrar sua força, o que explica o duplo aguilhão. E o homem nasce – sai do saco, símbolo do nascimento, de ventre materno – vive e morre – retorna ao saco, símbolo da morte, da sepultura –, sem que tivesse pedido a vida ou mesmo a morte (se é que aprendeu a lição do *Ato sem Palavras I* – não poder sair do mundo). É o aguilhão – ente superior – que determina sua permanência na terra, impelindo-o para a vida e para a morte, por etapas, e que o próprio Beckett representa graficamente. Ao começar a pantomima, os dois sacos estão a dois metros dos bastidores, na *Posição I*:

CBA ←

Já na segunda etapa, estão os sacos no meio:
Posição II

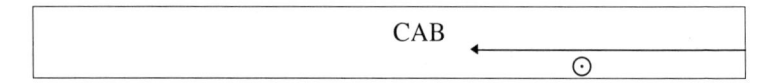

CAB ←
⊙

E na terceira etapa, na posição oposta à inicial:
Posição III

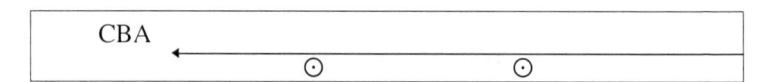

CBA ←
⊙   ⊙

(São as indicações do próprio autor).

É o percurso do homem, na sua marcha da vida, feita de movimentos, de gestos quotidianos, repetitivos, automáticos, qualquer que seja seu ritmo – lento, como o de A; rápido, como o de B –, percurso ao qual ele não se pode furtar.

Sem a focalização dos *objetos* dos quais se servem as personagens A e B, pois o que interessa é a parte gestual, deve-se não obstante fazer menção ao fato de que se alguns deles poderiam ser perfeitamente suprimidos – frasco de remédio, roupas, cenoura, relógio, escovas (de dentes, de roupa, de cabelo), pente, chapéu – e substituídos por poucos gestos indicativos de tomar remédio, vestir-se, comer, olhar as horas etc. – já outros – o mapa, a bússola, cuja finalidade é situar o homem em face do mundo – exigiriam, para sua expressão, maior número de movimentos, havendo pois um desacordo quanto ao tempo aplicado a exprimir as diferentes ações, que, *grosso modo*, constituem a vida de todos os dias.

Se as primeiras ações se fazem em três ou quatro tempos:

Tirar, pegar, tomar, guardar o remédio
Tirar, morder, mastigar, guardar a cenoura
Tirar, consultar, guardar o relógio
Tirar, escovar, guardar escovas
Tirar, pentear, guardar o pente,

já as de consultar um mapa ou orientar-se com uma bússola, sem tê-los concretamente à mão, exigiriam maior número de gestos para sua designação, com a conseqüente discrepância quanto ao seu número. Visíveis tais objetos, a sua consulta se faz também em três tempos: "Pegar, consultar, guardar"; havendo, pois, simetria com as demais ações, não só quanto ao número *de movimentos*, mas também quanto aos dois primeiros *tipos de movimentos*: "Tirar, guardar".

E estes, pela repetição, salientam seu automatismo: uma série de gestos, de ações, que constituem a vida rotineira, independente de seu ritmo.

Ato sem Palavras II é a parábola da vida humana, desde a infância até a velhice e a morte, embora as etapas apareçam parcialmente representadas. Ao começar a pantomima, dois metros já foram percorridos; e, ao descer a cortina, os sacos para onde os homens se recolhem ainda não saíram do palco – cenário da vida. A cenoura já parcialmente comida e o espaço que é percorrido em cena sugerem que houve uma fase anterior de marcha, assim como ainda haverá outra mais após o descer da cortina. É o ciclo dos dias, da vida. E a estrutura circular, em espiral, das peças de Beckett, que terminam no ponto em que começaram, como *Esperando Godot*, *Fim de Jogo*, bem exprime o ciclo da vida. O homem nasce e morre; e outros homens o seguem, nascendo e morrendo, e assim sucessivamente, sem interrupção: uns, com o predomínio de sobrenatural; outros, com o do físico ou com o do intelecto. Uns, em ritmo mais lento, voltados como estão mais para a vida interior e sobrenatural, enquanto outros, em ritmo acelerado, estão totalmente mergulhados na vida de conquistas dentro do mundo, impondo-se maior preparo físico e mental. Mas uns e outros se entreajudam, se entreapóiam, ou se entressuportam; é o que parece significar a ação de A ou de B, ao carregarem os sacos – o próprio e o outro, ocupado pelo companheiro, embora jamais se vejam face a face. Ação-símbolo, pois, de suportar o fardo da vida – o próprio e o alheio –, fardo que lhe foi impingido por um Ser superior, representado pelo aguilhão, que, assim como deu a vida, dará a morte. Ser que, mudo, insensível, impele o homem para a existência, e, desta, gradativamente, dia a dia, por etapa, para a morte. E, se não há ironia do autor – para a qual freqüentemente se inclina –, o que parece salientar a imagem final da pantomima é a importância do sobrenatural: *A sai de gatinhas do saco, se imobiliza, junta as mãos, reza* (p. 109). Estaria Beckett renegando seu propalado materialismo e niilismo? Afirmando sua fé numa outra vida? Sábia aceitação da vida e do universo? Ou irônica constatação da insensibilidade e mudez do Ser responsável pela vinda do homem à terra? É a ambigüidade beckettiana, prestando-se a obra a distintas interpretações, às mais variadas elucubrações.

Quanto ao roteiro de *Filme*, a experiência cinematográfica que anacronicamente repudia a linguagem verbal, tudo concentrando na imagem – e dentro desta, nos gestos do ator –, constitui-se num autêntico *Ato sem Palavras III*. Vivido por Buster Keaton, cujo rosto só é surpreendido pela perseguidora câmera, no final, com um *rictus* de horror a deformar-lhe a máscara, está o protagonista a evitar os olhares do aparelho, enquanto passa rente à parede, *preso pela angústia*, ao sentir-se focalizado, isto é, sob um ângulo que ultrapassa 45°. E Beckett, minucioso em suas indicações, precisa que O *entra em percipi = ressente a angústia de ser percebido, somente quando este ângulo é ultrapassado*, o que acontece três vezes, ao desrespeitar OE esse *ângulo de imunidade*: a primeira vez, na rua; a segunda, na escada do edifício em que O entra, para chegar ao seu quarto; e depois, no final. Mas se nas duas primeiras vezes, trata-se de *desrespeito* involuntário, tal não ocorre na última, havendo ainda apenas a percepção de OE, nos dois primeiros cenários, enquanto há uma dupla percepção no terceiro cenário, pois se O continua a ser percebido por OE, passa por sua vez a perceber o que o rodeia, donde uma série de movimentos em relação a animais e objetos.

No quarto, por meio de todos os seus movimentos executados de costas para OE, procura O subtrair-se a *toda percepção estranha*, retirando o cão e o gato, cobrindo a gaiola do papagaio e o aquário do peixe vermelho, bem como ocultando o espelho com uma manta, da mesma forma que, na rua e na escada evitara a percepção de OE, ao chocar-se com um casal e com uma velha vendedora de flores. E elimina também a percepção divina, rasgando a gravura que representa a divindade, cujos olhos o transpassam, bem como as fotos, após a contemplação, minuciosamente cronometrada, de cada uma delas. É a destruição de um passado que perdura no flagrante estático, impregnado de emoções de toda uma existência. Se a primeira foto era a de um bebê, e a última a de um homem solitário, após ter passado pela guerra, que destruiu sua família, sua vida; e se os movimentos da personagem-humana O e os movimentos da máquina OE exprimem o encurralamento do homem pela tecnologia em progresso, cujo responsável é ele próprio, explica-se a sua fuga para evitar *ser percebido*, isto é, julgado. Quando há a captação de O por OE, de frente, o que só é possível durante o sono, em sua cadeira de balanço – é a influência freudiana –, após ter O reagido às várias investidas da câmera que aproveitara sua sonolência, alimentado pelo embalo, o que surge é um rosto horrorizado e, em sentido oposto, o mesmo rosto que o considera. É a confrontação de O e OE, que é em última análise o próprio O, isto é, sua consciência.

Todos os movimentos, sejam de O, sejam de OE, descritos com notável precisão – é o Beckett *matemático* que se esmera nas indicações – "falam" da implacável perseguição e encurralamento do homem pela sua própria consciência. O horror de O ao ser focalizado de frente por OE, no final, é o mesmo do casal na rua (e a mulher carrega um macaco, significando que o filho a imitará) e da velha na escada (preocupada com a descida, carregando suas "flores"), quando "percebidos" de frente, acusadoramente. Mas, O é o protagonista, solitário, após a perda da família, possivelmente durante a guerra, para cujo aperfeiçoamento ele contribuiu. Donde sua fuga.

É o domínio da pantomima, pantomima que se torna cômica, sobretudo quando O procura livrar-se do cão e depois do gato, mas que, quando se desvencilha do segundo, volta a ser perturbado pelo primeiro, e assim sucessivamente, chegando a constituir uma das saborosas evocações das comédias do cinema mudo, um dos passatempos favoritos do jovem Beckett, ainda em Dublin. É o cinema restituído à sua pureza inicial.

Retorne-se, porém, às grandes peças de teatro, estudando *a linguagem gestual da primeira obra-prima* de Beckett, peça rica em indicações cênicas a esse respeito. Abre-se *Esperando Godot* com as tentativas de Estragão para livrar-se do sapato e se encerra com os movimentos da mesma personagem para levantar as calças que caíram: expressão da inutilidade dos esforços, inicialmente; e tradução, no final, da vontade de continuar a enfrentar o mundo, de pé, como quer um crítico? Ou, simples derrisão da patética criatura humana representada pelo palhaço Estragão, com suas calças caídas? E ao longo da peça, "agitam-se" as personagens enquanto esperam Godot. É o freqüente manejo do sapato ou do chapéu; a queda de objetos e o movimento para apanhá-los; o andar em determinada direção, o retornar e a repetição dos passos iniciais, de maneira precipitada... quais palhaços num circo.

Embora certos críticos tenham visto nas personagens beckettianas o vagabundo – *clochard* –, outros com freqüência salientaram seu comportamento circense, para o que contribui o diálogo, feito da rápida troca de perguntas e respostas, breves comentários sobre o que acontece ou deixa de acontecer, qüiproquós e falas descontínuas. Estragão e Vladimir são verdadeiros palhaços que, com sua figura patética, colocam-se na "tradição triste mas divertida de Charlie Chaplin", lembrando ainda os célebres Footit e Chocolat, Alex e Zavatta, Pipo e Rhum, o trio Fratellini ou os irmãos Marx. E Pozzo e Lucky, seu criado, também evocam atores de circo, ao entrarem espetacularmente em cena: o primeiro, brandindo seu chicote tal um domador de feras que vai executar seu "número" com o pobre parceiro, além do de "orador"; o segundo, trazendo uma corda ao pescoço que é mantida pelo outro e carregando-lhe pacientemente mala, cesto de provisões, manto e cadeira dobradiça (o trono do amo). Significativos são os "números" do absurdo "discurso" e da grotesca "dança" de Lucky, ordenados pelo autoritário Pozzo.

São os palhaços semelhantes e dessemelhantes. Se Estragão tem memória fraca e *gestos infantis*, já Vladimir é melhor dotado, ajudando e apoiando muitas vezes o primeiro; são as diferenças de temperamento características dos Zani da *commedia dell'arte*, em que um dos membros do par é passivo, tímido, enquanto o outro é ativo, ousado e petulante. Mas ambos, completando-se, entregam-se à paródia da existência humana; ou melhor, à paródia da paródia, pois como nota Geneviève Serreau, ao estudar Beckett num capítulo de sua *Histoire du Nouveau Théâtre*, a função dos palhaços é tradicionalmente uma função paródica e desmistificadora, sendo a peça a paródia do homem "projetado na existência e procurando resolver seu próprio enigma", ou ainda a burlesca representação do homem que "renunciou a resolver o enigma porque os únicos pontos de referência, as únicas chaves de que dispõe (a realidade do espaço, a do tempo, a da matéria) se revelaram inutilizáveis"[41]. E ei-los falando e fazendo gestos gratuitos, enquanto esperam Godot; a isso se habituaram. É pelo hábito – cuja mecânica não exige nenhum esforço do pensamento, chegando mesmo a excluí-lo – que as duas principais personagens agem, escapando assim à confrontação com a angustiante pergunta do *porquê* de sua existência. Reconhece-o Vladimir, quando diz:

> O que é certo é que o tempo é longo, nestas condições, e nos impele a preenchê-lo com ações que, como dizer, podem à primeira vista parecer razoáveis, mas das quais *nós temos o hábito* (p. 135, o grifo é nosso).

Assim, a repetição indefinida de movimentos que não contêm em si nenhum significado sublinha a sua total gratuidade e inutilidade. Tais palhaços executam seus "números", seja no jogo do sapato, seja no jogo dos três chapéus que circulam entre suas mãos, com matemática precisão e que, dispensando palavras, representam a autonomia gestual. É bem a *gag* que, equivalente a uma intercalação na peça, poderia dispensar longas indicações cênicas. Mas se Beckett as suprime quando do jogo do vaporizador de Pozzo, pois apenas anota *Jogo do vaporizador* (pp. 43 e 50), uma vez que já dera explicações em páginas anteriores (p. 41), procede diferentemente em relação ao sapato e ao chapéu, usando longas rubricas. Tais objetos, que merecem

---

41. Paris, Gallimard, 1966, p. 89.

do dramaturgo uma tão especial atenção – e não apenas nessa peça – parecem responder a sua simbologia: sapatos – instinto, matéria; chapéu – pensamento, intelecto.

A peça se abre, como se sabe, com o jogo mudo do sapato, executado por Estragão, que o repete uma e mais vezes, mesmo quando com a entrada de Vladimir se entabula o *sui generis* diálogo. Repete-se o jogo, sem cessar, a julgar pelas rubricas que mostram Vladimir que quer abraçá-lo e a recusa de Estragão, *com irritação*, pois continua a esforçar-se por tirar o sapato, o que só consegue mais adiante. É então que, livre do sapato, passa a examiná-lo: *olha dentro, lá passa a mão, vira-o, sacode-o, procura por terra para ver se caiu algo, nada encontra, passa a mão novamente por dentro do sapato, com olhar vago*, enquanto um pouco antes e depois, paralelamente, Vladimir faz seu jogo, bastante semelhante, com o chapéu: *Tira seu chapéu, olha dentro, lá passa a mão, sacode-o, volta a pô-lo*. E, novamente, *tira o chapéu, olha dentro, bate em cima como para fazer cair algo, olha novamente dentro, volta a pô-lo*. É o "trabalho", "o número" de cada um, que é repetido. Jogos de palhaço, mas que aqui, e dentro de contexto beckettiano, estão carregados de significado: gestos gratuitos, insignificantes, para preencherem o vazio da existência, mas aqui significativos, por lidarem com dois objetos carregados de valor simbólico e partirem tais gestos de uma determinada personagem e não de outra. Vladimir, mais ativo, dotado de memória mais desperta e de desprendimento em relação às coisas materiais, manipula o chapéu, enquanto Estragão, com sua falha de memória e apego à comida, manipula o sapato.

Notável, porém, é o jogo que os dois desenvolvem com três chapéus: o deles e o do "intelectual" Lucky, que partira, esquecendo-o. Cerca de uma página é ocupada pelas indicações cênicas que descrevem monótona, porém ritmicamente os movimentos de ambos de tirarem e porem o chapéu, trocando-os, em movimento circular (pp. 101-102). São sempre os mesmos verbos que se seguem, na mesma ordem, sem alteração, monocordicamente, com a alternância dos sujeitos:

Estragão pega – põe – estende – ajusta – pega – põe – estende – ajusta...
Vladimir ajusta – pega – põe – estende – ajusta – pega – põe – estende...

Circulam os chapéus entre as mãos dos dois, com regularidade, e com *um vivo movimento*, até que se rompe tal harmonia, quando Vladimir lança ao chão seu chapéu e, virando *a cabeça coquetemente à direita e à esquerda, toma atitudes de manequim*. São as poses de manequim de um, como também houve as poses de pugilista do outro – puro jogo. Mas é ao jogo do chapéu que é dada maior importância e é assim que se assiste a todo "o número" de Lucky, tendo por base tal peça do vestuário. É o chapéu que lhe dá a capacidade de pensar; sem ele, não pensava. Uma vez porém de posse do chapéu, seu pensamento será comicamente expresso por palavras, na sua linguagem "quaqua", de visível cunho satírico, sendo que depois jogará Beckett, visualmente, com a paronomásia *penser* e *danser*: Lucky dançará, e tão grotescamente quanto pensara. E em que ele "pensava" era em Deus, no homem, no universo – preocupações beckettianas.

Freqüentes são as referências ao chapéu (pense-se também em cabeça ou crânio etc., cabeça à qual Beckett alude em grande número de seus textos, privilegiando-a). E freqüentes são suas manipulações e exames, ao longo da peça e até o final, parecendo significar, ironicamente, o reconhecimento no homem da capacidade de pensar, capacidade no entanto insuficiente para permitir resolver o seu enigma no universo. Já próximo do fim, à última tentativa de suicídio, quando experimentam Estragão e Vladimir a corda que sustenta as calças do primeiro, e ela se parte, fazendo com que pensem novamente em Godot e na alternativa:

Morte – A gente se enforcará amanhã.
Salvação – A menos que Godot venha. (p. 133)

volta uma vez mais o jogo com o chapéu, e de parte de Vladimir:

Tira o seu chapéu – o de Lucky – olha dentro, lá passa a mão, sacode-o, o repõe,

podendo-se entender como a expressão de que o pensamento, o intelecto, mesmo o superior (ele traz o chapéu de Lucky), não lhe basta para explicar o mundo e seu mistério, não seu absurdo. E isso que o chapéu de Lucky, ou o seu "pensamento" – já que um determina o outro, como foi visto – havia ensinado a Pozzo "a beleza, a graça, a verdade de primeira classe", de maneira que sem ele jamais teria Pozzo "pensado, jamais sentido, senão coisas baixas" (p. 45). O chapéu de Lucky que recobria sua *abundante cabeleira branca,* símbolo de antiga e sólida sabedoria, e que agora está com Vladimir, não o ajuda na solução do problema metafísico, seu e do homem, visto que ele representa toda a humanidade: "Mas neste lugar, neste momento, a humanidade é nós, que isto nos agrade ou não", dirá ele (p. 112).

A *gag* do chapéu é, pois, altamente portadora de sentido: o homem que pensa, que *travaille du chapeau* (expressão francesa do original), além de trabalhar com o cérebro, revela que é louco. *Travailler du chapeau*, popularmente, significa "estar louco", uma vez que o pensamento a nada o conduzirá no terreno metafísico. Se o homem dispõe da capacidade de pensar, de descobrir, de inventar, de criar, não possui no entanto a de decifrar seu próprio enigma. Possui o pensamento, porém com limitações. E isso é "inquietante", como diz Vladimir, após examinar e reexaminar seu chapéu (p. 12). "Inquietante" o não poder chegar a obter respostas seguras no terreno metafísico;

e, assim, a linguagem gestual, tanto quanto a verbal, é metafísica. O homem, o intelectual, se crê grande pelo pensamento; a partir, porém, do instante em que este pensamento é limitado por sua própria insuficiência, surge a miséria e não a grandeza do homem. Tal parece ser a constatação beckettiana, numa época que procura mais e mais afirmar o poder criador do homem e sua superioridade.

Nesta paródia da existência humana, as personagens-palhaços estão conscientes de seu papel e do público, exprimindo-o não apenas por meio de palavras. E é assim, que, na melhor tradição circense, Estragão se dirige ao público e integra-o humoristicamente ao cenário, quando diz, enquanto avança para o proscênio e olha de maneira cúmplice os espectadores: "Lugar delicioso... Aspectos risonhos" (p. 16). E o mesmo ocorre com Vladimir que, com palavras e olhares ao público, provoca a ruptura entre palco e sala, integrando o espectador no seu mundo de ator, ainda que menos delicadamente que o companheiro (p. 18). É a ruptura da ilusão teatral, bem na tradição do circo e do *music hall*, duas paixões do autor, com as personagens-palhaços a executarem seus "números" numa "paródia pessoal do homem, da vida, dos comportamentos", como o notou Jean-Jacques Mayoux, em estudo sobre o teatro de Beckett. Aliás, não apenas Estragão e Vladimir exibem seus "números"; como já foi lembrado, também Pozzo, o domador de Lucky, e sua pacífica fera se exibem. Ora é Pozzo que oferece aos espectadores de primeiro plano – no palco – e aos espectadores da sala, seu "número" de orador, feito de palavras e gestos; ora é ele que leva a "fera" a apresentar também seu "trabalho": um de palavras, com a exibição do pensamento – o pensamento abstrato se faz concreto, audível – e outro de gestos, de movimentos – "a dança do *filet*", em que o grotesco dançarino fica como que emaranhado em invisível rede e, tal um robô, exibe seus dotes, no que é imitado por Estragão que quase cai (pp. 55-56).

Movimentos bruscos, gestos ritmados, vaivéns, escorregadelas e quedas – é o que caracteriza as personagens beckettianas enquanto não foram condenadas ainda à imobilidade parcial ou total. E Niklaus Gessner, em estudo citado por Martin Esslin, computa cerca de 45 indicações cênicas de *Esperando Godot*, em que as personagens aparecem caídas e opostas, portanto, à posição vertical, símbolo da dignidade do homem[42]. Se todas trazem chapéus-coco, símbolo da respeitabilidade britânica, acentua-se a imagem derrisória do homem, segundo a óptica do dramaturgo.

E Krapp, cujo perfil burlesco é dado a conhecer graças à abundância e precisão das indicações cênicas iniciais, executa uma série de movimentos: olha o relógio; remexe nos bolsos; tira uma sobrecarta; guarda-a; remexe nos bolsos etc., chegando, num dado momento, a

---

42. *Théâtre de l'Absurde*, Paris, Buchet-Chastel, 1971, p. 44.

escorregar e quase cair, por haver pisado na casca de banana que atirara ao chão. É a pantomima que ocupa na peça um lugar preponderante; mas, inicialmente, ao abrir a cortina de *A Última Gravação*, diz a rubrica que ele permanece um momento *imóvel*, o que dá tempo ao espectador de captá-lo, com todos os pormenores – negligente, pouco limpo, condizendo o aspecto físico com o nome que, em inglês, vulgarmente, sugere lixo, falta de limpeza. Imobilidade inicial, seguida de uma série de movimentos – é a linguagem visual antecipando a verbal, até que se entrega então a personagem a um *sui generis* diálogo: fala e ouve sua voz gravada, tempos atrás. Aliás, a *imobilidade inicial e final* do protagonista é, repita-se, uma característica beckettiana, ao longo de sua carreira. E, no caso de Krapp, mesmo antes de falar ou de ouvir suas gravações, toda a sua silhueta silenciosa já falara de sua vida solitária, vazia, preenchida por irrisórios movimentos: abrir e fechar gavetas; ir e vir no palco; remexer nos bolsos... e principalmente ligar e desligar o gravador, avançando ou retrocedendo a fita gravada, para reviver certos momentos especiais de sua vida ou rejeitar outros menos gratos. Não importa apenas o que ouve, mas o interesse, o empenho que revela para melhor ouvir determinadas passagens.

Como se vê, a linguagem visual (gestual) é extremamente expressiva, traduzindo os interesses, os sentimentos da personagem numa certa época da vida, assim como sua ânsia atual de voltar ao passado, embora sabendo de sua impraticabilidade. A linguagem verbal – do presente e do passado – e a gestual se completam; a primeira está, porém, sob certo aspecto, na dependência da segunda, à medida que são os gestos de ligar e desligar o aparelho e os gestos de avançar e retroceder a gravação que fazem ouvir, ou provocam as falas. São os gestos que desencadeiam as palavras do passado, e com elas, o próprio passado; são os gestos que traduzem a reação do que foi ouvido, fazendo com que se repita uma, duas e mais vezes o desejado, ou, ao contrário, seja omitido ou abreviado o indesejado. Um único gesto e a voz se cala. Como um único gesto pode recaptar o passado, por meio da voz que se faz ouvir. E o que ressalta é a imagem da degradação das faculdades mentais, a decadência da memória diante da força destruidora do tempo – o homem impotente em face da inexorável marcha da vida. É a linguagem visual "falando" nessa e nas outras peças – principalmente nas pantomimas puras – da miserável condição humana: nascimento – sofrimento – morte. Morte, cuja inicial, diz Ludovic Janvier[43], aparece obsessivamente no nome de suas personagens, seja em posição normal – Molloy, Malone, Mercier..., seja em sentido inverso – Winnie, Willie, Watt... É o *M* de *Mother* e o *M* de *Mort* e o *M* de *Man,* preocupações de Beckett, escritor bilíngüe. E talvez ainda o *M* de *Moi* e de *Myself* e o *W* de *We.*

43. *Op. cit.*, p. 271.

Mas as personagens não tardariam a perder seu nome. De início, designadas por letras – H 1 – M 1 – M 2, em *Comédia* – indicando o sexo, e depois por simples funções ou papéis – Leitor, Ouvinte, Recitante, Sonhador, Recordador... E Vozes. Ou apenas o Homem. Se Winnie, a tagarela de *Dias Felizes*, está deslizando para a morte, do Ato I ao II, e nada a deterá, as três personagens-jarra de *Comédia* estão mortas e só falam quando o projetor (divindade?) lhes extorque a fala. E imóveis. Imóveis ou quase totalmente estão as personagens da última fase criadora do autor, podendo-se recordar, entre outras, seja o simples rosto de *Aquela Vez*, seja a figura impassível do Recitante, de *Solo* , com sua voz monocórdica... São os narradores no teatro.

Passando Beckett do romance ao teatro, entremeando-o com textos em prosa e abrindo-se a novos meios de comunicação artística, como o rádio e a televisão, chega a criar obras originalíssimas, sob todos os aspectos. Se para o palco compõe peças memoráveis que marcam época, para a tela apresenta belíssimos poemas puramente visuais e outros mistos, com a feliz associação imagem-música. É o Beckett dramaturgo valendo-se da pintura e da música, outras paixões suas. Ou um artista refinado, elegante.

Enfim, um esteta que não poupa esforços, desde seus primeiros passos na arte cênica, para renovar-se e inovar. Se lança mão de técnicas circenses em *Esperando Godot*, estas estão renovadas pela equilibrada associação visual-verbal e pela introdução de novos elementos que também rompem cada vez mais com o tradicional. Cenários, cada vez mais despojados e reduzidos; iluminação, cada vez mais elaborada; personagens, cada vez mais estranhos pela redução ou desmembramento; falas ou discursos, cada vez mais monocórdicos; sons; todas as formas de expressão passam por seu crivo renovador. Palavras, silêncio, sons; gestos, mobilidade, estagnação; luz, penumbra, escuridão; tudo é dosado, medido, calculado, produto de uma cabeça privilegiada. Cabeça de rigor matemático, não isenta de sensibilidade, porém controlada a fim de poder melhor despertar e aguçar a sensibilidade do espectador, envolvendo-o de maneira sutil e provocando-lhe a adesão ao que vê.

Por mais herméticas e enigmáticas que possam ser ou parecer muitas de suas criações, impossível é ficar indiferente e insensível à musicalidade de seus textos no idioma original e ao seu alto poder de sugestão. Resultado: obra que, incontestavelmente, fascina o espectador ou o leitor.

Parte II

Lista e Comentários das Obras[1]

WHOROSCOPE (Poema, inglês, 1930)

Composto em inglês, mas publicado em Paris por The Hours Press, é o primeiro livro que traz o nome de Beckett como autor, e que lhe valeu um prêmio em dinheiro.

Longo poema, mescla de sério e divertido, tendo como centro Descartes (o filósofo racionalista, antes respeitado por Beckett) que aqui medita sobre o tempo, os ovos e a evanescência, foi publicado por Nancy Cunard que havia fundado, recentemente, uma pequena casa editora, em que eram prestigiados os movimentos de vanguarda ingleses e, principalmente, franceses. Daí ter organizado concursos, entre os quais esse, que propiciou o aparecimento do nome de Beckett como autor.

Sob a égide de Descartes, surgem alusões culturais entremeadas com culinária, numa "meditação" centrada no tempo, que era o tema estabelecido para o concurso. E o curioso é que, por sua complexidade, o texto, aliás breve, exigiu quase que a metade dedicada a notas explicativas. É bem uma *clownerie*, à moda de Joyce.

Embora parte da crítica anglo-saxônica tenha visto Beckett como um herdeiro de Descartes, melhor seria talvez substituir o "penso, logo existo" do filósofo francês, por "falo, logo existo", como definição do irlandês, ou melhor, de muitas de suas personagens. E recorde-se que na sua segunda grande peça – *Fim de Jogo* –, entre Hamm e Clov se

---

[1]. Segundo aproximadamente a cronologia de sua elaboração ou publicação.

estabelece o diálogo/paródia de Descartes: "– Ele sofre. / – Portanto ele vive." Não exaltação do homem, mas sua imagem derrisória.

Se, para Descartes, o homem é constituído de corpo e mente, indissociáveis, já para Beckett, em muitas peças, o corpo desaparece, sobrando apenas a cabeça, como as personagens, entre outras, de *Comédia*, reduzidas a jarras. Aliás, o romance *Murphy*, entre tantos mais, merece destaque quanto a esse aspecto dissociativo.

E faz-se necessário salientar ainda uma outra grande oposição entre ambos: se, para Descartes, a fórmula "Penso, logo existo" estabelece com o sujeito pensante o fim da dúvida, portanto o acesso à certeza, já para Beckett, não há certeza alguma, nenhum conhecimento seguro do mundo. Segurança caracteriza o pensamento cartesiano, mediante idéias claras e distintas, apoiando-se na existência de Deus, enquanto em tantas personagens beckettianas há a contestação da própria possibilidade de pensar, além de que Deus é o eterno ausente no seu universo.

PROUST (Ensaio, inglês, 1930)

Acabava Beckett seu segundo ano de atividades, em Paris, como "leitor" de inglês, na École Normale Supérieure, pois havia um programa de intercâmbio entre o Trinity College e a Universidade Francesa, aproveitando e favorecendo os melhores alunos, quando recebeu o convite para compor um ensaio sobre Proust. Nancy Cunard e Richard Aldington pretendiam publicá-lo nas edições Chatto e Indus, de Londres.

Já muito bem equipado intelectualmente, com suas leituras de Descartes, Geulincx, Leibniz (lido em latim), Wittgenstein, Schopenhauer, Jung, Nietzsche, Aristóteles, os pré-socráticos, Fritz Mauthner (lido e anotado em alemão), compõe seu ensaio, que constitui, dizem, antes de mais nada, um ato duplo de compreensão – compreensão da obra e compreensão daquele que a compreende –, tendo chegado ao ponto de adotar o ritmo de frase peculiar de Proust.

Trata-se de ensaio recheado de citações, ainda que sem referência aos autores: o espanhol Calderón de La Barca, o italiano Leopardi, os franceses Racine, Baudelaire e Hugo. Apenas as de Dante, sua paixão, são identificadas. Mas o importante é que, ao longo de suas páginas, fica-se conhecendo, de antemão, muito sobre a atividade criadora e o universo de Beckett; este se revela por meio de suas interpretações de Proust, ou melhor, de suas personagens. E assim, a solidão, a amizade, a incomunicabilidade, o amor, o tempo, a memória, vistos por Beckett, incluem muitas vezes seu ponto de vista, que pode ou não estar completamente em harmonia com o de Proust.

No que diz respeito ao tempo, por exemplo, Beckett procede a "uma sutil reviravolta": de monumento edificado contra o tempo e vitória sobre a morte, *Em Busca do Tempo Perdido* passa ao "triunfo da destruição" e do "esquecimento", pois o tempo passado não é, de modo algum, reencontrado, reforçando assim a idéia de perda. O tempo passado se foi, perdeu-se. É, pois, "o triunfo da morte", colocando-se o Proust de Beckett "inteiro sob o signo da morte, da destruição"[2].

Segundo Gérard Durozoi, para Proust, a busca do tempo perdido conduz à "reconstituição (subjetiva, mas, no entanto, tranqüilizadora) da diacronia: entre o passado, ainda que muito distante, do narrador e seu presente", havendo "ao mesmo tempo uma continuidade, constituída pela consciência e constitutiva da consciência"[3]; é "a busca proveitosa que constrói a obra como um todo, completo, escapando da morte e da erosão do tempo". Já, para Beckett, dá-se o contrário: a memória é falha e as lembranças, um tecido inextricável, vago, de um passado sem continuidade, cujo melhor exemplo é talvez dado no teatro, com *A Última Gravação*: Krapp, seu protagonista, não se encontra jamais, ao ouvir as fitas gravadas no passado; não se reconhece, pois é outro, o do presente, já tendo sofrido o desgaste irremediável do tempo. Tempo irreversível.

Muitas das personagens beckettianas, nos textos em prosa e nas peças de teatro, entregam-se às lembranças, a histórias suas e às de outros, mas nada é claro e seguro; tudo é fugidio, vacilante, evanescente. E no que diz respeito ao *eu*, não há permanência, constância.

MORE PRICKS THAN KICKS (Novelas, inglês, 1934)

Coletânea de dez novelas, em inglês: *Dante and the Lobster, Fingal, Ding-Dong, A Wet Night, Love and Lethe, Walking Out, What a Misfortune, The Smeraldina's Billet-Doux...*

O título, que é uma alusão à Bíblia, abrange textos compostos em 1933, mas publicados no ano seguinte, sem êxito, em Londres; só seriam publicados na França, em 1995, em excelente tradução de Edith Fournier, profunda conhecedora da obra beckettiana, com o título *Bande et Sarabande*, título muito eufônico e que sublinha as suas muito joycianas alusões sexuais[4]. A censura irlandesa, na época da sua publicação, proibiu o livro, só liberado em 1952.

A obra está recheada de citações, muitas delas não identificadas. Mas Leopardi, Descartes, Chaucer ou Dante, entre tantos, se fazem presentes. Belacqua, a personagem de Dante, aqui está, por exemplo, na primeira novela, *Dante e a Lagosta*. A simples descrição do prepa-

---

2. Evelyne Grossman, *op. cit.*, pp. 21-22.
3. *Beckett*, Paris, Bordas, 1972, p. 199.
4. Evelyne Grossman, *op. cit.*, p. 15.

ro de uma tostada matinal por Belacqua, alcança, satiricamente, ressonâncias homéricas; e sua ida para a escola evoca, ironicamente, o percurso matinal de Bloom-Ulisses, de Joyce. Mas Belacqua é Beckett, que com ele se identifica não poucas vezes. Por exemplo, vítima habitual de cistos, por aqueles anos, Beckett os transfere a Belacqua que, ao ter que se submeter a uma operação, fica apavorado; numa versão herói-cômica, sente-se perseguido por hordas de enfermeiras, comicamente castradoras, e acaba morrendo, mas de medo, na mesa de operação. O medo do próprio Beckett, que assim caçoa de si mesmo, em *Pálido* (*Blême*, na tradução francesa).

Enfim, obra satírica, repleta de citações, reflexo de um Beckett ainda jovem, mas talentoso.

MURPHY (Romance, inglês, 1934-1938)

Murphy, escrito diretamente em inglês, foi publicado em Londres, em 1938, mas sem nenhuma repercussão. Em francês, numa adaptação do próprio Beckett, com a colaboração de Alfred Péron, foi publicado em 1947, mas só começou a atrair numerosos leitores, em 1951, com a publicação de Minuit.

Gira em torno da personagem que dá título ao romance, um ser estranho, que busca preservar a todo o preço, sua liberdade, retirando-se do mundo. São treze capítulos que o levam afinal à morte, por queimadura a gás, conquistando ele, assim, a liberdade desejada. Até lá, é perseguido por cinco outras personagens, das quais ele foge para garantir sua integridade espiritual, sua independência: Célia, uma jovem prostituta, com quem convive um tempo; Srta. Carmihan, que crê estarem ambos destinados um ao outro; Neary, antigo professor de Murphy, apaixonado pela Srta. Carmihan; Wylie, antigo aluno do anterior e que o salvará do desespero amoroso; c Coopcr, um sujeito pago para encontrá-lo, e assim acabar com a busca.

Fugindo dos perseguidores, Murphy se refugia em um hospital, onde entra como enfermeiro e lá, entre os internos, esquizóides, neles reconhece seus semelhantes, pois conseguiram desprender-se do mundo tido habitualmente como real, e com isso preservar sua liberdade, sua privacidade. Na sua primeira noite de plantão, porém, quando os perseguidores poderiam alcançá-lo, morre, carbonizado, vítima de um acidente de gás. Com isso, está livre. Aos cinco só resta observar sua última vontade: a incineração de seu cadáver. Mas as cinzas, de maneira não programada, vão ironicamente parar no chão de um bar e varridas "com a serragem, a cerveja, os tocos de cigarro, as caixas de fósforo, os escarros, os vômitos" (p. 241); associadas, portanto, ao mundo do qual tanto queria fugir.

Fechado aos outros, falando pouco, desejando o retiro, considerava o exterior como feito de:

coisas de que ele não gostava. Elas o retinham no mundo do qual faziam parte e do qual ele não ousava esperar não fazer parte (p. 8);

querendo fazer prevalecer o interior; daí retirar-se para o hospital, onde encontra a morte, a qual, se concretiza a tão desejada retirada do mundo, marca o fracasso de seu dualismo. Sentia que só "tranqüilizando o corpo, poderia começar a viver no seu espírito" (p. 10). É sua preocupação contínua: escapar do corpo, adormecê-lo, pelo embalo da cadeira de balanço, ou pela supinação à qual recorre habitualmente, numa verdadeira obsessão de retorno ao solo, a uma posição estendida, comum a tantas outras personagens beckettianas, no futuro. O dualismo em que vivia, pretendendo a separação do corpo e do espírito, considerado ao mesmo tempo trágico e essencial, não poderia ser solucionado, nem encontrar conciliação; portanto, só a morte.

Recheado de alusões à filosofia, de Geulincx a Leibniz, de Guillaume de Champeaux a Berkeley, decifradas pelos pesquisadores para facilitarem a leitura, representa o romance o desembocar de toda uma tradição ocidental que, desde Platão, vê no corpo uma prisão para o espírito e os separa, radicalmente. E pende a crítica, ora a ver em Murphy a conseqüência da educação puritana que o autor recebeu e contra a qual se revolta, ora a ver nessa condenação do corpo a idéia de contestar toda a tradição ocidental da qual Murphy é uma paródia. É o mesmo espírito contestador, que levará Beckett a atacar a concepção do romance, no Ocidente. É visível a ironia, sistemática, entrelaçada nas referências culturais, nas alusões à filosofia, à psicologia da forma ou à literatura clássica; é uma escritura burlesca. E nela, ressaltam o contraste, a oposição entre os esforços do protagonista para fazer prevalecer o espírito, anulando o físico, e a abundância de indicações topográficas: nomes de ruas e praças de Dublin e Londres. Enfim, a presença física urbana opressora. Mas, a opressão, mesmo depois de retirar-se no hospital, persistirá através de seus perseguidores. Ele, Murphy, só ficará liberado pela morte.

No dizer de Alfred Simon, trata-se da "paródia filosófico-burlesca do retorno ao Grande Todo que se confunde com o Grande Nada, o Nada"[5]. Paródia feita por alguém que, ao mesmo tempo, expõe seus problemas psíquicos; afinal ele mesmo procuraria o auxílio de especialistas para poder resolvê-los. É o que afirma Deirdre Bair, em *Samuel Beckett*[6].

5. *Op. cit.*, p. 209.
6. Pp. 167-168, pp. 185-190 e pp. 199-201.

POEMAS (Poemas, francês e inglês, 1937-1938)

Tendo publicado poemas, não só no *Les Temps Modernes*, mas também em *Cahiers des Saisons*, em *Transition*, e em Minuit, e composto *Mirlitinnades* (1976-1978), reuniu-os Beckett num pequeno volume de apenas 45 páginas, na edição de 1978.

Abre-se a coletânea com o singelo quinteto, em francês, que aqui é traduzido:

> elas vêm
> outras e iguais
> com cada uma é outra e é igual
> com cada uma a ausência de *amor* é outra
> com cada uma a ausência de *amor* é igual
> (o grifo é nosso).

Beckett compôs originariamente em inglês, vertendo-o, mais tarde, para o francês; e é de notar-se uma pequena, mas significativa diferença entre as duas versões. Em inglês, segundo texto de Peggy Guggenheim, aparece *life* e não *love*, revelando um abrandamento na expressão[7]; mas, ao mesmo tempo, acusa que, já em 1937, pensava Beckett na inutilidade do amor. É sempre a ausência de vida, que o amor não preenche. E pode-se pensar no protagonista da novela *Primeiro Amor*, que prefere a solidão ao convívio amoroso.

Com sua aparente singeleza, está ainda distante do angustiado poema de 1948, que começa:

> que faria eu sem este mundo sem rosto sem perguntas
> (que ferais-je sans ce monde sans visage sans questions)

e que fala do seu *eu*, isto é, do homem extraviado no universo, infinito, sem voz entre as vozes fechadas dentro de si, olhando pela escotilha de sua caixa craniana para ver se não está só, e errando longe da vida. A segunda e última estrofe, que começa indagando, como a primeira (sem ponto de interrogação, aliás o poema não apresenta nenhuma pontuação), responde:

> que faria eu faria como ontem como hoje
> olhando por minha escotilha se não estou só
> a errar e a girar longe de toda vida
> num espaço títere
> sem voz entre as vozes
> encerradas comigo

---

7. Informação dada pelas "Notas e Variantes" da coletânea, p. 27.

Mas é o poema *Como Dizer*[8] que merece, sem dúvida, maior atenção do leitor, pelo fato de ser o último texto composto pelo autor, a 29 de outubro de 1988, em francês, no Hospital Pasteur, onde esteve sob cuidados médicos, após uma queda, causada talvez pelo mal de Parkinson, a mesma doença de que sua mãe sofrera. Ele morreria no ano seguinte.

Foi depois vertido por ele mesmo para o inglês, *What is the Word*, e admite uma dupla leitura: a dificuldade de bem dizer, de bem exprimir-se, visto as dificuldades de bem ver, de bem captar a realidade próxima, enfim, suas preocupações literárias, sua talvez maior obsessão. Mas não exprimiria também a impossibilidade de compreender o mundo e de encontrar resposta às suas preocupações metafísicas?

Nesse poema reiterativo, de dezenas de versos, que começa com o termo *loucura*, empregado várias vezes, sempre em destaque no início do verso, e que termina com a expressão aliás também repetida várias vezes "como dizer" – em dois versos seguidos –, exprime Beckett, uma vez mais, não só sua aspiração de *dizer* e *bem*, mas ainda sua pretensão de fazê-lo – uma *loucura*, mesmo porque *ver, entrever, crer entrever, querer crer entrever*, tudo é *loucura*.

Como que num sussurro de alguém que pressente seu fim próximo, repete agora Beckett suas indagações obsessivas, sabendo de antemão que não terá respostas, nem soluções, seja no terreno estético, seja no metafísico.

WATT (Romance, inglês, 1942-1944)

Romance composto em 1942-1944, em inglês, na aldeia de Roussillon, Vaucluse, na Provence, onde se refugiara durante a Segunda Grande Guerra, após ter, como resistente, escapado da Gestapo, é o último romance "contável" de Beckett.

Tem como protagonista uma estranha figura, cujo nome já implica uma pergunta: Watt (*What?* – O quê?).

Sua preocupação é captar a realidade, a compreensão do mundo, o encontro de sua razão de ser, mediante um discurso descritivo, interpretativo, explicativo. Este é feito de maneira bastante cômica, embora num romance kafkiano.

Sua busca resulta um fracasso: nada compreenderá, nem desvendará, chocando-se sempre com o inextricável. Conquista, porém, a faculdade de permanecer silencioso sobre o mundo – o enigma indecifrável – e a desconfiança em relação às palavras, único fruto de sua busca.

---

8. *Comment dire*, aparece na edição aumentada de *Poèmes, suivi de Mirlitonnades* de 1992.

Ao ir trabalhar como criado na casa do Sr. Knott, o ambiente parece-lhe estranho e trata então de desvendá-lo, de compreendê-lo. Todo o tempo que lá permanece é marcado por tentativas para elucidar o que acontece: desde sua chegada, não pode explicar como a porta se abre inesperadamente, a porta de trás, se todas as portas, de início, estavam fechadas; não sabe nunca como entrara na casa (p. 41).

Ao seu redor, tudo é instável e se propõe, sem êxito, à elucidação, como quando, por exemplo, recebe ordens para colocar restos de comida à porta, para o cão. Passa a montar então uma série de hipóteses sobre a existência de um sistema de cães esfomeados que, em gerações sucessivas, serão alimentados por gerações de uma família encarregada de tal tarefa.

Essa e outras construções mentais, aliás bastante cômicas, divagações, múltiplas interpretações, saltando da afirmação à negação, da certeza à dúvida, em lugar de consolidarem a sua visão do mundo, acentuam-lhe as instabilidades, o mistério.

Além dessa insegurança em relação ao mundo, vem a insegurança, a desconfiança em relação às palavras, à sua insuficiência para a captação do real. É uma descoberta angustiante. E, se emprega o narrador várias páginas para descrever Watt divagando sobre o vocábulo "vaso" – por que o objeto "vaso" tem essa designação e não outra? –, depois nos mostra a personagem que "se punha a experimentar nomes nas coisas, e nele mesmo, um pouco como a elegante, chapéus" (p. 96) sem chegar, no entanto, a nenhuma garantia quanto ao poder designativo dos vocábulos, à sua validade.

Ao chegar ao fim da segunda parte, ou melhor, do segundo capítulo (até p. 178), nada avançou Watt em sua busca:

> Que tinha sabido? Nada.
> Que sabia do Sr. Knott? Nada.
> De seu desejo de aperfeiçoar-se, de seu desejo de aprender, de seu desejo de curar, que restava? Nada.
> Mas não era isso alguma coisa? Via-se como fora então, tão pequeno, tão pobre. E agora? Menor, mais pobre. Não era isso alguma coisa?
> (p. 177).

Sua obsessão de certeza, num cômico crescendo, só cessa quando compreende a sua inutilidade, com a conseqüente renúncia à busca de um sentido. Por que, por exemplo, preocupar-se com o Sr. Knott, se este muda sempre de aspecto e até parece um estranho em sua própria casa?

No terceiro capítulo, instala-se a dúvida quanto a todo o relato anterior; além da traição da memória, o narrador só ouviu Watt, sem o apoio de outras testemunhas. E há a desagregação progressiva da linguagem, com a conseqüente ininteligibilidade do relato. As intermináveis explicações e digressões, de grande comicidade, sucedem-se, sem levarem à maior compreensão, seja do patrão, o Sr. Knott, seja do próprio Watt. Portanto, a pergunta que seu nome implica é *What?* (O quê?); o mundo interrogado é o do Sr. Knott (*knot* = nó; *not* = não; *nothing* = nada). Portanto, pergunta com resposta ou busca inútil, tendo o discurso de Watt passado pelo terreno lúdico, com arranjos "musicais" das sílabas substituindo a lógica, levado apenas pelo simples prazer sonoro: "Rop lio, lap ruvab, rucso umgam..." (p. 197).

E ele parte. Compra na estação um bilhete para "o fim da linha" (p. 295), sendo que, ao terminar o romance, após os quatro longos capítulos, vêm adendos curiosos, com uma nota, bem irônica, em rodapé (são "materiais preciosos e relevantes que só o desgosto e o esgotamento exilaram do corpo da obra", p. 299), e que atestam a impossibilidade de acabá-la. É uma amostra de citações e referências culturais, com uma última frase – igualmente irônica –, a saber: "Honni soit qui symbole y voit" (p. 309), ou literalmente, "maldito seja quem aí encontrar símbolo". É a deformação da divisa da Ordem da Jarreteira, e que se tornou proverbial: "Honni soit qui mal y pense". É a última ironia de Beckett nesse romance que, na realidade, se vale de símbolos.

É imprescindível ressaltar, aqui, a presença de um narrador diferente, que anuncia os narradores dos três romances que constituem a famosa *Trilogia* beckettiana (vide Parte I).

PRIMEIRO AMOR (Novela, francês, 1945)

Premier amour, primeira novela, em francês, um tanto longa (56 páginas), permaneceu inédita até 1970, por vontade expressa do autor, talvez por seu caráter autobiográfico. Ou porque sua escritura já lhe parecia ultrapassada? Só em 1970, por insistência de seu editor, permitiu a publicação; acabara de receber o Prêmio Nobel, em 1969, e outros textos eram solicitados.

Põe em cena um protagonista (e narrador) que, após a expulsão da casa familiar, à morte do pai, continua sua vida de vagabundagem e descompromisso em relação à vida. Algum tempo após, conhece Lulu (que depois será chamada de Anne), que o convida a viver com ela e que continua a prostituir-se para garantir o sustento de ambos, pois ele passa seus dias estirado num sofá. E a vida transcorre numa estranha harmonia. Lulu, a mulher perturbadora no início, parece-lhe também como meio de alienação do mundo; é graças a ela que pode atingir o nada, liberando-se do contingente. É ela que lhe permite, e assegura, a liberdade, apesar de coabitarem num minúsculo apartamento. Ou, como confessa ele:

> Eu não me sentia bem ao lado dela, salvo que *eu me sentia livre para pensar em outra coisa e não nela*, e era já enorme, nas velhas coisas experimentadas, uma após outra, e assim de próximo em próximo, em nada (p. 39).

Como bem nota Gérard Durozoi, "a concepção ocidental da paixão é denunciada como não essencial"[9].

E ele parte, em pleno inverno, escapando da ameaça da presença de um filho incômodo. Vai-se, com uma única experiência amorosa, concluindo: "Outros amores me seriam necessários, talvez. Mas o amor, isso não se comanda" (p. 56).

É a inversão da imagem tradicional do amor. Não a inclinação amorosa aberta, espontânea, altruísta, mas, sim, um sentimento egoísta, obcecado como está ele com a busca da solidão, do nada, donde a recusa da paternidade, prolongamento de *sua* vida, da vida. Abandonar Lulu é permitir-se a solidão; é alimentar sua aspiração ao Nada.

É a mesma aspiração ao nada, característica também de Murphy, do romance homônimo; mas Lulu é diferente de Célia, a perseguidora de Murphy, uma vez que garante ao amado um acréscimo de liberdade para que, liberado das contingências da vida, possa atingir o nada tão desejado.

Certas características das personagens beckettianas já aqui se encontram, como por exemplo o ódio da descendência: Mercier, do romance *Mercier et Camier*, expulsa os filhos; Moran, de *Molloy*, insulta o filho, enquanto Molloy ou Hamm, de *Fim de Jogo*, maldizem os genitores. É também a mesma solidão, que está na própria raiz do ser.

"O MUNDO E AS CALÇAS" (Ensaio, francês, 1945)

Nesse ensaio composto por ocasião das exposições parisienses dos irmãos van Velde, e com um vocabulário próximo ao de Artaud, dois anos após, para celebrar a obra de Van Gogh, revela Beckett sua profunda admiração pela arte de dois pintores holandeses, seus amigos, Abraham (Bram) e Gerardus (Geer) van Velde, mais preocupados, segundo o crítico, pela Humanidade verdadeira que pelo motivo. Ou melhor, admira sua *arte da inobjetividade e do invisível*.

Paralelamente às qualidades dos dois artistas, sublinha-lhes as diferenças:

A. van Velde pinta a extensão / G. van Velde pinta a sucessão (p. 35)

Mas, em ambos, o esforço para pintar:

a invisibilidade profunda das coisas exteriores até que essa própria invisibilidade se torne coisa, não simples consciência de limite, mas uma coisa que se pode ver e fazer ver e fazê-la, não na cabeça [...] e que requer um ofício de uma flexibilidade e de uma leveza extremas, *um ofício que insinua mais que afirma...* (p. 41, o grifo é nosso).

---

9. *Op. cit.*, p. 57.

Arte, pois, da insinuação, que fascina o ensaísta a ponto de procurar imitá-la em muitos de seus textos, em que "insinua mais do que afirma" por não acreditar na objetividade na arte, tal como a praticava, na pintura, "o realista", "suando diante de sua cascata e se enfurecendo contra as nuvens" (p. 29).

É, provavelmente, em Bram van Velde que se inspirou para criar suas personagens de teatro que aparecem imóveis, em suspenso, no vazio. Admirava no pintor, justamente:

uma *pintura da coisa em suspenso,* eu diria, espontaneamente da coisa morta, idealmente morta [...]. Isto é que a coisa que lá se vê não é mais só representada como suspendida, mas estritamente tal qual ela está, coagulada realmente. É *a coisa isolada pela necessidade de vê-la, pela necessidade de ver. A coisa imóvel no vazio,* eis *enfim a coisa visível, o objeto puro* (p. 30, o grifo é nosso).

A arte exige uma atenção laboriosa. Donde o título, aliás curioso – "O Mundo e as Calças" –, tendo colocado Beckett, em epígrafe, o seguinte diálogo:

O CLIENTE – Deus fez o mundo em seis dias, e o senhor, o senhor não está envergonhado de me fazer umas calças em seis meses?
O ALFAIATE – Mas, senhor, olhe o mundo e olhe suas calças.

Irreverente, mas significativo, na perspectiva beckettiana.

MERCIER E CAMIER (Romance, francês, 1946)

Primeiro romance redigido em francês, após *Watt*, é importante por constituir um antecedente próximo de *Esperando Godot*, razão pela qual nele nos detivemos na Parte I. Embora de 1946, só foi publicado em Paris, em 1970, e em Londres, em 1972.

Mercier e Camier são dois velhos amigos *clochards* que se põem de acordo para a realização de uma viagem, a pé e de trem; mas ficam num vaivém contínuo entre a cidade e o campo, durante o qual encontram tipos tão estranhos quanto eles. Partem, mas retornam à cidade, porque perderam: saco, bicicleta ou guarda-chuva... Partem novamente e outra vez retornam, até que no final se separam, sob a chuva que cai, tal como durante sua primeira tentativa de viagem, e mesmo ao longo do romance.

Formam um par estranho. Não podem viver juntos e não podem viver sós; não podem partir e não podem permanecer na cidade. São inseparáveis.

Mas, ao contrário de Estragão e Vladimir que seguem juntos, apesar das diferenças, esses dois velhos acabam por separar-se. São, por suas posturas, por suas escorregadelas e quedas, por suas falas e silêncios, por suas conversas vazias, verdadeiros irmãos dos dois famosos protagonistas no teatro. Aliás, muitas de suas falas passaram para Estragão e Vladimir. E a mesma imprecisão e instabilidade caracterizam os quatro. Apenas a separação final do par, no romance, os diferencia.

NOVELAS (Novela, francês, 1946-1947)

As três novelas – *O Expulso*, *O Calmante*, *O Fim* – inauguram uma fase muito rica do poder criador de Beckett, que nelas expressa seu esquema elementar da existência.

A primeira foi publicada na revista *Fontaine* em janeiro de 1947; a segunda, composta por último, permaneceu inédita até 1955; a terceira, cuja primeira versão se intitulava *La suite*, deveria ter sido publicada por Sartre, em *Les Temps Modernes*, mas apenas a primeira metade o foi. Só em 1955, foram reunidas por Beckett, junto com treze textos, sob o título: *Novelas e Textos para Nada*[10].

A primeira tem um protagonista que, como o "herói" de *Primeiro Amor*, é expulso da casa paterna e começa a rodar pela cidade que mal conhece, ainda que lá tenha nascido. É uma caminhada difícil, com suas pernas e pés defeituosos – causam-lhe problema com um policial –, até ter a idéia de tomar um fiacre, cujo cocheiro, após transportá-lo, ao acaso, e levando-o a visitar casas e um restaurante, oferece-lhe um teto. Dorme com o cavalo e, no dia seguinte, não podendo mais suportar o olhar do animal, nem a compaixão do cocheiro, parte com seu andar cambaleante. E ele diz, comentando a banalidade do episódio narrado, no final: "não sei porque contei esta história. Eu teria podido igualmente contar uma outra [...]. Vocês verão que tudo se assemelha" (p. 37).

A expulsão inicial é possivelmente o nascimento, que marca uma ruptura; esse errar, sem finalidade, dia após dia, é a vida. E na cidade natal – ou na vida –, o narrador-protagonista, desorientado, procede à longa busca da calma, do nada. Ou, como confessa, decepcionado: "Eu teria querido um horizonte marítimo ou desértico" (p. 37).

Quanto à segunda novela, apresenta uma personagem que pode ser considerada a mesma da anterior. Começa surpreendentemente:

> Não sei mais quando morri... tenho muito medo esta noite para me escutar apodrecer [...]. Vou, pois, me contar uma história, vou, pois, tentar me contar uma história, para tentar acalmar-me. O que conto esta noite, se passa nesta noite, nesta hora que passa (pp. 39-41),

---

10. A nota do editor alerta: as *Novelas* são de 1945, os *Textos*, de 1950.

havendo, pois, uma convergência do relato com o episódio. É a evocação de um passeio noturno numa cidade deserta, com suas ruas vazias e ônibus que trafegam silenciosamente. Inconsistência do tempo e do espaço, passando-se de um lugar a outro, e de um momento a outro, em idas e vindas, à procura de algo, à deriva. Mas só o *nada*. Ou: "para lá e sempre despedido, para lá onde não havia nada" (p. 67).

Mas antes, no alto de uma torre, onde se refugiara, turistas o tinham perseguido com o olhar ameaçador, hostilidade quebrada pelo encontro com um velho estranho que, após uma conversa igualmente estranha, pede-lhe um beijo e lhe entrega um frasco, um paliativo – um calmante.

De bruços, no meio da multidão, não é sequer pisado pelos transeuntes, tal sua insignificância.

E, na terceira novela, novamente retornam os temas caros a Beckett: a expulsão e a vida errante, ou o nascimento e a busca de algo, que dê sentido à vida.

O novo expulso, só que agora de um asilo, procura um alojamento e, sem dinheiro, sem apoio algum, vai de degradação a degradação, distanciando-se paralelamente dos homens, que equivalem a agressores. Sem dinheiro, sem apoio, encontra depois um homem que vive com um asno numa caverna à beira-mar, e que o acolhe por um tempo; logo mais se aloja numa gruta – é a degradação progressiva, paralela ao distanciamento dos homens, sendo cada encontro uma verdadeira forma de agressão. E, qual frangalho humano, abstrai-se do mundo; perto de um rio, deita-se num barco e, com uma espécie de tampa para proteger-se dos ratos, transforma-o em abrigo, fechado ao mundo exterior – barco-caixão que é transportado pelas águas, que acabam invadindo seu estranho alojamento, através de um buraco feito por ele próprio. E o narrador toma seu calmante, terminando: "Pensei fracamente e sem pesar no relato [...] relato à imagem de minha vida, quero dizer sem a coragem de acabar nem a força de continuar" (p. 112).

Nas três novelas, em que o "realismo" ainda se faz presente, já se encontram elementos que serão desenvolvidos na *Trilogia*, entre os quais: um protagonista sem rosto, solitário, errante; um *eu* ambíguo, no centro da ficção; o narrador que lança dúvidas sobre a "história" que conta, pois como se lê na primeira novela, "teria igualmente podido contar uma outra [...]. Vocês verão que tudo se assemelha". É o nada.

ELEUTHERIA (Teatro, francês, 1947)

Eleutheria, cujo manuscrito é datado de 8 de janeiro de 1947, permaneceu inédita até recentemente. Ao apresentá-la para ser encenada, antes de *Esperando Godot*, recebeu Beckett a proposta de modificações e simplificações, com as quais não concordava. Abandonou-a, e conforme sua vontade expressa, não deveria jamais ser publicada; só o foi, após sua morte.

É peça bastante reveladora, desde seu título. Do grego *Eleutheria*, significa "liberdade"; e isso é a obra. Liberdade em relação às coações impostas pelos cultores da arte cênica, desde a Antigüidade Clássica; e também a liberdade desejada pelo protagonista, Victor, que procura escapar da influência absorvente da família (além de pretender não assumir um papel teatral pré-existente). Como diz, em determinado momento: "É talvez tempo que alguma coisa seja simplesmente nada" (p. 85). E, pouco mais adiante, define "a liberdade" almejada como a liberdade de "nada fazer" (p. 90), esboçando a frase de Estragão, no início de *Esperando Godot*.

O humor da peça é demolidor, podendo ser arrolada, sem dificuldade, uma longa série de peças ou de tradições cênicas bem-definidas, que passam por seu crivo paródico. Há alusões paródicas a: Sófocles, Shakespeare, Molière, Corneille, Shaw, Zola, Ibsen, Hauptmann, Yeats, Artaud, Jarry. E o simbolismo e o surrealismo, e até mesmo o admirado Pirandello, não escapam de seu olhar crítico. São evidentes as aproximações cênicas entre Victor e Hamlet, ou Victor e Édipo; um Victor que, "como no tempo de Molière" (p.74) se esconde sob a cama. Além de que, o pai de Victor, como um Jarry, cultiva o "gênero merda" (p. 43).

Mas a peça se desenrola sob uma aparência *ingenuamente tradicional*, com seus três atos, e dois cenários justapostos, nos dois primeiros atos – um canto de uma pequena sala na casa da família Krap e um grande quarto, modesto, em que reside Victor (ocupa três quartos do palco). E a ação se desenrola em Paris, em três tardes de um inverno com chuvas. Ou, como explicam as indicações cênicas:

> *a cada ato, o quarto de Victor é apresentado sob um outro ângulo, o que faz com que, visto do auditório, ele se encontre à esquerda do enclave dos Krap no Ato I, à direita no Ato II e que, de um a outro ato, a ação principal fique à direita. Isso explica também por que não há ação marginal no Ato III, uma vez que o lado dos Krap caiu no fosso da orquestra em conseqüência de um virar do palco* (p. 14).

Se bem que muito distante ainda dos cenários despojados do Beckett futuro, já é este, no entanto, bastante revolucionário. E a ação marginal do Ato I, por exemplo, no quarto do protagonista, se reduz à simples, mas expressiva mímica, alternando imobilidade e gestos, com *movimentos vagos, mas rítmicos,* de maneira a revelar a situação do jovem, *sem ter de olhá-lo* (pp. 14-15, o grifo é nosso). A importância ao visual, gestual, já aqui se manifesta.

Longe do teatro que se inicia com *Esperando Godot*, e que vai economicamente reduzindo o número dos papéis, há nessa peça dezessete. Victor, o protagonista que quer viver separado da família, solitário, sem nenhuma atividade, luta, nas tentativas de defender-se contra: a mãe, que como a noiva, quer vê-lo de volta; a tia e o marido desta, o Dr. Piouk; uma amiga da família, a Sra. Meck; as criadas, além da locadora da mansarda de Victor e de um vidraceiro e seu filho que aparecem para consertar uma vidraça quebrada pelo locatário. É o vidraceiro que se institui porta-voz desinteressado da vida prática, mas também do autor; há ainda, no último ato, um Espectador exasperado, que sobe ao palco e decide esperar o esclarecimento do comportamento estranho do protagonista, até meia-noite, para o que é até requisitado um carrasco chinês. Mas após explicar-se, Victor renega tudo, terminando a peça num palco nu, em que ele aparece deitado "de costas para a humanidade". Obra, pois, curiosa: tradicional ou pseudotradicional.

Como a crítica vem reconhecendo, as personagens podem ser vistas sob duas ópticas: uma, como representações, no palco, de "verdadeiros" seres; outra, como "caricaturas de todos os estratagemas dramáticos" e sua ações sublinham seus limites, sendo que cada ato "explora um método dramático diferente", nota Dougald McMillan[11]. Assim, o Ato I apresenta o absurdo que consiste em caracterizar indiretamente as personagens principais, isto é, por intermédio dos criados – elementos básicos das cenas de introdução de maior parte das obras do teatro ocidental, o que exige um trabalho minucioso de parte do dramaturgo.

No início do Ato II, na mansarda de Victor, passa Beckett à caracterização direta do protagonista, com uma visível paródia de Hamlet e seus famosos monólogos: Victor avança para o público, encara-o e tenta falar, explicar-se, mas logo depois recua e, quando vai repetir sua tentativa, tem novo insucesso. Diferente, pois, do famoso protagonista shakespeariano. Diz ele, hesitante e sem completar: "É preciso que eu diga... Eu não sou..." (p. 71).

E, mais adiante, no mesmo ato, o mesmo esforço e o mesmo resultado, ao escapar da consulta importuna do Dr. Piouk, provocando sua reação. Diz a rubrica: *faz um gesto de impotência, sai com gestos loucos* (p. 97).

São aqui satirizados os monólogos shakespearianos, mas ao mesmo tempo talvez ilustre o dramaturgo a inevitabilidade de romper com a tradição. Atente-se para a frase de Victor, após seu esforço malogrado: "Impossível nada quebrar" (p. 71), quando acaba, justamente, de quebrar uma vidraça da janela, com o sapato que atirou. E o Vidraceiro que se apresenta para o conserto, sem ao menos ter sido convocado – tem-se pensado na personagem de Strindberg, em *O Sonho* –, tem como função provocar, ainda que em vão, as explicações do protagonista quanto ao seu isolacionismo voluntário.

11. "*Eleutheria*. Le discours de la méthode inédit de Samuel Beckett", em *Revue d'esthétique – Samuel Beckett*, ed. cit., pp. 101-109.

Como bem salienta Dougald McMillan, com quem coincidimos, após a apresentação indireta de Victor (Ato I) e a revelação consciente de si mesmo (Ato II), passa o dramaturgo a questionar "o método da revelação inconsciente de si mesmo", tradição do teatro onírico expressionista (p. 106). É quando Victor sonha com as profundezas do mar, procedendo o autor à paródia do simbolismo sexual e das peças oníricas de Strindberg; e, ironicamente, repele os métodos daquelas peças, dizendo, com calor: "Não, não conte, detesto essas histórias de sonhos" (p. 153).

Quanto ao vidraceiro, pode bem ser equiparado ao regente de *Seis Personagens à Procura de um Autor*, de Pirandello, funcionando como um mediador entre o palco e o público – é a presença do autor. Aliás, o vidraceiro se considera poeta e diz que comporá uma peça, com êxito. Salientada é sua semelhança com o pai de Victor, que acaba de morrer – "homem de letras", que cultiva o "gênero merda", é membro do "Instituto" (p. 43), encarregado de supervisionar a ação das outras personagens; é ele que marca o fim do Ato I, dizendo "cortina" (p. 67). Assim, quando o Dr. Piouk lhe pergunta se é "o autor dessa brincadeira de colegial", responde, naturalmente: "É preciso divertir os simples" (p. 96).

Com seu material de trabalho, o vidraceiro mede, delimita ou se desfaz de elementos inúteis, tal como um autor onipotente esgrimindo seu instrumental. Afinal, é ele que pressiona freqüentemente Victor para que se explique e que impede que o rapaz escape, saindo da peça. Quando se vai, sem ter consertado a janela ou colocado ferrolhos na porta para evitar a entrada dos familiares, amigos, noiva e criados de Victor que querem demovê-lo de sua vida atual, deixa ele suas próprias ferramentas, isto é, lega a Victor (que foi também um escritor) *o papel de autor*. É de notar-se que, em várias peças futuras, esse papel se tornará uma característica dos protagonistas beckettianos que dizem falas – comentários irônicos sobre si mesmos, às vezes dirigindo-se ao público. Pense-se, por exemplo, nos dois vagabundos de *Esperando Godot* ou em Hamm, ator-autor, de *Fim de Jogo*.

Segundo um comentarista, se Pirandello compôs *Seis Personagens à Procura de um Autor*, Beckett compôs *Oito Personagens à Procura de uma Outra*, pois são vários os perseguidores de Victor, que invadem o seu quarto, ameaçando-o, aconselhando-o ou exigindo-lhe o retorno à casa e ao que era, ou melhor, obrigando-o a assumir determinados papéis dramáticos, que ele não aceita, pois prefere a liberdade.

Já no romance *Murphy*, o protagonista era perseguido e procurava ocultar-se para poder manter sua integridade. Mas essas personagens invasoras, no teatro, representam, na óptica da presente abordagem, mais que meros papéis tradicionais do palco; são "encarnações dos elementos mais fundamentais do teatro", diz McMillan (p. 106). Assim, a Sra. Krap, a mãe, seria "a encarnação da realidade de uma experiência pessoal, tendo um conteúdo emocional"; a Sra. Meck seria a encarnação do "raciocinador convencional"; o Espectador, é óbvio, é a presença do público no palco, ou a encarnação da técnica pirandelliana de incluir na própria peça a reação do público, pois insatisfeito, invade o palco, exigindo do protagonista transparência e consistência, isto é, que ele assuma a sua vida ou cometa o suicídio, conforme a proposta do Dr. Piouk. Este, por sua vez, seria a encarnação da "necessidade de um desenlace", sendo que sua função é a de "fornecer a intriga da peça e provocar sua ação"; Olga, a noiva, com sua simplicidade, seria a encarnação da "realidade subjacente de uma experiência vivida"; o criado Jacques, mesmo com sua incapacidade de exprimir as confidências de Victor, seria a encarnação de uma "presença necessária", dada a importância do intermediário nas informações a serem dadas ou recebidas.

Enfim, Victor se liberta de todos. E só, após empurrar sua cama para perto da beira do palco e olhar o público, deita-se, com *as magras costas viradas para a humanidade,* num gesto talvez ambíguo: de costas, mas perto do público e após tê-lo olhado longamente...

Eleutheria é peça indispensável na trajetória de Beckett, por sua proposta de liberação, de eliminação dos componentes da tradição teatral, que ele considerava já gastos, devendo portanto serem substituídos ou dispensados. Se traduz bem o direito de pôr em cena um protagonista que não é *nada,* segundo as convenções vigentes, por outro lado, mediante procedimento paródico de autores e situações consagradas, esboça métodos para uma nova dramaturgia que expresse a "realidade humana" – uma expressão pessoal, originalíssima, a ser ilustrada a partir de *Esperando Godot.* E é curioso que, por intermédio do Espectador que critica a personagem Victor e, portanto, o autor que criou uma "porcaria" de obra, é mencionado o nome de Samuel Beckett, *Béquet,* com o seguinte comentário cômico: "deve ser um judeu groenlandês cruzado com gente de Auvergne"; comentário que é completado pelo vidraceiro, sublinhando comicamente a insignificância do dramaturgo: "Não conheço. Parece que ele toma sopa com o garfo".

É o Beckett gozador, rindo de si mesmo, desmerecendo seu trabalho, denegrindo sua peça (p. 136) que, por isso, merece ter sua edição destruída: *au pilon* (*mettre un ouvrage au pilon* = destruir sua edição).

MOLLOY (Romance, francês, 1947-1948)

É o primeiro romance da *Trilogia* (com *Malone Morre* e *O Inominável*), composta toda em francês e posteriormente traduzida para o inglês.

Como tantas personagens beckettianas, *Molloy,* na primeira parte, em primeira pessoa, conta sua dupla vida errante e seu duplo retorno a si mesmo. Escreve, no quarto em que a mãe morreu, narrando a longa viagem que fez – viagem confusa, pois ele ignora onde se encontra e não consegue identificar a cidade que procura. E, embora com uma perna problemática pudesse ainda pedalar sua bicicleta, passa a valer-se de muletas e acaba rastejante, como tantos outros irmãos beckettianos. Após alguns encontros no caminho, completamente indiferente à possibilidade de unir-se ou não à mãe, e após conseguir sair de uma floresta densa, cai numa vala, de onde é levado, não se sabe como, para o quarto. É aqui que escreve sua aventura, evoca sua vida, ou melhor, tenta evocá-la; não consegue distinguir tudo claramente, pois já esqueceu; não sabe falar nem pensar e fracassa na busca da sua verdade. Diz ele:

> É uma das razões pelas quais evito tanto quanto possível falar.
> Porque digo sempre ou demais ou pouco demais, o que me dá pena, de tal maneira sou apaixonado pela verdade (p. 44).

Mas ele fala, contando o passado – um discurso retrospectivo.

Já na segunda parte (pp. 125-239), é Moran, um detetive, que toma a palavra; está encarregado de, com o filho, ir à procura de Molloy, mas logo após a partida já esqueceu sua missão e, ao final da viagem, não mais se preocupa com o caso. Muitos contratempos aconteceram: o enrijecimento das pernas e o abandono do filho que levou toda a bagagem. Doente e imobilizado, está "incapaz de agir ou talvez bastante forte enfim para não mais agir". Ao retornar enfim a casa, tudo está deteriorado: a casa abandonada; as abelhas e galinhas mortas; as roupas em farrapos, além de que só pode locomover-se com o auxílio de muletas. É quando recebe a ordem de uma voz: redigir um relatório sobre sua busca fracassada – o relato, cujo fim é o começo, mas com uma diferença, isto é, é Moran e não Molloy o redator. E o fim destrói a confiança que nele se poderia depositar, pois diz, finalizando o romance: "Então entrei em casa e escrevi. É meia-noite. A chuva fustiga as vidraças. Não era meia-noite. Não chovia" (p. 239).

Há, pois, no romance, duas vidas ou percursos fracassados: Molloy não encontra a mãe e Moran não encontra Molloy. Suas aventuras se equivalem: mesmos encontros (atrativos e não), mesmos locais, mesma degradação, ainda que mais acentuada no primeiro – Molloy rastejando definitivamente, ao contrário do detetive. Semelhanças, mas também nítidas dessemelhanças: Moran é ainda uma personagem mais tradicional, com um emprego, com atividades sociais – um filho para manter e educar, a religião com a ida à missa dominical... Mas, acabam se identificando, de maneira a poder-se perguntar: Moran não seria o Molloy do passado? Em todo o caso, a conclusão da viagem, em ambos, significa um retorno a si mesmo – em Molloy, o quarto, a casa da mãe. Em ambos, o retorno a si mesmos, pouco importando afinal a viagem e suas aventuras ou desventuras, os detalhes com que estão ou não enriquecidas; o passado descrito interessa na medida em que é objeto de uma palavra (fala) que parte de sua situação presente. Que o passado seja real ou imaginário, o que interessa é *falar*, dando ao presente um meio de exprimir-se. O essencial é a capacidade de falar, única garantia da possível existência da personagem.

Assim, Molloy, já no começo, diz: "Aquilo de que necessito, é de histórias, levei muito tempo para saber isso. Aliás, não estou seguro disso" (p. 15).

E ainda confessa, mais adiante:

> Eu sei (daquela época) o que sabem as palavras e as coisas mortas, e isso dá uma linda somazinha, com um começo, um meio e um fim [...]. E que eu diga isto ou aquilo ou outra coisa, pouco importa realmente. Dizer é inventar (p. 41).

Ele levou muito tempo para saber "da necessidade das histórias" – uma longa viagem –, mas aprendeu a retornar a si mesmo e, na imobilidade, inventar personagens-narradores. E é a palavra que inventa. Assim, "a única certeza" do romance é que se está diante de "personagens" que descobrem que sua maneira de ser essencial é falar, mesmo que a palavra seja um *pensum*[12], isto é, uma tarefa-castigo.

"PINTORES DO IMPEDIMENTO" (Ensaio, francês, 1948)

Publicado pela primeira vez em *Derrière le Miroir*, números 11/12, junho de 1948, é ensaio importante para conhecer a escritura beckettiana. Nele, como já referido, focaliza Beckett a pintura dos irmãos van Velde.

Se "sempre existiram dois tipos de artista" e "dois tipos de impedimento: o impedimento-objeto e o impedimento-olhar", mas "havia acomodações" e estes "não faziam parte da representação ou apenas", agora, diz Beckett, estes impedimentos "fazem parte da representação", donde a afirmação, que soa tal um manifesto: "É pintado o que impede de pintar" (p. 57).

É um princípio estético fundamental que vai além da pintura e caracterizará a própria escritura beckettiana. É a arte do impedimento. E o que é ela? É "a fidelidade ao fracasso", como ele responde no ensaio "Bram van Velde", sendo que o ponto culminante da estética beckettiana do fracasso se encontra em *Rumo ao Pior*.

MALONE MORRE (Romance, francês, 1948)

Malone Morre, segundo volume da famosa trilogia beckettiana que se completa com *O Inominável* e também originariamente em fran-

---

12. Gérard Durozoi, *op. cit.*, p. 70.

cês, depois traduzido para o inglês, começa com a personagem-título deitada de costas numa cama e sentindo já próxima a morte tão desejada, pois diz: "Estarei, no entanto, logo completamente morto *enfim*" (p. 7, o grifo é nosso). Ao mesmo tempo, pensa logo alcançar a tranqüilidade, a impassibilidade: "Estarei neutro e inerte. Isto me será fácil. Morrerei morno, sem entusiasmo" (p. 8).

Há dias, ausentaram-se as pessoas que, nunca visíveis, se encarregavam de encher sua tigela de sopa e de esvaziar seu vaso noturno, objetos que ele, com seu bastão, empurrava para a porta. Aliás, o bastão lhe serve não só para aproximar e afastar os objetos – seus "bens" –, como também para explorar ao redor da cama.

Para preencher seu tempo de espera – a espera é o tema beckettiano por excelência –, recorre a três expedientes: falar do seu presente, de seus "bens" e contar, escrever quatro histórias, com temas diferentes, para o que utiliza um toco de lápis e um velho caderno; na realidade, esboça apenas a primeira, pois as histórias "a nada levam" – simples "jogo" da pré-morte. Logo, porém, à medida que inventa, tropeça em obstáculos, corrige o que escreve, desconfiando se não é ainda dele que está falando, "apesar das precauções" (p. 25), e de ter adotado o nome de Sapo, que depois se chama Luis, e em seguida de novo Sapo que, velho, se transforma em Macmann (segunda parte) – são vidas imaginárias que se aproximam da dele, tal como um diário seu se entrelaçando ao texto que redige. Macmann, duplo de Malone, pode ainda circular pelo exterior, mas tem um fim semelhante ao do narrador, num quarto de asilo ("São João de Deus"), cada vez mais desamparado e, mais desapegado do mundo, fechando-se em si mesmo.

E o livro termina no *nada*, isto é, tendo havido um passeio pelo mar, de chalupa, com cinco internos do asilo, e o conseqüente desaparecimento de Macmann arrastando Malone pelas águas, a última imagem, fixa, é a de um braço levantado para sempre. Só essa imagem. É a anulação total, enfim a calma desejada – "mais nada" (p. 217). Últimas, também, palavras do texto e que não vêm seguidas de ponto final. É o silêncio! E também a imobilidade.

O romance pode, como tem sido entendido, significar a declaração da *inutilidade da ficção*. O relato imaginário de quem quer que seja – Sapo, Luis ou Macmann – redundará sempre em fracasso, ou no retorno a si mesmo. São sempre projeções do narrador. Donde a necessidade de Malone de assassinar suas criaturas ficcionais, para não mais ver-se nelas, antecipando assim a própria morte. E tem-se visto, nos esforços vãos de Malone para seu contar vidas, uma crítica indireta a toda literatura que não seguisse a técnica de Beckett, uma denúncia da "ilusão realista", à qual Robbe-Grillet se referiria anos mais tarde. O domínio da literatura é o da arbitrariedade, isto é, o narrador – no caso, Malone, e, em última instância, Beckett – pode escolher elementos biográficos de suas personagens, assim como manipular à vontade o tempo. Malone confessa, no início, que a prática da escritura é-lhe "um jogo". Domínio, pois, do arbitrário e do lúdico.

Atendo-se ao texto, o que fica é: a invenção das personagens, sendo inútil, haverá sempre o retorno ao *eu* do narrador. Houve apenas, durante algum tempo, o esquecimento ilusório de si, de um *eu* que se procura, que procura uma voz – voz direta, quando ele fala de si; voz indireta, quando fala das ficções. Se a ficção falha, resta a situação presente, isto é, a imobilidade, a degenerescência, a solidão, o empobrecimento, o despojamento, a aproximação da morte – tudo isso expresso pela palavra. E, pela palavra, Malone ainda vivia.

"BRAM VAN VELDE" (Ensaio, inglês, 1948)

É um texto dialogado, extraído dos *Three Dialogues with Georges Duthuit*[13], em inglês, embora redigido em Paris, e que apareceu inicialmente na revista *Transition Forty-Nine* (dezembro de 1949), revista publicada em inglês e com a qual Beckett colaborou, durante anos, com alguns textos e vários poemas, além de traduções. Evoca, por sugestão de Duthuit, as conversas que mantiveram sobre a arte em geral e a pintura em particular; não se trata, porém, de transcrição.

Nesse breve ensaio, como em outros, Beckett focaliza Bram van Velde, o artista que, segundo ele, tem o mérito de ser:

o primeiro a admitir que ser um artista é fracassar como nenhum outro ousa fracassar, que *o fracasso constitui seu universo* e sua recusa deserção [...]. Conclusão aceitável [...] *fazer dessa submissão, desse ato impossível e necessário um ato expressivo* (pp. 29-30, o grifo é nosso).

Assim, o ato artístico é a representação da "impossibilidade da representação". Ou do seu fracasso, assegurando que o pintor em questão é o "primeiro cujas *mãos não estão atadas pela certeza de que exprimir é um ato impossível*" (p. 26) (o grifo é nosso).

E Beckett, na sua arte de escritor, procura segui-lo, tal sua admiração por aquele com quem tem afinidade estética. Aliás, não só este, mas os *Três Diálogos*, entre outros ensaios, refletem sua concepção da escritura em geral e de sua própria arte.

ESPERANDO GODOT (Teatro, francês, 1948-1949)

Peça composta entre 9 de outubro de 1948 e 29 de janeiro de 1949, mas só publicada em 1952 e encenada, pela primeira vez, em

---

13. Os dois primeiros são "Tal-Coat" (I) e "Masson" (II).

Paris, em 1953, foi traduzida pelo próprio autor para o inglês, em 1953: *Waiting for Godot*. Aplausos de um lado, rejeições do outro; mas imensa repercussão por toda parte e sucesso até hoje...

Peça inovadora, de ruptura, é um marco na história do teatro, um dos pilares do teatro contemporâneo. Quando da sua estréia, o teatro francês estava sendo alimentado por autores de renome, como Giraudoux, Lenormand, Salacrou, Anouilh, Cocteau, Camus e Sartre, pois não haviam vingado os esforços de Jarry, Apollinaire, Roussel e Vitrac, no sentido da renovação. Daí o choque que a peça produziu. Falava, de maneira farsesca, da miséria do homem, do absurdo da condição humana, das dificuldades do homem moderno, sem absoluto, sem Deus, completamente desamparado num universo hostil, desprovido de sentido. "Tragédia farsesca" ou "farsa trágica". Visão trágica do homem e do universo, muitos autores a tiveram e a têm. A de Beckett, porém, é das mais trágicas, pois como já notara Ionesco, "é a totalidade da condição humana que entra em jogo, e não o homem de tal ou tal sociedade"[14], havendo nele a ruptura com o didatismo, o engajamento e a ideologia caracterizada, seja religiosa como a de Claudel, seja político-filosófica como a de Sartre. Tudo numa linguagem nova, não-tradicional, criando "a farsa metafísica".

Parece supérfluo insistir na originalidade de *Godot*, com sua ação reduzida ao mínimo – Estragão e Vladimir esperando Godot com quem teriam marcado um encontro, tanto no Ato I, como no Ato II, e sua espera interrompida pela chegada de Pozzo e Lucky, além da do mensageiro. Encontro impreciso, num lugar indefinido, numa hora indeterminada, em que estão ausentes os momentos tradicionais do desenvolvimento dramático, isto é, a progressão calculada em direção da crise e do desenlace. E, quando termina, tudo pode recomeçar, na mesma estagnação da espera, visto sua estrutura em espiral.

Inovador, renovador do teatro. Porém, por mais inovador que seja, não deixa Beckett de ser um tradicional, ainda que um tradicional muito *sui generis*, pelo uso pessoal que faz dos procedimentos da farsa, do circo, do *music hall*, e da *commedia dell'arte*, característica que, é óbvio, não passou despercebida aos críticos como, por exemplo, Lavielle, quando observou não ser o menor paradoxo de *Godot* o fato de que, "apesar de toda a sua metafísica, de todos os aspectos sociais que nela podem ser descobertos, (a peça) oferece o aspecto tradicional de um número da *commedia dell'arte*[15]. E o dramaturgo Anouilh ressaltava, nos seus comentários, que *Godot* era "um esquete dos *Pensamentos* de Pascal tratado pelos Fratellini", o cômico trio[16]. Aliás, como Picasso, com seu célebre quadro dos palhaços, como Rylke, com uma

---

14. *Apud* Pierre Mélèse, *op. cit.*, p. 156.
15. *En attendant Godot*, Paris, Hachette, 1972, p. 43.
16. *Apud* Leonard Pronko, *Théâtre d'avant-garde. Beckett, Ionesco et le théâtre experimental en France*, Paris, Denoël, 1963, p. 50.

das *Elegias a Duino*, Beckett vê nos palhaços uma imagem da humanidade. Como diz Vladimir a Estragão: "Mas neste lugar, neste momento, a humanidade somos nós, que isto nos agrade ou não" (p. 112).

É de notar-se, à parte certas interpretações algo fantasiosas e forçadas, que os nomes das personagens são de origem diversa – Estragão, francês; Vladimir, eslavo; Pozzo, italiano; e Lucky, inglês –, universalizando a condição humana à espera de Godot. E Godot, nome hoje universalmente conhecido? Várias têm sido as hipóteses para explicá-lo e muitas, também, talvez imaginativas demais. Talvez a melhor seja: da raiz *God* (Deus, em inglês) e o sufixo francês *ot*, diminutivo que, como *Charles-Charlot* (Carlos-Carlitos), dá-lhe um cunho de familiaridade condescendente. Ou seria com valor pejorativo, posto que a figura esperada não vem jamais? Mas para Jean-Jacques Mayoux, em um artigo de *Études anglaises*[17], Godot nada mais é que a palavra *Godo*, do irlandês falado, para designar *God* – explicação muito plausível.

Com seu chapéu-coco, com seus gestos mecânicos e *gags*, com suas falas circenses que seguem muitas vezes as técnicas do circo e do *music hall* inglês, com suas manipulações com o chapéu e seus movimentos com os sapatos, aqui carregados de forte significado (vide Parte I), são Vladimir e Estragão os palhaços que representam a humanidade, num mundo absurdo, sem sentido, sugerido pelo cenário que nada tem de acolhedor. Parodiam eles a existência humana, pois, como notou Geneviève Serreau, ao estudar Beckett, "a função dos palhaços é, tradicionalmente, uma função desmistificadora", sendo que *Godot* é a paródia do homem "projetado na existência e procurando resolver seu próprio enigma" ou, ainda, a burlesca representação do homem "que renunciou a resolver seu próprio enigma, pois os pontos de referência, as únicas chaves de que dispõe – a realidade do espaço, do tempo, da matéria –, revelaram-se inutilizáveis"[18].

Cenário nu, despojado, com apenas uma estrada desoladora que não os leva a parte alguma, além de uma pedra, sobre a qual está sentado Estragão – é a hostilidade do mundo. A árvore, que aparece com algumas folhas no Ato II, indicando a passagem do tempo, se bem que sem grandes transformações para os dois protagonistas sempre à espera de Godot, é uma árvore simbólica, que tem levado, entre outras, à interpretação de que se trata da árvore da vida eterna. O comentário de Vladimir, ao revê-la no Ato II, viria apoiar essa interpretação: "Só a árvore vive..." (p. 132). Seria talvez o símbolo do renascer, da perenidade da vida, do eterno recomeçar de um dia de incerteza e de sofrimento, mas um dia que conduzirá novamente ao crepúsculo e à renovação da claridade lunar que envolve os dois *clochards*, espécie de

---

17. *Apud* Pierre Mélèse, *op. cit.*, p. 36.
18. *Histoire du nouveau théâtre*, Paris, Gallimard, 1966, p. 89.

mendigos, sem domicílio, no final de cada ato. Árvore que tem sido também associada ao carvalho *Yggdrasil* das lendas finlandesas ou ainda àquela em que Judas se enforcou, visto que, várias vezes na peça, aparece ligada à idéia de morte, de suicídio, não faltando sequer a conotação com a cruz. Qualquer que seja, porém, a identificação, trata-se, como já foi dito, de um elemento arquetípico, que leva a considerar a peça um mito (vide Parte I).

Quanto à estrada no campo, lugar concreto e bastante banal, não seria um lugar metafísico, que não é o Paraíso nem o Inferno, mas ao mesmo tempo Antepurgatório e Limbo? – pergunta-se um estudioso[19]. E, realmente, as personagens ignoram o local em que se encontram, não podem descrevê-lo e não vêem senão a árvore (p. 122). Assim, Pozzo seria Caim? Inegáveis são as alusões aos dois Testamentos, às imagens bíblicas, às citações e aos símbolos, revelando o autor cuja infância se alimentou com a leitura da Bíblia. Como já referido, seria a peça uma moderna "moralidade" com temas cristãos.

Abre-se com os temas da solidão, da incomunicabilidade humana e da espera. Estão à espera de um certo Godot que, afinal, não vem e que eles sequer identificariam, pois não o conhecem. Aliás não estão seguros quanto ao lugar, à data e ao horário do encontro, tanto é falha a sua memória. Só estão seguros da espera:

> ESTRAGÃO – Vamos embora?
> VLADIMIR – Não podemos.
> ESTRAGÃO – Por quê?
> VLADIMIR – Esperamos Godot.

que é o *leitmotiv* da peça. A espera é a única realidade sobre a qual não pairam dúvidas, não importando quem seja Godot, alguém ou algo.

Quando Estragão, bem no início, conta a Vladimir que foi agredido durante a noite – é a hostilidade do mundo –, lamentam não se terem atirado da Torre Eiffel, lá por 1900, quando ainda estavam bem. E surge a idéia de suicídio, que se repetirá várias vezes, ainda que sempre abandonada pela vaga esperança da vinda salvadora.

E um sentimento vago de culpabilidade, anônima, leva-os a recordar o episódio dos dois ladrões que foram crucificados com Cristo. Para passarem o tempo? Ou para se interrogarem sobre si mesmos? Mas chega um par estranho: Pozzo, "o domador", e Lucky, "o animal". Seria Godot, esse déspota que, com o chicote, maltrata o criado/escravo, exibindo insensivelmente suas "misérias" de homem rico diante dos *clochards*? Pozzo, além dos ossos, restos de sua refeição, oferece-lhes um espetáculo: os números da "dança da rede" e do "pensamento" de Lucky. Este não só dança grotescamente, como discursa e o que se ouve é a famosa e mesmo antológica tirada, já focalizada, e

---

19. Emile Lavielle, *op. cit.*, p. 28.

que se caracteriza pela repetição de certos termos regulares ou anômalos pelo tartamudeio, associada à ausência de pontuação ou de pausa, ao jogo de palavras, à ironia, à elipse, à conotação escatológica, constituindo-se no melhor exemplo de uma linguagem absurda a serviço da expressão do absurdo. É o irracional, coerentemente apresentado de maneira absurda. Ou a derrisão dos fundamentos das convicções religiosas, intelectuais e científicas, convicções que, se deram ao homem do passado a sensação de apoio, segurança e perenidade, revelaram-se ao homem do pós-guerra – entre os quais, Beckett – frágeis e efêmeras.

Mas, à saída do estranho par, e entregues novamente os dois *clochards* ao seu tédio de uma espera interminável, chega um mensageiro para avisar que Godot não virá por ora, mas sim no dia seguinte! E no Ato II, a espera continua com as conversas banais dos dois protagonistas interrompidas, ou melhor, distraídas novamente pela chegada das mesmas personagens: a do mensageiro para anunciar que Godot não virá, precedida pela do par Pozzo e Lucky, embora diferente – o déspota está cego e sendo conduzido pelo outro, agora mudo, numa total inversão de papéis. E a peça termina como terminou o Ato I, podendo recomeçar sempre, incansavelmente:

– Então vamos?
– Vamos embora.

Mas não se movem. Imobilizam-se diante do público e a luz cai, lentamente, como no final do Ato I. E deve-se notar, no começo do Ato II, o canto de Vladimir – canção não gratuita, pois exerce uma função, uma vez que está, como já foi dito, estreitamente ligada ao tema. Nessa peça da circularidade, com o eterno retorno de ações, de réplicas em freqüentes repetições, nada mais adequado que a canção reiterativa.

Peça diferente, sem crise, conflitos psicológicos, sem bem que críticos vejam diferença entre Estragão, "o materialista amargo" que se desencoraja facilmente, e Vladimir, "o idealista", dotado de reflexão e cultura. Há apenas a espera. A espera dos dois, que podem ser reduzidos a um: *o homem*, sendo Estragão a matéria e Vladimir, o pensamento, pois se o primeiro manipula o sapato, o segundo se preocupa com o chapéu, objetos sumamente significativos. É um jogo, ou "o trabalho", de cada um – jogo de palhaços, mas que aqui, dentro do contexto beckettiano, está carregado de significado. Gestos gratuitos, insignificantes, divertidos com os quais fazem passar o tempo; mas significativos. Aliás, "o jogo com os chapéus", por ser altamente expressivo, já foi aqui esmiuçado na parte da *linguagem gestual* do capítulo 3 (Parte I).

Enfim, *Esperando Godot*, cujo êxito mundial irritava profundamente o autor, sobretudo quando lhe pediam esclarecimentos, é obra riquíssima, prestando-se a inúmeras interpretações. E, conseqüentemente, a distintas encenações.

O INOMINÁVEL (Romance, francês 1949)

Texto de 1949, *L'innommable*, vertido para o inglês, *The Unnamable*, completa a trilogia beckettiana, pois estaria, de certa forma, vinculado aos dois romances anteriores; após o "mais nada", final de *Malone Morre*, são naturais as perguntas que abrem o terceiro e último romance: "Onde agora? Quando agora? Quem agora?".

É o término de um ciclo e retoma a busca de Malone; há o falante que procura experimentar em vão sua identidade, dizendo-se. Portanto, procura de si e, novamente, fracasso.

Dispõe a personagem apenas da palavra; e, fisicamente, nada tem de humano. Assim se descreve, como tendo: "a forma, se não a consistência de um ovo, com dois buracos não importa onde para impedir a explosão" (p. 36). E, ainda, na mesma página: "Sou uma grande bola falante, falando de coisas que não existem ou que talvez existam".

Mas fala e pode ver; e vê desfilar, com intervalos, personagens anteriores que quer afastar para poder assim falar de si e não daqueles: "os Murphy, Molloy e outros Malone [...] eles me fizeram perder meu tempo [...] permitindo-me falar deles" (p. 32).

Imóvel e perdido na escuridão, necessita porém de uma história; para encontrar-se, deve encarnar-se em outra personagem. Inicialmente, em Mahood, homem-tronco, pois está imerso numa jarra, à entrada de um restaurante, e em cujo rosto imóvel, apenas se movem os olhos. Esse Mahood tem lembrança do tempo em que ainda se locomovia, com suas pernas, e após a perda de uma delas, com muletas; e ainda do episódio catastrófico que o reduziu ao que é. Ora, como Mahood está muito próximo das personagens anteriores que ele afastou, vai então recorrer a um "anti-Mahood" – trata-se de Worm (*verme*, em inglês), personagem estranhíssima, incompleta, desprovida, como está, de inteligência, de consciência de si mesma e também de capacidade de falar, o que o leva a um impasse, perguntando-se o falante: "(Como) Mahood, eu não soube morrer (Como) Worm vou me arruinar ao nascer?" (p. 133)

Mas, num determinado momento, Worm ouve um ruído; logo, tem uma orelha, uma cabeça, um olho. E acabará por falar, aproximando-se de ou assemelhando-se a Mahood. Portanto, há o duplo malogro nas encarnações: no primeiro e no segundo caso.

Nesse romance, a desconfiança em relação à linguagem – já presente anteriormente – é tão aguda que chega a contestar o *eu* como emissor da palavra, ou como diz a personagem: "Não direi mais eu, não o direi nunca mais, é imbecil demais" (p. 139).

Mas o *eu* retornará, embora desarticulado, no final do texto. É o *eu*, não psicológico, mas lingüístico que surge; a personagem continua a falar, falar e falar, ainda que a busca do *eu* pelas palavras expresse uma ausência do *eu*, o *nada*.

Se, no início, afirmara sua obrigação de falar, sem calar-se jamais (p. 9), agora no final reafirma tal obrigação:

> É preciso continuar vou pois, continuar, é preciso dizer palavras, tanto quanto as houver, é preciso dizê-las, até que elas me encontrem, até que elas me digam [...] é preciso continuar, vou continuar (pp. 261-262).

Está, pois, entre a palavra e o silêncio; ou entre o existir e o não existir. O discurso continua ou deve continuar, independentemente de uma personagem nomeada. Mas será possível?

E parece oportuno transcrever as explicações de Beckett, também transcritas por Alfred Simon, valendo-se do texto de Israel Shemker, do *New York Times*, de 6 de maio de 1956:

> No fim de minha obra, nada há senão poeira. *O Inominável...* Há completa desintegração. Não *EU*, não *TER*, não *SER*. Não nominativo, não acusativo, não verbo. Não há meio de continuar[20].

É o impasse no romance. Parecia que o autor não mais escreveria. Mas retornaria com o romance *Como É*, tendo passado antes pelos treze textos de 1950: *Textos para Nada*.

TEXTOS PARA NADA (Textos, francês, 1950)

São treze textos curtos, e seu título parece inspirar-se na expressão musical "medida para nada", dizem alguns críticos, aproximando a obra da música. Ou seriam textos "para nada", inúteis, pois a nada conduzem? O fato é que, como que exaurido pela composição do romance *O Inominável*, sentindo-se, como confessou a amigos, incapaz de escrever a não ser alguns parágrafos, em tempos espaçados, compôs Beckett esses textos que só foram publicados em 1955, por insistência de Jérôme Lindon, da Minuit.

Estava o autor convicto do impasse em que se encontrava, tendo confessado, no texto "XI":

> Nomear, não, nada é nomeável, dizer, não, nada é dizível

e continuando, à guisa de explicação, ou tentativa:

> então que, eu não sei, eu não precisava começar (p. 190).

20. *Op. cit.*, p. 230.

Vale dizer que, tendo começado, não mais poderá parar de escrever. E, ao mesmo tempo, esgotado pelo trabalho anterior, está incapaz de prosseguir, sobretudo numa linha de contestação da literatura tradicional.

Nos treze curtos textos, dos quais alguns esperam seu fim, desde o começo, ou que não chegam ou mal chegam a começar, há sempre o fracasso do autor. Paradoxalmente, porém, é a sua vitória: é uma nova forma, em que a fabulação está ausente ou é desnecessária. São imagens fugitivas, em alguns; impulso para o além, em outros; ou algo como "um apelo à alegria, pelo menos à resignação", ainda em outros[21].

Ouve-se uma voz, sempre hesitante, insegura. Não se sabe onde, nem de quem. É o anonimato de um *se* (*on*, em francês), não definido, que será encontrado em textos posteriores. Lê-se:

> Não é o silêncio. Não, isso fala, em alguma parte, fala-se. Para nada dizer, de acordo, mas é o bastante para que isso rime com alguma coisa? ("Texto X", p. 183).

Procura-se, muitas vezes, um sentido em cada texto e o que se encontra é sua ausência, o nada. O que o autor, em última análise, pretende transmitir ou dizer é *o fracasso*, fracasso que admirava na pintura dos holandeses van Velde. É bem elucidativo, o que se lê no final do texto "XII": "Felizmente que está malogrado, que não houve nada começado, que nada houve nunca, que nunca e nada" (p. 200).

Todos os textos, ou *não-textos*, como querem alguns, e que se desenvolvem em ambiente crepuscular – situados no final do dia, equivalem a fim do relato que nem ou mal começou –, constituem um marco na obra beckettiana: não só resumem ou confirmam as conquistas da *Trilogia*, como também, ao serem publicados na seqüência das três novelas que são um verdadeiro esquema da existência desenvolvido na mesma *Trilogia*, traduzem sua importância. Além de que anunciam a obra a vir.

AO LONGE UM PÁSSARO (Texto, francês, anos 50)

Essa *foirade* (ou *fizzle*, em inglês), texto rápido que fecha o volume *Para Acabar Ainda e Outros Fiascos*, tem em seu título um pássaro, visto fugazmente ao longe – "o tempo de perceber e ele se vai" (p. 48).

Seria a aspiração de libertar-se da terra? A aspiração de destacar-se do corpo que, aqui, prende o narrador? A necessidade de autodefinição? De auto-afirmação? Ou expressão de uma personalidade dividida?

---

21. Alfred Simon, *op. cit.*, p. 233.

Como em tantos textos do autor, há um *ele*, um velho andarilho, curvado sobre seu bordão, que avança, ainda que em marcha lenta, e detendo-se, freqüentemente, a cada dez passos para retomar o fôlego; e um *eu*, no interior do *ele*. O narrador, num único, mas longo parágrafo de três páginas e meia, põe em oposição o *eu* e o *ele*, com frases que depois serão retomadas, nos anos 60, em *Fiasco II*. Começa o texto, dizendo:

> Terra coberta de ruínas, *ele* andou toda a noite, *eu* eu renunciei [...] eu renunciei antes de nascer, não é possível de outra maneira, mas era preciso que isso nascesse, foi *ele, eu estava dentro, ele* se deteve [...] *eu estou dentro* (p. 47, o grifo é nosso).

E toda uma série de frases simétricas expressa a oposição entre ambos, ainda na página inicial: *"foi ele que gritou, ele* que viu o dia *eu eu não gritei*, não vi o dia" (o grifo é nosso).

Se o *ele* se matar, o *eu* dentro do *ele* quer viver sua morte: "*eu* vou viver sua morte, o fim de sua vida e depois sua morte" (p. 49), mas como "nada resta em sua cabeça", o *eu* que está "ainda *dentro*", diz: "porei rostos na sua cabeça, nomes, lugares"; e termina: "para que ele ame ainda, perca ainda, terra coberta de ruínas, pequenos passos aloucados".

O desdobramento do *eu, eu* e outro (ele) em conflito, revelaria o *eu* torturado de Beckett? Como registram biógrafos seus, submeteu-se a tratamento psicanalítico, durante anos, para curar problemas de saúde, psicossomáticos. Sabe-se que, tendo assistido a uma conferência de Jung, sobre o inconsciente e os complexos, ficou profundamente marcado, sobretudo quando ouviu referência ao caso de uma criança que morrera "sem nunca ter nascido completamente". Começou então a crer no "desenvolvimento impróprio e incompleto de sua personalidade" (vide Parte I).

A IMAGEM (Texto, francês, 1950)

Texto curto, *L'Image*, de um único parágrafo, com apenas o ponto final, parece ter apenas uma intenção: criar uma imagem. É o que o texto conclui: "está feito eu fiz a imagem" (p. 18).

É a imagem, ou melhor, uma série de imagens que desfila. O narrador se encontra, de início, na lama, mas vem a recordação dele, aos dezesseis anos, "para cúmulo de felicidade", em meio a um "tempo delicioso céu azul de ovo e cavalgadas de nuvenzinhas azuis" (p. 11).

Na primeira pessoa, ele narra, mas poderia ser na terceira, como explica, indiferente: "lá sob a lama eu me vejo *eu digo me* como *eu digo eu* como *eu diria ele* porque isso me distrai" (p. 11, o grifo é nosso).

É a primavera, e ele e a amada chegam a um campo, de mãos dadas, mas segurando um, a corda de um cão *terrier*, e o outro, um pacote de sanduíches. Continuam a caminhada, "por três horas passo cadenciado", até chegarem ao pico, degustando "em silêncio o mar e as ilhas" (p. 16).

Com frases que se encadeiam e se acumulam, sugestivamente, alternando, ou mesclando palavras-sentimentos doces e bocados de sanduíche, descreve o parzinho apaixonado que não se entregou *ainda* a "arrulhos":

palavras doces minha querida eu mordo ela engole meu querido ela morde eu engulo *nós não arrulhamos ainda* a boca cheia meu amor eu mordo ela engole meu tesouro ela morde eu engulo (pp. 16-17, o grifo é nosso).

Pelos campos, lá vai o casalzinho, sempre de mãos dadas, "em direção aos picos cada vez menores" (p. 17), sem mais ver ele o cãozinho nem ele e a amada – "eu não nos vejo mais", diz ele. Apenas alguns animais. E "a cena fica vazia", como num palco. "Não mais azul".

Mudou então o clima. E só ele, na lama, novamente. Reviu, reviveu, ou inventou talvez a história, a feliz *imagem* do passeio primaveril? É, em todo caso, o retorno à lama, à triste realidade, do início.

E o texto finaliza:

eu me dou conta de que sorrio ainda não vale mais a pena desde muito tempo não vale mais a pena a língua sai vai na lama eu fico assim [...] está feito eu fiz a imagem. (p. 18).

Texto curioso, bem beckettiano, é esse, com a lama, que é matricial, e também funerária. Mas, também um intervalo, breve, de felicidade. Um "tempo delicioso", e um narrador feliz, quando ainda inconsciente quanto ao que o esperava...

"HENRI HAYDEN, HOMEM-PINTOR" (Ensaio, francês, 1952)

Escrito para uma exposição particular de pintura de Hayden, o texto foi publicado inicialmente nos *Cahiers d'Art*, de 1955, e recolhido por Ruby Cohn, anos mais tarde.

Admirador dos quadros de Hayden, nele vê Beckett qualidades a serem imitadas, seguidas; *é a estética do pouco*, que é também a sua própria.

No pintor, reconhece que:

Não há vestígios de acréscimo valorizador no exagero nem na carência.
Mas a aceitação, tão pouco satisfeita quanto amarga, *de tudo o que tem de insubstancial e de ínfimo*, como entre sombras, o choque do qual sai a obra (o grifo é nosso).

É *o pouco*, diante do qual sente-se mais do que se vê. *O pouco expressivo*. Ou como explica ainda:

sentir (antes que ver) quanto é frágil sua tocante segurança de formas familiares e todo o equívoco dessas árvores que se abandonam tão logo partidas, dessas frutas que se diria serem vítimas de um erro de distribuição (o grifo é nosso).

Ao reduzir Beckett suas obras, o número de suas personagens, seus perfis, seus cenários etc., nada mais está fazendo senão praticar *a estética do pouco*, despojando-os de tudo o que não é totalmente indispensável.

FIM DE JOGO (Teatro, francês, 1954-1956)

Fim de Jogo, em um ato, cuja redação definitiva data de 1956, pois foi iniciada em 1954 e remanejada duas vezes, só teve sua estréia em francês, em Londres, em 1957, em virtude da não-disponibilidade de um teatro em Paris, no momento, o que ocorreu, quase um mês depois.

Peça estagnada, de maior concentração que *Esperando Godot* – "ainda pior", na opinião do autor –, abre-se num cenário-prisão, sombrio, cinzento: um quarto fechado, nu, com apenas duas janelas com cortinas fechadas, mas que quando abertas por Clov, a pedido de Hamm, cego e imobilizado numa cadeira de rodas, mostram-lhe que tanto do lado da terra como do mar, tudo está *mortibus* (p. 46). Clov, que não pode mais sentar-se, é um misto de filho-criado de Hamm; e os pais deste, Nagg e Nell, estão recolhidos em latas de lixo, cobertas.

Há toda uma linguagem inicial gestual, portanto muda, de parte do criado, como que preparando o ambiente, em que se desenvolverá a ação: sombria, sem saída. Apenas um "breve riso" seu corta o silêncio; e quando se põe a falar da situação reinante – a degradação geral –, o faz com uma *voz branca* e *olhar fixo*: "Acabado, está acabado, isso vai acabar, isso vai talvez acabar" (p. 15); Tudo está definhando.

É nessa lídima prisão, que "vivem", ou melhor, estão arrastando a vida, enquanto não chega a morte. São antes restos de criaturas e nada esperam a não ser a morte. Cético, grita Hamm, violentamente, a uma das personagens da história ou romance que ele narra:

Mas enfim qual é sua esperança? Que a terra renasça na primavera?
Que o mar e o rio fiquem novamente cheios de peixes? Que haja maná no céu para imbecis como você? (p. 37)

É a total desesperança. Se ele se dirige a Deus, convidando a todos à oração, logo após o renega: "O sujo! Ele não existe" (p. 76).
Nem fim, nem renovação. Desesperança. O Nada.

É o absurdo da existência que, desde *O Mito de Sísifo*, de Camus, tornara-se um clichê. E muitas são as falas das personagens que expressam tal preocupação, como as aqui já transcritas, por parecerem fundamentais. Proferem desalentadas afirmações quanto à vinda e a situação do homem na terra: "O fim está no começo e no entanto continuamos" (p. 91), chegando Nell a comentar a comicidade da desgraça – comentário não isento de amargura, e que pode vir acompanhada de um riso rangente: "Nada é mais cômico que a infelicidade [...]. Sim, sim, é a coisa mais cômica do mundo" (p. 33).

A vida é sinônimo de sofrimento, dor, infelicidade.

Nessa peça, como em *Esperando Godot*, as personagens não são os heróis tradicionais, invencíveis nas suas conquistas, mas, sim, anti-heróis, posto que previamente derrotados, desde o nascimento, "heróis" trágicos, posto que exilados na terra e a expiar o pecado de ter nascido. É a tragédia da criatura humana. Ou, recordando as palavras do próprio Beckett, no seu ensaio sobre *Proust*:

> A tragédia é o relato de uma expiação, mas não a expiação miserável de uma infração a uma lei local codificada por ardilosos para o uso dos imbecis.

e ainda:

a personagem trágica representa a expiação do pecado original, de seu pecado original e eterno, dele e de todos os seus *socii malorum*; o pecado de haver nascido[22].

Nascer é a maior infelicidade. Nascer não é receber o dia, a luz, mas sim a noite, as trevas, como já dizia Molloy, referindo-se à mãe,

"Aquela que me havia dado a noite"[23].

Isso porque como também já dizia o *clochard* Vladimir, imagisticamente: "Elas dão à luz, a cavalo sobre uma tumba o dia brilha um instante, depois é a noite novamente" (p. 126).

Sofrimento, pranto, velhice, morte, decorrência do mal do nascimento – é a vida. E há a ridicularização do amor físico ou do instinto de procriação, posto que sem futuro que valha. Hamm e Clov exprimem profunda aversão a que a vida continue ou renasça: o primeiro, ao saber, por Clov, da existência de uma pulga viva, inquieta-se dizendo: "a humanidade poderia reconstituir-se" (p. 50). E o segundo, ao ver um menino, pela janela, tem a intenção de exterminar o "procriador em potência" (p. 105).

---

22. Citação por nós aqui traduzida da tradução francesa feita por Edith Fournier, ed. cit., p. 79.
23. *Molloy*, Minuit, p. 45.

Se se considerar que Clov não é apenas um criado, mas um filho de Hamm, são três gerações que se confrontam, dilaceram-se, ainda que paradoxalmente também se apóiem, num cenário fechado, que é o inferno da temporalidade – o inferno do tempo quotidiano dentro do inferno/espaço entre quatro paredes que não se abrem para entrada de ar, mesmo porque, como indica a rubrica, tudo está *mortibus* no exterior.

Comenta um autor que, em *Esperando Godot*, nada acontece duas vezes; a espera é eterna; e o mesmo pode ser dito de *Fim de Jogo*, talvez de maneira mais radical. Há apenas incidentes: é Hamm, que, de uma maneira grosseira, dá ordens a Clov, para que o desloque na sua cadeira de rodas; ele, que conta fragmentos de seu romance; é Clov, que anuncia sua partida, freqüentemente, mas que jamais parte, a não ser talvez no final, e que continua a obedecer ao déspota, mas bem a contragosto; e são Nagg e Nell que, semi-sorridentes, evocam seus momentos felizes (e infelizes) do passado – passeios de barco pelo lado de Como, e de bicicleta – que seriam uma quebra no ambiente sombrio, não fossem eles velhos e não estivessem enterrados em latas de lixo, cuja tampa às vezes se abre apenas para que possam comunicar-se e pedir comida. Ou, ainda, a irreverente história do inglês que procurou um alfaiate para a confecção de umas calças, que só ficaram prontas três meses depois, enquanto Deus fez o mundo em apenas seis dias (pp. 36-38) – história que Beckett já pusera em epígrafe, sob forma de diálogo condensado, em seu ensaio "O Mundo e as Calças" (neste aparece seis meses).

Única e verdadeira progressão da peça é a degradação. Dentro da casa, acumulam-se as faltas: não há mais calmantes nem drágeas; não mais cobertores nem mingau... E fora, não há mais marés nem natureza, nem diferença entre dia e noite. Ou como diz Hamm: "Fora daqui, é a morte" (p. 23).

Há, pois, um caminhar para um fim. Mas, paradoxalmente, está se acabando, sem acabar, o que vem anunciado desde o começo da peça, com matizes em gradação. Espera de um fim, fim que não acontece, porque o tempo está estagnado e nada evolui. É um processo que não tem fim. Dizem:

Hamm – Que horas são?
Clov – A mesma que de costume (p. 18).

E ainda:

Clov – Toda a vida as mesmas perguntas, as mesmas respostas.
Hamm – Então, não há razão para que isso mude (p. 19).

Ambivalência de sentimentos: desejo de suspensão definitiva do processo de degradação; e desejo de continuidade da situação – é uma *situação dramática*. Afinal, Hamm se vê como um *ator* que deve representar seu papel; dá-se conta do aspecto lúdico da existência, tendo cogitado já no início da peça: "Cabe a mim representar"; e terminando-a quase:

> Cabe a mim (*um tempo*) representar (*um tempo*) [...] Posto que isto se representa. (*desdobra o lenço*) ... representamos assim assim (*desdobrando o lenço*) ... (pp. 110-112).

Sublinha a importância que atribui à representação, representação que é dirigida a si mesmo, na medida em que deve apresentar-se provas de sua sobrevivência, ainda que pela mediação de outros.

Pierre Mélèse, entre outros, preocupado com o possível significado dos nomes das personagens, encontra na expressão inglesa *Ham actor* ("mau ator", "canastrão", na linguagem familiar) uma justificativa. Hamm é, desde o início, *um ator*; representa com o lenço que cobre seu rosto, com os óculos que tira, limpa, repõe, ainda que cego – jogos de cena que se repetem, no monólogo final, dizendo: "Posto que isto se representa assim (*desdobra o lenço*), representemos assim".

Representa ainda, ou melhor, *ensaia seu papel*, contando uma "história", num *tom de narrador*, entremeando com um *tom normal*, considerações sobre seu desempenho:

> – "Lindo isso", "isso vai indo", "um pouco fraco isso";

comenta a *mise en scène* "Sinto-me um pouco à esquerda... Agora sinto-se um pouco demais, à direita"; emprega termos técnicos, dizendo a Clov: "um aparte! Estúpido! É a primeira vez que você ouve um aparte!" (p. 38).

E, na cena final, para chegar ao clímax, sem despojar-se de todos seus acessórios (cão de pelúcia, assobio, bastão), adota diante do público, uma pose calculada, de intensa força dramática. *Aproxima o lenço de seu rosto*, diz a rubrica.

Hamm é *ator*, mas também *autor*. Daí seu comentário, ao contar a história que inventa: "onde estava?".

Burila suas frases, procurando termos, variantes, e compondo diálogos. Chega a mostrar-se satisfeito, quando encontra tudo bem elaborado, mas, quando cansado, desiste do trabalho... Diz:

> Basta por hoje (*Um tempo*) Não agüento mais por muito tempo com essa história (*Um tempo*) A menos que introduza outras personagens.

Mas, *novamente ator*, à chegada de Clov, retoma a pose de "grande", mas modesto intérprete, resumindo sua história, e ouvindo o comentário elogioso do outro.

Clov é seu ouvinte; portanto, necessário. Daí, a não-separação; são inseparáveis, mesmo porque Clov, apesar de humilhado, sente-se preso ao outro por uma espécie de ternura secreta. Só a morte os separaria porque formam, de fato, *uma* personalidade. É o par inseparável, como Vladimir e Estragão, repelindo-se e, ao mesmo tempo, atraindo-se.

Seria Hamm um déspota real? Déspota que tiraniza não apenas Clov? Em seu nome, mas não só no seu, têm-se visto sugestões. Hamm, do "martelo" (*hammer*, em inglês), golpeia, impiedosamente, Clov (deformação do francês *clou*, "prego"); e se Nagg vem do vocábulo alemão *Nagel*, e Nell sugere o inglês *nail*, ambos também designam *prego*. E todos são "martelados", torturados pelo implacável Hamm, um déspota. Mas, para certos críticos, ele é um déspota aparente, apontando para o fato de que, em última análise, ao torturar os outros, revela Hamm sua *necessidade dos outros*; portanto, fraqueza, e não força autoritária. Precisa de Clov, como dos pais, que lhe devolvem a brutalidade. Nagg o ameaça, dizendo:

> Espero que virá o dia em que você terá verdadeiramente necessidade de que eu o escute, e necessidade de ouvir minha voz, uma voz (p. 77).

mas, ao mesmo tempo, julga normal o sadismo do filho, por estar na ordem das coisas: "É normal. Depois de tudo, sou seu pai" (p. 76).

Sadismo e masoquismo imperam. Clov, ainda que ultrajado e humilhado, obedece e não parte (aliás, ir para onde?), a não ser, talvez, no final, a julgar pelas roupas de viagem. Mas permanece imóvel. Sua fidelidade, no final, é assim interpretada por Hamm: "É talvez por piedade (*um tempo*) Uma espécie de grande piedade (*um tempo*)..." (pp. 99-100).

Ambigüidade nas relações: sadismo, masoquismo e algo como uma ternura oculta. Além de que o criado Clov (ou filho) é um interlocutor, um falante – é seu papel. Quando Clov lhe pergunta: "Para que é que sirvo?", a resposta imediata de Hamm, um ator, é: "Para dar-me a réplica" (pp. 79-80).

Hamm tem necessidade de falar, mas também de ser ouvido. Assim, a tirania, a crueldade, expressas pelos maus tratos, podem talvez ser o meio (e os artifícios) para dissimular o medo da solidão. E a solidão é, incontestavelmente, o grande mal do homem beckettiano.

É possível verificar nesta segunda grande peça de Beckett a ausência de jogos, de número de circo, tão freqüentes em *Esperando Godot*. Explicáveis e significativos numa obra que se desenrola ao ar livre, em espaço aberto, aqui seriam realmente inadmissíveis, considerando-se o ambiente claustrofóbico, sufocante. Os gestos de Clov com sua luneta, ou com o banco, entre outros, estão longe daqueles dos dois famosos *clochards*. No ambiente fechado e cinzento, com suas quatro personagens enfermas e em decomposição, admissível é apenas o humor negro.

É curioso assinalar que, como já foi feito, traduzindo o título para o português – *Fim de Partida* –, pode a peça ser considerada uma *partida de xadrez*, como a viram certos comentaristas. Hugh Kenner, por exemplo, nela vê o Rei (Hamm), os peões (Nagg e Nell), o cavalo (Clov) e sua casa – a cozinha. É onde Clov entra e de onde sai. É a interpretação levada em conta pelo encenador francês Roger Blin, que, segundo Pierre Mélèse, reconheceu haver:

> um certo número de particularidades da partida de xadrez que se prestam às metáforas dessa peça... É um jogo de silêncios, no curso dos quais podem ser apreciadas situações novas; donde a indicação cênica mais freqüente em Beckett: *um tempo*[24].

Assim, estariam explicadas várias fases do desenvolvimento geral da peça, tendo surgido a Pierre Mélèse a idéia de que Beckett, bom jogador de xadrez – e sabe-se que jogava longas partidas com o pintor Marcel Duchamp, seu amigo –, teria construído a obra segundo as regras do jogo.

Beckett, com sua notável bagagem literária (reminiscências de Shakespeare, Baudelaire etc.) e filosófica (Descartes), não poupa referências, ainda que às vezes derrisoriamente deformadas e adaptadas ao tema. Irlandês que domina perfeitamente o francês, também reaproveita provérbios, deformando-os. "Si jeunesse savait et vieillesse pouvait" (Se juventude soubesse e velhice pudesse) passa a "Si vieillesse savait..." (Se velhice soubesse...); e "Aimez-vous les uns les autres" (Amai-vos uns aos outros) passa, ironicamente, a "Léchez-vous les uns les autres" (Lambei-vos uns aos outros). É o Beckett irônico manipulador de palavras e frases...

Peça rica, por todas suas implicações, inclusive religiosas, existenciais, não é *Fim de Jogo* inferior a *Esperando Godot*, se bem que menos popular junto ao público internacional. Talvez por sua atmosfera irrespirável, sufocante.

TUDO O QUE CAI (Rádio, inglês, 1956)

All that Fall, peça radiofônica traduzida para o francês – *Tous ceux qui tombent* –, é curiosa sob vários aspectos: é a primeira obra escrita diretamente na língua materna, desde 1945, e o primeiro texto radiofônico. Na melhor tradição irlandesa, o autor a situa num lugar determinado, o campo, fielmente pintado, inclusive a estaçãozinha de trem, Baghill, que é Foxrock, a aldeia natal de Beckett, hoje uma área

---

24. *Apud* Pierre Mélèse, *op. cit.*, pp. 60-61.

urbanizada e elegante, nas imediações de Dublin. Além do casal Rooney, oito personagens constituem o seu universo, pintado de maneira pitoresca e recheado de diálogos familiares, diferente dos das outras peças. Realismo cômico nos detalhes, caricatura da Irlanda e linguagem pitoresca, enquanto os futuros textos radiofônicos serão simples evocações, em que predominam abstrações. E o despojamento.

Nela, há duas partes bem nítidas: na primeira, a ida da Sra. Rooney à estação, à espera do marido, Dan, que virá do trabalho; e no percurso a pé, de início, ela encontra vários tipos pitorescos, num desfilar de cenas rápidas, animadas, saborosas. Na segunda, a volta da estação, já acompanhada pelo marido, em cena lenta, repleta de subentendidos e que culmina, no final, com um *suspense*: Que teria acontecido, realmente, durante o trajeto de trem, que chegou atrasado?

Abre-se, como informa a rubrica, com: *Ruídos do campo. Carneiro, pássaro, galo, vaca, separadamente, depois juntos. Silêncio* (p. 7).

Está criado o ambiente campestre, ao ar livre. E ouvem-se os passos que se arrastam da velha senhora, além de *uma fraca música, A Morte e a Donzela*, vinda de uma casa à beira da estrada, como que numa espécie de mau presságio, mas que logo se dissipa, com os encontros de pessoas que passam, entabulando-se graciosos diálogos. São: o rude camponês Christy, na sua charrete puxada por um asno; o velho Tyler, de bicicleta e Slocum, o secretário do hipódromo, que vem no seu velho carro e oferece transporte à Sra. Rooney, visto estar ela exausta e queixosa. Aliás, ela se lamenta todo o tempo e com todos, sendo que os três começam a ter problemas com seu meio de transporte, tão logo conversam com ela... Maus fluídos? São cenas engraçadíssimas, sobretudo a da entrada no carro, da Sra. Rooney, gorda e resfolegante; e depois, à saída, necessitando empurrões e contorções especiais. Além de que, sempre negativa, ela não vê, por toda parte, senão a infelicidade – alvo de seu interesse. Sempre pergunta, gentilmente, a cada um:

> Como vai seu *pobre* papai? (p. 48).
> Como vai sua *pobre* mulher? (p. 8).
> Como vai sua *pobre* filha? (p. 14).
> Como vai sua *pobre* mãe? (p. 21).
> (o grifo é nosso);

e passa imediatamente à sua própria infelicidade. Até no que diz respeito ao tempo, ao clima, é negativa ou dubitativa. Se está bom, ela retruca logo e reitera: "Mas ele se manterá assim?" (p. 9).

Como que engendra a infelicidade: estimula o charreteiro a bater no seu asno; quase ocasiona um acidente ao Sr. Tyler, quando ele se detém para falar com ela; o Sr. Slocum, além de atropelar uma galinha, não consegue pôr seu motor em marcha... E chega mesmo a reconhecer que repele os que dela se aproximam, dizendo:

Eles vêm a mim, sem serem chamados, sem rancor, cheios de gentileza, prontos a ajudar-me (*A voz se quebra*) [...] Duas palavras, de meu coração, e fico sozinha, uma vez mais (p. 32).

Mas a comicidade está presente, sobretudo na cena da entrada complicada no velho carro; e também da sua tumultuada saída do veículo, de propriedade do Sr. Slocum. E a comicidade continua já à porta da estação, seja na conversa com o chefe, o Sr. Barrell, seja na espetacular subida dos degraus, ou na afobação da velha e volumosa senhora quando não vê, de início, o marido que chega e está saindo tranqüilamente do *toilette*, tudo em meio às gargalhadas dos espectadores. Comicidade que atinge talvez o clímax na cena em que ela pede a uma velha beata, a Srta. Fitt, que a ajude a subir os degraus – personagem secundária, bastante cômica, com suas fraquezas ridículas e seus tiques, pois chega na sua distração a comer o guardanapo em lugar do pão com manteiga...

Recorre Beckett, nessa primeira parte, a uma sucessão de cenas divertidas, a meios cômicos tradicionais: réplicas e repetições cômicas, personagens caricaturescas, uma linguagem pitoresca e crua, embora o tom sombrio esteja subjacente, pressagiado pela música inicial. Já na segunda parte da peça, o tom muda. Dan, o marido, de péssimo humor, mal responde às perguntas da Sra. Rooney, sempre solícita; tenta ele explicar o atraso do trem, embora chegue a comentar seu comportamento estranho, no trem, e perguntar, após ouvirem os gritos de crianças que lhes atiram pedras, habitualmente: "Você já teve alguma vez vontade de matar uma criança?" (p. 57).

E quando Jerry, o menino da estação, vem correndo para entregar-lhe um objeto redondo, uma bola, que ele esquecera no seu compartimento, levanta-se a suspeita: seria o velho o culpado da queda de um menino durante o trajeto do trem, e de sua morte, causa do atraso? Mas a dúvida fica pairando no ar. Aliás o Sr. Rooney se referira antes a: "Cortar pela raiz um fiasco em flor" (p. 57) – a eterna obsessão da personagem beckettiana. E a Sra. Rooney, pouco antes da chegada da notícia da morte de uma criança, evoca o fato de ter assistido a uma conferência, no passado, que abordava a questão de uma menina que morrera, apesar do tratamento (pp. 67-68). É o tema da morte, obsessão beckettiana.

Interessante sob vários aspectos é esse drama psicológico radiofônico, que foi depois levado à televisão, com sucesso, e que, como em outras peças, trata do tema da velhice, da *degradação geral*. Aqui, tudo se degrada. É a Sra. Rooney que se descreve: "Pobre mulher! Sozinha nesta velha casa em ruínas" (p. 8).

É o Sr. Rooney, que também se pinta muito doente, além de cego – "A perda de meus olhos me deu uma chicotada" (p. 58).

São as folhas que apodrecem nas valas, ou como diz ela ao marido: "Sim, meu querido, do ano passado, e do ano anterior ainda" (p. 70).

São as folhas que caem mortas; as palavras que morrem, ou línguas que morrem. Ou como comenta o casal:

> SR. ROONEY – [...] Você sabe, Maddy, a gente diria, às vezes, que *você se debate com uma língua morta*.
> SRA. ROONEY – É verdade, Dan, eu sei muito bem o que você quer dizer, *tenho essa impressão, freqüentemente, é penosa* [...]
> SR. ROONEY – Confesso que eu mesmo a tenho por vezes. Quando acontece de me surpreender com o que estou dizendo.
> SRA. ROONEY – Está claro, você sabe, *ela acabará por morrer, tanto como nosso pobre gaélico depois de tudo* (p. 14, o grifo é nosso).

Aliás, desde o início, estranha ela sua própria linguagem:

> Você não acha minha maneira de falar um pouco... bizarra?
> Não falo da voz (*um tempo*) Não, falo das palavras (*um tempo*) Não emprego senão as palavras mais simples (p. 10).

E é o sol, até ele, que some, no final – como ela previra – sob nuvens de chuva, enquanto o velho casal, curvado sob a chuva e o vento, ouve a música *A Morte e a Donzela* e ri com "um riso selvagem", ao dizer ela que o tema do sermão dominical será: "o Eterno sustenta *todos os que caem*. E levanta todos os que estão curvados." (p. 73, o grifo é nosso).

O riso selvagem (p. 74), indicado pela rubrica, é liberador e, talvez, até desafiador. Continua o velho casal a arrastar os pés, cambaleando no seu percurso, ininterrupto, para a morte, *em meio à tempestade de vento e de chuva*, diz a rubrica final (p. 77).

Cômica, mas também trágica é essa primeira peça radiofônica. Se revela o lado humorístico do autor, não deixa de acusar sua obsessão: a degradação geral e a morte, em diferentes níveis.

DE UMA OBRA ABANDONADA (Textos, inglês, 1957)

From an Abandoned Work, traduzido para o francês com a colaboração do próprio Beckett, já indica seu *fracasso*, pelo título. É obra *abandonada* por causa da sua inutilidade? Parece que é texto inacabado, menos pela impossibilidade de continuá-lo até um fim, que pela crença na sua *inutilidade*.

O falante é um velho que, ao mesmo tempo em que anda, sobretudo em meio à natureza, vai evocando três dias de sua vida, ainda jovem; mas esse falante inglês, impotente como seus antecessores, em francês, dos *Textos para Nada* ou de *O Inominável*, nada diria de novo. Assim, prefere Beckett abandonar a obra, que seria como que uma repetição. Inútil, pois. Aliás, ele se critica, comentando seu discurso: "que francês, espero que ninguém o lerá" (p. 29).

Na evocação de sua infância longínqua, feita em primeira pessoa, refere-se às suas decepções regulares, sem fim, dizendo:

> mas quantas vezes eu disse, diante de alguma nova atrocidade. É o fim, e não era o fim, e no entanto o fim não pode mais estar muito longe (p. 21).

Gostaria de abstrair-se do tempo e por fim das palavras; mas, paradoxalmente, continua a alimentá-las, ou como diz:

> Passado, passado, há um lugar no meu coração para tudo o que é passado, não, para o ser passado, *eu tenho o amor da palavra, as palavras foram meus únicos amores, alguns* (p. 27, o grifo é nosso).

E ele continua, num discurso entrecortado, elíptico, caótico, que representa um progresso em relação ao de *Textos para Nada*. É uma prosa caótica, em que as frases não respeitam a sintaxe dita normal e avançam mais pela simples justaposição; e não pela coordenação lógica. À memória descontínua do velho, correspondem bruscos vaivéns. Enfim, um estilo de acordo com a memória que falha e perde a continuidade. Já próximo do fim, o narrador só tem *o nada* e... a voz. Ou como diz:

> *não houve jamais nada, não pode haver jamais nada,* vida e morte *nada de nada,* essa espécie de coisa, nada senão uma voz sonhando e resmungando bem ao redor, isso é alguma coisa, a voz outrora em sua boca (p. 28, o grifo é nosso).

A ÚLTIMA GRAVAÇÃO (Teatro, inglês, 1958)

Krapp's Last Tape, monodrama estreado em Londres (1958) e encenado depois em Nova York e Paris (*La dernière bande*), é obra de fácil compreensão: confronto de um velho, de 69 anos, com o seu passado, quando ainda era relativamente jovem. Hoje, nada mais é que um velho decrépito, muito míope, quase surdo e desleixado, que escuta no gravador a fita-registro de trinta anos atrás. Depois gravará uma nova, como faz todos os anos, no dia de seu aniversário.

Beckett nos mostra seu protagonista, iluminado por uma luz crua, impiedosa, em meio à escuridão de uma "toca", sentado em face do público e diante de uma mesa, cujas gavetas estão voltadas para a platéia – esta ouvirá, com ele, gravações. Tudo nele indica deterioração e decadência. Aliás, sugestivo é seu nome: Krapp, do inglês vulgar, *crapp*, que significa dejeto, lixo.

Se o cenário, fechado, escuro, aponta para a solidão do protagonista, já seu aspecto físico, para a decadência. E a peça, como é característico do Beckett inicial, começa com um jogo mudo, que reforça a imagem que dele se tem.

Examinando as fitas, deleita-se com o termo *fita*; humaniza-as com adjetivos – "pequena descarada", "velhaca" –, numa identificação com seu conteúdo, segundo sua óptica atual. Pretende então ouvir uma delas, cuja indicação é "Adeus ao amor". Antes, porém, ouve referências à fita gravada, que lhe fala de seu antigo caso amoroso, bem como de suas aspirações e também resoluções:

beber menos (*breve riso de Krapp*) [...]. Planos para uma vida sexual menos (*ele hesita*) absorvente [...]. Busca sempre mais lânguida da felicidade (p. 17).

Desliga o aparelho e desaparece na penumbra, atrás da mesa, de onde se ouve o abrir garrafas; e de lá volta, cantarolando (p. 18), para retomar a audição. E ele gravara que jamais cantaria... Agora, está incompleta ainda a canção; mas no final, completa, ao ouvir a mais antiga gravação. Trata-se, como explica Ludovic Janvier, de uma "bucólica *bluette*", pequena composição, sem pretensão literária, mas delicadamente romântica[25], já aqui focalizada, e que está em harmonia com o seu estado de ânimo, durante o poético passeio pelo lago, com a amada, amor que ele rejeitou para poder entregar-se ao que considerava sua vida – a profissão de escritor. Mas, atento à gravação, detém-se diante de um vocábulo – "viduidade" –, revelando sua falha de memória.

Velhice, bebida, com a conseqüente falência de sua capacidade intelectual, ou "a impotência da memória, diante da força desintegradora do tempo"[26], isso é Krapp; além de que sofreu uma ruptura em sua vida – o adeus ao amor –, havendo um *antes*, com o romântico passeio do par apaixonado (como o passeio imortalizado pelo poeta romântico Lamartine, em *Le Lac*), e um *depois*, com o hoje rude e decadente protagonista – um escritor fracassado. Entre o amor e a ambição ou o sonho de realização profissional – compor uma obra-prima, seu *opus magnus*, que resultou em fracasso –, optou pelo segundo. E gravar o relato progressivo de sua vida, a cada aniversário. Como tantas personagens beckettianas, no romance – Molloy, Malone e outros –, é agarrando, sustentando a palavra fugitiva que ele, Krapp, pode ainda situar-se no mundo. Quando se põe a gravar a nova fita, julga a que gravara antes, rindo de seu *eu* jovem. Deteriorou-se:

Acabo de ouvir esse *pobre cretinozinho* por quem eu me tomava *há trinta anos*, difícil acreditar que eu tenha sido alguma vez estúpido a tal ponto. Isso pelo menos acabou, graças a Deus (*Pausa*) Os olhos que ela tinha! (*Divaga, dá-se conta de que está gravando o silêncio, desliga o aparelho, divaga*) (p. 27, o grifo é nosso).

Mas volta a ligar e ouve; depois, desliga-o e arranca a fita que o desagrada, substituindo-a por outra, e ligando novamente o gravador.

25. *Pour Samuel Beckett*, Paris, Minuit, 1966, p. 255.
26. Ross Chambers, *Cahiers Renaud-Barrault*, Paris, octobre, 1966, p. 255.

Seus gestos de desligar impacientemente o gravador para fazê-lo avançar, uma, duas, três vezes, ou para retroceder, paralelamente ao que ouve e torna a ouvir, "falam" mudamente de seus sonhos e frustrações. São visíveis o interesse e a atenção ou o desagrado e a rejeição da personagem diante do que ouve. E faz-se necessário notar que a linguagem verbal atual é diferente daquela por ele usada em épocas passadas: palavras soltas, frases entrecortadas, exclamações, interrogações (acusando sua incompreensão e perda de memória), grunhidos e ainda o estilo telegráfico, repetições (estilo usado quando se põe a gravar a nova fita) – é a linguagem do Krapp velho. E a linguagem verbal e a gestual se completam, embora a primeira esteja, sob certo aspecto, subordinada à segunda, na medida em que os gestos de ligar e desligar, de avançar e retroceder a gravação, provocam as palavras. Gestos que desencadeiam as palavras e, com elas, o passado. Gestos que exprimem a reação diante do que foi ouvido, prolongando ou repetindo a parte desejada, abreviando ou rejeitando a indesejada, até a imobilidade e o silêncio finais.

Peça com uma única personagem, patética com suas duas vozes contrastantes – a do passado, com seu registro promissor; e a do presente, uma constatação frustradora –, nada mais é que o balanço de uma vida, com a degradação física e mental causada pela erosão do tempo, além do sacrifício da parte amorosa visando a uma realização artística que é, afinal, malograda. Imagem tristemente irônica da vida, exprimindo Beckett a mistificação da qual todo homem pode ser vítima. Ironia cruel, disfarçada pelo humor. Roupa bizarra, atitudes, gestos, grunhidos e blasfêmias da personagem, além do seu jogo com as bananas ou com as garrafas de bebida (não visto, mas pressentido) são notas cômicas que temperam, para o público, a amargura de uma vida melancólica.

É talvez oportuno assinalar que a peça, depois encenada como ópera, na França e na Alemanha, com música de Marcel Mihalovici, introduziu uma *novidade*, na época – o uso do gravador, ao qual Sartre também recorreu em *O Seqüestrado de Altona*. E deve-se também recordar a concepção proustiana do tempo, e a interpretação que Beckett dela fez no seu ensaio juvenil, *Proust*.

Krapp é uma derrisória caricatura do tempo, tempo no qual ele não mais se encontra. É outro. Não vivo, morto.

ATO SEM PALAVRAS I E II (Pantomimas, roteiro em francês 1957-1959)

Acte sans paroles I e II são duas pantomimas, sendo que a primeira, de 1957, foi encenada junto com a estréia de *Fim de Jogo*, em Londres, em 1957. E a segunda, de 1959, só foi estreada, também em Londres, em 1964.

Ambas constituem uma síntese expressiva da existência do homem num universo hostil, irracional, nada justificando sua vinda, posto que antecipadamente condenado à morte. Tanto a primeira como a segunda são uma espécie de balé simbólico, embora sem música.

Em *Ato sem Palavras I*, um homem é lançado num deserto (não acolhedor), e dele não pode fugir nem nele viver confortavelmente, pois tudo o que surge para facilitar-lhe a vida (árvore/sombra, garrafa d'água, tesoura, cubos) ou apressar-lhe a morte liberadora (tesoura, corda) e que ele tenta alcançar desaparece tal como apareceu, misteriosamente. E ele acaba por cansar-se, diante dos esforços inúteis. É a inutilidade ou a gratuidade dos atos humanos; e, ao mesmo tempo, a desilusão, com o desaparecimento do desejo de continuar a viver ou de morrer. Ao homem nada resta senão, em posição fetal, olhar as mãos vazias, inertes, impotentes, diante do público que assiste à sua própria tragédia.

Quanto ao *Ato sem Palavras II*, apresenta dois homens em cena. Cada um, um depois o outro, sai de seu saco (berço, nascimento), quando atingido por um aguilhão, e executa uma série de gestos, ações, ao final das quais se retira ao saco de onde saiu (sepultura, morte).

A diferença entre ambos está no tipo de atividades a que cada um se entrega, e ao ritmo com que é feito, mais variado e mais veloz o do segundo. Além de que o aguilhão que empurra o segundo homem para fora do saco está melhor equipado. É a ilustração visual de dois tipos de vida, e de dois ritmos. Ou a vida, não importando o que o homem faça nem como o faça, pois o saco lá está, no final, a esperá-lo. Saco-nascimento/morte. Ou saco-berço/saco-caixão funerário. Ou ventre materno/sepultura – obsessões beckettianas.

CINZAS (Rádio, inglês, 1959)

Peça radiofônica, composta em inglês – *Embers* – isto é, *brasas*, e não *ashes* (cinzas), ao ser transposta para o francês, recebeu o título *Cendres (Cinzas)*. Talvez tenha Beckett preferido acentuar a idéia de extinção de qualquer vida afetiva, mas que deixa resíduos, as cinzas, na memória de seu protagonista, Henry, que, à beira-mar, ao som das ondas e ao ruído dos passos nos cascalhos, revive uma vez mais, episódios de seu passado: quando criança, caminhando com o pai, já morto, e que ele busca ainda agora, após vagar, sem conseguir fugir do barulho do mar; depois, adulto, com a mulher, Ada, e a filha, Addie, tocando piano e cavalgando. O pai não atende ao seu apelo. Mas consegue o protagonista evocar Ada e Addie, que cavalgam com ele, até que, pouco a pouco, tudo se esfumaça... Cinzas! À página 43, escreve Beckett, poeticamente: "mundo todo branco, grande infelicidade, nenhum ruído, senão *as cinzas, brasa que morre*..." (o grifo é nosso).

A saudade que sente do pai faz com que Ada, a mulher, o previna:

> Vem o momento em que verdadeiramente não é mais possível falar-te.
> (*Um tempo*) Virá o momento em que ninguém não mais te falará, mesmo os desconhecidos. (*um tempo*) Estarás só no mundo com tua voz, não haverá outra voz no mundo, senão a tua (p. 64).

E quando ela parte, ele lhe suplica que fique, mesmo sem falar nem escutar. Apenas ficar: "Ficar a meu lado" (p. 67).

Como o solitário do texto *Companhia*, da década de 80, que, estendido no escuro, com apenas uma voz, sente-se irremediavelmente só, exprimindo sua dor, está o protagonista de *Cinzas*. Ou Beckett?

Estão aqui tratados os temas da solidão, e da memória associada ao tempo e à morte, que tudo destroem. Mas, numa linguagem sonora, feita de palavras e ruídos que criam o ambiente e traduzem a sensação de perda irreparável e saudade.

Criada pela BBC de Londres, valeu-lhe o Prêmio Itália.

COMO É (Romance, francês, 1958-1960)

Longo monólogo, na primeira pessoa e publicado com divisão em três partes – "antes de Pim", "com Pim", "depois de Pim" –, quando a intenção do autor era publicá-lo num único longo parágrafo, não fossem os protestos do editor, é este romance *Como É*.

O narrador fala de um ser rastejante na lama – e a lama é ao mesmo tempo matricial e funerária –, na escuridão. De início, está só, até que chega Pim, havendo uma comunicação que logo se torna uma relação carrasco/vítima; porém, com a chegada de Bam, de carrasco de Pim ele passa a vítima de Bam, aumentando os seres rastejantes numa cadeia infinita, que alcança dimensões cósmicas. É uma imagem, aliás inédita, da condição humana.

As partes estão dispostas em estrofes ou versículos rítmicos, de extensão desigual, pois a divisão obedece à necessidade das pausas por parte do narrador ofegante – fala e rasteja, ao mesmo tempo.

Sem pontuação nem maiúsculas, sugere a possibilidade de uma ou mais partes, "antes de Pim", e uma ou mais partes, após o final, tal um moto contínuo, inacabável. É a relação carrasco/vítima, que não tem fim, ou constatação das atrocidades cometidas antes e durante a guerra; afinal o título do texto é uma constatação: *Como É*, no presente, pressagiando uma continuação...

É de notar-se o tom da narração: frio e impessoal, portanto imparcial e cruel, sem nenhum envolvimento emocional. Como um registro, neutro, objetivo, sem nenhum julgamento moral. Mas, não deixa de ser uma espécie de alerta.

Por suas frases inacabadas, repetitivas, permeadas de anomalias, como "quaquas", foi considerado, por muitos, apenas o romance da desintegração da linguagem, o que parece empobrecedor. Mas, de qualquer maneira, exigiu do autor um trabalho longo, tenaz, cerebral, que o levou a uma crise, não rápida, segundo confissão a amigos, já reportada na Parte I. Sem negar a preocupação formal do autor, aliás sempre confessada, é impossível ver apenas o aspecto formal do texto. Por que não uma leitura em diferentes níveis?

FIASCO I (Texto, francês, anos 60)

Foirade I, depois traduzido para o inglês, é um texto de dez páginas, que se abre com a figura de um *clown*, um pobre *clown*:

cabeça nua, pés nus, e vestido com uma malha e calças colantes curtas demais e, seus pés, tateando-se um e outro e se esfregando contra as pernas, ao longo da panturrilha e da tíbia (p. 27).

Com sua roupa "vagamente penitenciária" (p. 27), ele caminha, chocando-se sempre à cada curva contra as paredes que lhe fecham a caminhada. Perde sangue, mas avança lentamente, sem mudar de rumo, com grande dificuldade, fechando cada vez mais os olhos, mais e mais tempo, sem olhar para a frente ou ao redor, não se esforçando por transpassar a escuridão; nada vê, e perde a oportunidade de perceber

que tudo esteja inundado de claridade, o caminho, o solo, as paredes, a abóbada, ele próprio, tudo isso inundado de claridade, sem que ele o saiba. (p. 29).

Continua, com suas voltas e voltas, seus ziguezagues, e, curiosamente, lembra Murphy, o protagonista do romance homônimo, suas "excelentes pernas" (p. 30). Mas continua andando sem sentir, porém, "marcas de loucura em todo o caso, por ora é importante" (p. 30). E ainda descidas e subidas, "pouco importa em todo o caso, posto que sobe; pouco importa em todo o caso, posto que está no bom caminho, e ele o é, pois não há outros" (pp. 31-32).

Não há outros. E tudo em silêncio. Depois, ruídos, e novamente o silêncio, rompido apenas por aqueles do "corpo que avança"...; mas "não caiu ainda".

Se no início, não tinha lembranças de "seu pequeno passado" (p. 33), ele passa a tê-las:

a memória lhe vem e o leva, se quiser, longe para atrás até o instante para além do qual *nada*, e em que ele já *velho*, isto é, *perto da morte* (p. 34, o grifo é nosso).

Caminha, caminha, como se a vida o esperasse em algum lugar. Mas onde, "em relação a seu ponto de partida?" (p. 31). É o seu enigma, insolúvel.

São as preocupações beckettianas, tão freqüentemente ilustradas: vir de onde? E ir para onde? E o homem, prisioneiro de um mundo hostil, *clown* "vagamente penitenciário", a caminhar sem rumo...

FIASCO II (Texto, francês, anos 60)

A *Foirade II*, também traduzida para o inglês, muito curta (duas páginas e meia), talvez da década de 60, retoma o fiasco "Ao Longe um Pássaro", possivelmente dos anos 50. Começa surpreendentemente, repetindo o anterior:

> Renunciei antes de nascer, não é possível de outra maneira, era preciso no entanto que isso nascesse, foi ele, eu estava dentro... (o grifo é nosso).

num desdobramento ou dissociação *eu/ele*, que se prolonga, sempre em oposição, e repetitivo em relação a *Ao Longe um Pássaro*, embora depois se amplie:

> foi *ele que gritou*, foi *ele que viu o dia, eu eu não gritei, não vi o dia*, é impossível que eu tenha uma voz, é impossível que eu tenha pensamento e eu falo e penso [...] (p. 38) (o grifo é nosso)

Sente-se o *eu* responsável, pois se o *ele* viveu, e viveu mal, a culpa é do *eu* que vai contar a morte do *ele*:

> vou contar isso, vou contar sua morte [...] é *ele que morrerá, eu não morrerei*, o enterrarão talvez, se o encontrarem, *eu estarei dentro* (pp. 38-39, o grifo é nosso).

Só assim o *ele* libertará o *eu*, posto que agora impossibilitado de interferir. E o texto termina, com o *eu* vitorioso:

> ele não dirá nunca mais eu, ele não dirá nunca mais nada, ele não falará a ninguém, ninguém lhe falará, ele não falará sozinho, ele não pensará [...] *não há mais nada na sua cabeça, eu lá porei o necessário* (o grifo é nosso).

É um *eu* perturbado, com a volta obsessiva para si mesmo, e o desapego do mundo. Ou um esquizofrênico. Aliás, a personagem Murphy, do primeiro romance de Beckett, já referido, só se sentia bem entre os esquizóides, seus semelhantes, fugindo dos seus perseguidores, do mundo, enfim. Mas pode-se também pensar nas instâncias psíquicas, segundo Freud, além de ver na passagem reflexos de distúrbios psíquicos. É possível, aliás, submeter a obra beckettiana à análise psicanalítica, o que já foi tentado, entre outros, pelo especialista Didier Anzieu, em *Beckett et le psychanaliste*[27].

FIASCO III (Texto, francês, anos 60)

Nessa *Foirade III*, também vertida para o inglês, de apenas quatro páginas, aparece um *eu* estranho que conta: há cinco ou seis anos, tudo suportava, "salvo ser visto"; porém, recebia à noite a visita de um certo Horn, ser misterioso, que com ele permanecia cinco ou seis minutos, e só falava quando em meio às trevas, após consultar suas notas à luz de uma tocha elétrica. Assim, "Luz silêncio, escuridão palavra" (p. 41).

Um dia, interrompendo Horn, pediu-lhe para iluminar o próprio rosto; o visitante obedece, depois apaga a luz, e começa a falar, até ser de novo interrompido; no dia seguinte, ou após, novo pedido: iluminar o rosto e mantê-lo "iluminado até nova ordem" (p. 42). A luz vai-se enfraquecendo, "bruscamente escureceu e Horn se foi" (p. 43). Mas, como diz o narrador, ele o revê

> Acontece-me rever ainda o rosto empalidecendo [...] à medida que a sombra o atingia [...]. No final, enquanto inexplicavelmente tardava a dissipar-se por completo, eu me dizia. Nenhuma dúvida, é ele (p. 43).

É curioso notar-se que o inglês *horn* significa "chifre, corno", e as visitas da personagem são noturnas; além disso, durante sua última visita, antes de desaparecer bruscamente, após ter iluminado seu rosto, "a luz foi se enfraquecendo até ser apenas um vislumbre amarelo". Ou sulfuroso. Donde uma possível conotação diabólica.

Ao afirmar porém o narrador que "não é no espaço exterior, não confundir com o outro, que essas imagens se organizam", exprime que é no espaço mental que tudo ocorre. É também uma reviravolta em sua atitude diante da vida. Se antes ele não suportava ser visto, agora admite: "Acabarei por me deixar ver. Gritarei, se baterem, entrem!" (p. 41); além de tirar novamente "vidros e espelhos", possivelmente guardados para não se ver. E revelar-se. Com uma pirueta, inesperada, no final do texto, ao clima estranho e mesmo enigmático, sucede uma conclusão divertida: "Foi o atletismo no fundo que me perdeu", aludindo o autor à sua intensa vida desportiva na juventude. *Clowneria* beckettiana que, sem dúvida, despista. E a ambigüidade é uma característica do autor para ocultar-se.

27. Paris, Gallimard, 1992.

Recorde-se que Beckett, vítima de distúrbios psicossomáticos, submeteu-se, durante anos, à psicanálise[28], e o texto poderia ser psicanaliticamente focalizado.

FIASCO IV (Texto, francês, anos 60)

Nesta *Foirade IV*, de apenas duas páginas, também vertida para o inglês, está um narrador, *eu,* que se identifica, desde as primeiras linhas, com a *terra,* terra de onde vem – é a terra *matricial* – mas também para onde vai, com ela misturando-se. Terra, pois, matricial e *funerária.* Lê-se: "Velha terra [...] eu a vi, era eu [...] Ela vai estar sobre mim, serei eu, será ela, seremos nós" (p. 45), que ele renega ou rejeita, porém, logo em seguida, a exprimir talvez a sua hostilidade: "não foi jamais nós".

A terra que o cobrirá é a morte, que "não será talvez para amanhã, mas demasiado tarde", tal a sua aspiração de morrer logo, como sempre.

Já em casa, diante da janela, de uma e depois de outra – janela tão freqüente nos textos beckettianos futuros, talvez como uma abertura a outra realidade –, vê "o céu", "os diferentes céus", vê "felicidades", "houve também, infelizmente" e ainda "mortos". Daí exclamar: "Ah amar, morrendo, e ver morrer os seus depressa amados, e ser feliz" e acrescentar, resignadamente: "porque ah, não vale a pena" (p. 46).

É a desesperança. A ele, só restaria lá ficar, de pé, diante da janela, e ver "o céu"; "outros céus".

É um texto melancólico, em que Beckett chega a intercalar, sem aspas e sem negrito, a frase: *Triste fummo ne l'aere dolce,* tal a paixão que sente e sempre sentiu por Dante e seu idioma. Equivale a um profundo suspiro.

VER-SE (Texto, francês, anos 60)

Esse minúsculo texto, *Se voir,* também vertido para o inglês, de apenas duas páginas e meia, ainda que se aproxime dos anteriores pelo parágrafo único, é diferente; não apresenta o narrador *eu,* mas sim o impessoal *se* (a gente).

Pelo tom frio, impessoal, do narrador e a estranheza do que narra, ou melhor, descreve, aproxima-se do texto *O Despovoador,* de 1970; é pois, o seu antecedente. Também descreve "um lugar fechado", composto de uma arena e de um fosso, entre os quais há uma pista. Nela se vêem milhões e milhões de "pequenos corpos":

---

28. Deirdre Bair, *op. cit.*, p. 185 e tantas outras.

Milhões podem aí permanecer. Errantes e imóveis. Sem nunca se verem nem se ouvirem. Sem nunca se tocarem. É tudo o que se sabe (p. 51).

E no fosso, dividido em zonas, negras e claras, há "os corpos colocados no fundo. Os milhões que aí estão ainda. Parecem seis vezes menores..."; sendo que na pista que bordeia o fosso, em toda a sua extensão, e que "é feita de folhas mortas" (p. 53), há "um único corpo. Jamais dois aí se cruzam", pois é estreita. É o fim da descrição, fria e impessoal. Mera descrição.

Que quereria Beckett dizer? Seria o *campus* da morte, destino natural do homem? Ou da pré-morte? Para Evelyn Grossman, que lembra os filósofos lidos por Beckett, os pequenos corpos que giram no fundo de um fosso, numa *arena* (do latim, *arena*, areia), "são grãos de areia, partículas elementares, átomos". E Beckett, "um escritor preocupado com inscrever no infinito seu corpo de escritura"[29].

FRAGMENTO DE TEATRO I (Teatro, francês, anos 60?)

O texto de teatro interrompido, donde seu título *Fragment de théâtre I*, da década de 60, em francês, e traduzido para o inglês, põe em cena, num canto de rua, dois inválidos, em vias de decomposição. São: um cego, designado como *A*, que, sentado, arranha seu violino e só se detém para esmolar, voltando porém novamente à sua música; e um paralítico, *B*, que chega numa cadeira de rodas, movida graças a uma vara. Este, indica a rubrica, *sem emoção, passa as mãos diante dos olhos do outro*. E embora diga e repita "Pobre", e lhe proponha, imediatamente, uma espécie de sociedade – viverem juntos –, isto é inviável. O paralítico, casualmente, com sua vara golpeia o cego que queria justamente ajudá-lo. Desorientado e perdido, o cego, finalmente, consegue agarrar-se aos joelhos do involuntário agressor, que tem apenas uma perna.

À pergunta do porquê de não se deixar morrer, explica o cego

Não sou infeliz o suficiente (*um tempo*) *Isso foi sempre minha infelicidade, infeliz, mas não o bastante* (p. 26) (o grifo é nosso).

O aleijado, por sua vez, não se conforma com o fato de ter encontrado um cego e de tê-lo agredido; afinal, era "uma voz humana". Ao cego retruca: "Você não a ouviu bastante? Sempre os mesmos gemidos *do berço à sepultura*" (p. 28, o grifo é nosso).

Não podem ajudar-se; são os eternos carrasco e vítima, um do outro. O aleijado golpeia o cego, e o cego arranca-lhe a vara que é seu

---

29. Evelyn Grossman, *op. cit.*, p. 119.

apoio, sua proteção, reduzindo-o à impotência. E, no entanto, *B* havia reconhecido, no início, a oportunidade do encontro.

> Para mim, somos feitos para nos entender.
> Evidentemente, se você quiser que eu olhe ao meu redor, eu o farei.
> E se você quiser me passear, eu tentarei descrever-lhe a cena à medida que passearmos (p. 26).

Impossível a amizade. Impossível a ajuda recíproca que seria benéfica a ambos... É a dificuldade do relacionamento humano, presente já em *Esperando Godot* e *Fim de Jogo*, entre outros. É a *infelicidade, do berço à sepultura*, também presente, sempre.

FRAGMENTO DE TEATRO II (Teatro, francês, anos 60?)

Também da década de 60, em francês, é essa peça de teatro interrompida. Por quê? Nada consta a respeito. Suas últimas palavras são uma interjeição de surpresa: "Como!", proferida por um dos secretários da personagem *C*. Esta contratara dois, designados como *A* e *B*, para realizarem uma pesquisa de sua vida.

C está imóvel e mudo, de costas para o público, diante de uma alta janela aberta para o céu, à noite, enquanto os secretários que vieram instalar-se às suas mesas de trabalho, tagarelam todo o tempo e comentam sobre a vida do pesquisado, que parece ser alguém importante.

Mas o texto se interrompe, quando um dos secretários manifesta sua surpresa: tendo-se aproximado da janela onde se encontra *C*, olhara o seu rosto. Vendo algo estranho, aproxima seu lenço daquele rosto. Para enxugá-lo? Ou para cobri-lo? Conjecturam os críticos. Seria o pano de Verônica para retirar o suor da agonia? O sudário? *C* estaria talvez morto. Mas o que surpreende o rapaz poderia ser o olhar do homem, olhar que ainda não morreu...

Em todo o caso, é a presença da morte, desde o início.

ESBOÇO RADIOFÔNICO (Rádio, francês, anos 60)

Esse *Esboço Radiofônico* está seguido de outro esboço, mais curto ainda, ambos da década de 60, e traduzidos para o inglês.

No primeiro, aparecem *A* (o animador) e sua datilógrafa (*D*), que interrogam um indivíduo, Fox (*F*), por intermédio de Dick, um assistente-carrasco, mudo, que está munido de um "nervo de boi", um instrumento de tortura. *F* está com os olhos vendados, com uma mordaça e bolas aos ouvidos. Tiram-lhe, porém, esses objetos que o tolhem, e ele, pouco a pouco, sob pressão contínua, evoca sua história, ou talvez, inventa-a, enquanto *D* toma seu depoimento. Aliás, no início, ela relê o que já anotara.

Seu tema – a falta de liberdade – será retomado por Beckett numa de suas últimas peças, *Catástrofe*, em que se assiste à manipulação destruidora do indivíduo. Mas, já aqui, cerca de vinte anos antes, está essa manipulação, de maneira dura e impessoal, com o animador, implacável, que chega a adulterar o depoimento, apesar dos protestos da datilógrafa, sensível e sincera, que diz: "Mas, senhor, ele não disse nada semelhante, nunca", ao que ele responde, vociferando: "Com o que a senhorita se mete? Com meus ouvidos? Com minha memória? Com minha boa fé? (*trovejando*)" (p. 85).

E aos choros da moça, finaliza, insensível, indiferente a não ser ao seu próprio interesse. Desembaraçar-se da tarefa. Isso é tudo. Diz: "Não chore, senhorita. Enxugue seus lindos olhos e *sorria-me*. Amanhã, quem sabe, estaremos livres" (p. 85).

A, tal como o *metteur en scène* de *Catástrofe*, é inabalável no exercício de *seu dever*: a manipulação do indivíduo. Porém, mais cruel, torturando sem piedade. Possivelmente, até a morte. Em *Catástrofe* há, sem dúvida, mais sutileza. E o mesmo acontece em *Que Onde*. A sutileza não suprime porém a crueldade da tortura nem o protesto contra ela.

DIAS FELIZES (Teatro, inglês, 1960-1961)

Peça composta entre 1960 e 1961, foi encenada em Nova York e um ano mais tarde, em Londres; em Paris, só em 1963, com o título *Oh les beaux jours*, inspirado por um poema de Verlaine, "Colloque Sentimental": "Oh! Les beax jours de bonheur indicible".

É, como em *A Última Gravação*, um longo monólogo. Se Krapp, porém, se ouvia e, numa certa medida, respondia a si mesmo, Winnie, a protagonista, tem em Willie, seu marido, apenas um ouvinte, pois ele permanece, via de regra, em silêncio, sublinhando ainda mais a solidão da mulher.

A solidão – tema beckettiano por excelência – está presente já no cenário desolador – um deserto, em que Winnie está enterrada até a cintura, no Ato I, e até o pescoço no Ato II. Não há árvore ou estrada, como em *Esperando Godot*, acenando com a possibilidade de proteção ou evasão desse deserto escaldante, com sua luz ofuscante e onde se ouvirá um som estridente, agudo, agressivo, que, no início de cada ato, desperta a personagem para a vida. Para a vida? Ou para a ameaça da morte, cada vez mais próxima? O mesmo som se faz ouvir no final e ela já deslizou e continua deslizando para o *nada*, absorvida pela terra. A terra a suga para o seu interior, como ela diz num determinado momento. E isso está traduzido cenicamente por Beckett, de forma original; é a ilustração concreta, material, de como, pouco a pouco, ela vai morrendo, tal um títere manipulado por entidades infernais que a atraem irremediável e implacavelmente para as profundezas. Imagem poético-plástica de extraordinária força expressiva. E originalíssima.

Está Winnie bem vestida, maquilada e enfeitada. Dentro do contexto – um local desértico e uma autêntica urna funerária –, a ocupante, que faz naturalmente sua *toilette* diária, oferece uma imagem bastante estranha. É a derrisão total. Ela, várias vezes, fala de "dias felizes", donde o título da peça, bastante irônico e ambíguo. São os atuais, numa espécie de cegueira voluntária? Ou os do passado, quando ainda se locomovia, ou melhor, vivia?

Há o irônico contraste entre o que se passa, na realidade, e o que ela diz. Está solitária, semi-enterrada viva, implorando resposta do marido, ou pelo menos, um aceno seu para que não se sinta completamente abandonada; está, porém, só e procurando preencher seus dias *com pequenos gestos* de tirar objetos de sua sacola e *com palavras* que são, para ela, um meio para passar o tempo, distrair-se e vencer *o silêncio* e esquecer *a imobilidade* – o *Nada* –, a que está condenada.

Falar é como querer exorcizar sua situação de prisioneira – uma prisioneira sem esperança. Tagarela todo o tempo, manipula seus objetos, conta ou evoca histórias reais ou imaginárias: a passagem do casal Pipper ou Cooper, ela não mais se lembra do nome, mas, sim, dos comentários que fizeram sobre sua situação insólita; ou ainda a história de Mildred, talvez a sua própria, na infância. São as eternas histórias das personagens beckettianas. Para escapar da sua situação atual?

O Ato I é angustiante, e mais ainda o Ato II. Winnie *parece* não compreender sua situação real, nem tampouco sentir o horror que a rodeia. Diz:

> A terra está apertada hoje, a menos que eu esteja *inchada* (*um tempo, distraidamente, com os olhos baixos*) O forte calor, sem dúvida...
> (*Ela começa a dar tapinhas e a acariciar a terra*) Todas as coisas estão se dilatando. Umas mais (pp. 38-39).

Finge ser feliz, tal como Estragão e Vladimir, que diziam:

> – Diga eu estou contente.
> – O que é que a gente faz, agora que se está contente?

Assim, manipulando seus objetos, tagarela, lança até mão de reminiscências literárias, como quando diz, enquanto pinta os lábios "Qual é aquele verso admirável? Oh fugitivas alegres – oh... ta-la lentas infelicidades" (p. 19).

Ou

Quais são esses versos maravilhosos? (*enxugando uma vista*) infelicidade minha – (*a outra vista*) – que vejo o que vejo (p. 14).

Finge, pois, até o momento em que deixa de dissimular crer no que diz; na realidade, não crê, desde o começo. Por exemplo, "rezar a velha prece", de *outrora,* não impediu a realidade do seu *hoje.* Informa a rubrica inicial que ela balbucia uma prece (p. 11). Depois, não mais, e ela o confessa, no final:

> Eu rezava outrora (*um tempo*) Eu digo, eu rezava outrora (*um tempo*) [...] (*sorriso*) Não mais agora (*sorriso mais amplo*) Não, não (p. 69).

Afinal, mais lúcida, ou mais sincera, reconhece

como é duro, para o espírito (*um tempo*) ter sido sempre aquela que sou – e estar tão diferente daquela que eu era (p. 70).

Construiu para si um sistema de defesa feito de otimismo. Mas, ele vai se enfraquecendo.

Ela, que se aconselhava no Ato I: ser previdente, não explorar demais as suas possibilidades, isto é, não esgotar a riqueza que sua sacola contém, nem explorar sua capacidade de falar, dizendo-se: "Winnie, seja previdente, pense no momento em que as palavras a abandonarão" (p. 44), já pressentia sua necessidade de adaptar-se às circunstâncias, comentando talvez com certo orgulho: "A maneira como o homem se adapta (*um tempo*) às condições cambiantes".

Agora, no Ato II, continua a dizer que os dias são lindos, mas com menos freqüência, pois a sacola pode apenas ser vista; perdeu sua utilidade. Várias vezes, interroga Willie: "E agora? (*um tempo*) E agora, Willie?" (pp. 75-83).

A situação de estar encurralada, sem saída, é mais aguda. Ouve gritos em sua cabeça (p. 77), mas procura reagir, estoicamente: "Não posso fazer mais nada (*um tempo*) Nada mais dizer (*um tempo*) Mas devo dizer mais" (p. 83), chegando a manifestar felicidade, e estimulando Willie, o marido, quando este, em traje a rigor e luvas, tenta ir ao seu encontro, arrastando-se desde detrás do monte, onde se aloja, sem no entanto conseguir sequer tocá-la. Procura então a força para cantarolar, e depois canta, docemente, a valsa de *A Viúva Alegre*, valsa de sua caixinha de música. Ironia beckettiana, desde o título. Como irônico é o nome dela: Winnie, do verbo inglês, *to winn*, sugerindo "ganhadora", "vencedora". Tão irônico quanto o nome do marido; Willie, de *will*, insinuando a possibilidade, quando sua impotência é absoluta. E a peça termina, com ela, cantando, ainda, docemente. Depois se cala; fecha os olhos, e abre-os, sorrindo e olhando Willie, de quatro. Mas o sorriso se apaga e os dois se entreolham, em silêncio.

Nesta, talvez mais claramente que nas peças anteriores, exprime Beckett o drama da humanidade condenada à morte. E isso, sem intriga, sem ação e, por assim dizer, quase sem atores. É o abismo da devastação, como em *Fim de Jogo*, mas dissimulado pelo sorriso da mulher e seu tenaz otimismo. Estão aqui ilustrados temas fundamentais, como: a solidão, mais atroz, justamente por estar Winnie com o marido, uma presença inacessível; a ausência ou silêncio de Deus; a impotência diante da natureza; a incomunicabilidade humana, além da desintegração paulatina do espírito, paralela à do corpo. Peça com uma protagonista mulher, o que a torna mais pungente e angustiante, talvez pela maior sensibilidade feminina, em face do envelhecimento, e a preocupação de escamotear, com a maquilagem, o estrago feito pelo vento devastador dos anos, do tempo. Pressente-se, dizem alguns críticos, a profunda piedade de Beckett pela criatura humana, ilustrada aqui por Winnie, sua primeira personagem feminina, no teatro.

É mister, porém, notar que, de início, pensara pôr em cena uma personagem-homem; a mulher, no entanto, oferecia-lhe maiores possibilidades cênicas, tais como a coqueteria, o remexer na sacola, o retirar seus pertences e usá-los, acentuando assim o contraste entre a fragilidade, a frivolidade da criatura humana com seus gestos cotidianos, e o seu fim ineludível – a morte.

Seria Winnie, a otimista, uma espécie de paródia da personagem Cândido, de Voltaire? Lembre-se que Cândido é discípulo do Dr. Pangloss, paródia por sua vez de Leibniz, o filósofo que acreditava que "tudo está para o melhor, no melhor dos mundos possíveis".

PALAVRAS E MÚSICA (Rádio, inglês, 1962)

Words and Music, traduzida para o francês pelo próprio Beckett – *Paroles et musique* – é peça radiofônica difundida em 1962, pela BBC de Londres, com música de John Beckett, primo do autor. Apresenta três personagens: Croak ("o crocitar do corvo"), que é aquela que comanda (Milord) as duas outras, Palavras, também designada como sendo Jo, e Música, ou Bob. Há, pois, um duo que "conversa" sob as ordens de Croak, num diálogo muito *sui generis*.

Numa linguagem confusa, com termos reiterados e entrecortados, num estilo que, num determinado momento, aproxima-se, em uma certa medida, do de Lucky, de *Esperando Godot*, Palavras evoca a paixão da Preguiça, sendo interrompida por Milord, com interjeições, pois o tema exposto é *o Amor*. Gemidos e suspiros de Croak, emocionado, cortam a exposição; e o tema seguinte proposto é *a Velhice*, resultando um poema que depois é também cantado por Palavras. Esta evoca finalmente num *Rosto* (terceiro tema), o de Lily, mulher amada por Croak, no passado, ao que ele, sem poder conter-se, foge.

Croak sofre com as lembranças dolorosas, as cenas que se foram irremediavelmente e que vieram à tona, graças às duas outras personagens, reavivando-lhe o passado; donde o desespero e a fuga. Mas tudo pode se repetir e, com isso, o sofrimento será sempre renovado, pois Croak escutou seus próprios pensamentos; os pensamentos de um velho, melancólico, e presa de suas próprias lembranças, que, concomitantemente, o fascinam.

Os três temas abordados por Palavras se resumem a um único – o da saudade de tudo o que se foi com a juventude – envolto num lirismo, mescla de mordacidade e ironia.

Embora a música aqui esteja melhor integrada que em *Cascando*, a peça não deixa de ser abstrata.

COMÉDIA (Teatro, inglês, 1963)

Play, traduzida para o francês[30], focaliza uma história de adultério, com três protagonistas, designados por H 1, M 1 e M 2; portanto, não identificados. E, num despojamento extremo, desenvolve-se essa história de uma impressionante banalidade, mas mostrada de maneira engenhosa, com as personagens enterradas em jarras até o pescoço e com maquilagem terrosa que as confunde com a matéria dos recipientes. Nenhuma delas está consciente da presença das outras duas e todas ignoram onde se encontram.

Cada uma, imóvel, só fala quando a luz incide sobre seu rosto; cala-se, quando a luz se apaga ou passa a iluminar a outra personagem. Suas vozes são monocórdicas, átonas, e a história é representada duas vezes, mas não de maneira muito clara, pois Beckett empenhou-se na sua redação da peça para torná-la ambígua. Escreveu as falas de cada personagem, separadamente, e depois as entremeou de maneira a repartir as réplicas. E o que se ouve é: o marido se defendendo das acusações; a mulher que grita, esbravejando; a amante fazendo dengos. Ao chegar ao final, vêem-se obrigados a recomeçar.

Qual versão corresponde à realidade? Talvez, diz um comentarista, o projetor não seja suficientemente inquiridor, porque as palavras só podem ser falsas. Neste sentido, trata-se de uma *comédia*. Diz M 1:

Será que não digo a verdade, será isso, que um dia enfim eu direi de maneira passável a verdade e então não mais luz enfim, contra a verdade? (p. 23).

Trata-se de um jogo de vozes, abolindo quase a presença do ator-personagem. Ou um teatro minimal. As personagens falam, mas não

---

30. Encenada em junho de 1964, em Paris. Estreou, porém, mundialmente, em junho de 1963, na Alemanha, com o título *Spiel*.

dialogam; portanto, monólogos que se entrecortam, narrando cada uma delas a história, segundo seu próprio ponto de vista, quando iluminada pelo *projetor*, qual uma quarta personagem, muda, que lhe extorque a palavra. É este que representa o papel de *inquiridor* (termo de Beckett, na versão inglesa), e que dá vida, ora a um, ora a outro, aos rostos mortos, animando-lhes o espírito e as dores morais, até mergulhá-los no nada. Projetor não apenas "inquiridor", mas também inquisidor, por ser de rigor absoluto na busca da verdade.

Como bem nota Jean-Jacques Mayoux, trata-se de "puro teatro expressionista", uma curiosa "sonata dos espectros"[31], já que estão mortos, na sua imobilidade, e não falam espontaneamente. Por outro lado, a banalidade da intriga – o eterno triângulo amoroso, com a cadeia de hipocrisias e fraquezas –, o aspecto inusitado das personagens e seus monólogos, em que a trivialidade se entrelaça, contrastante, com o preciosismo de certas expressões, o que é cômico, enfim, a pseudopsicologia, tudo revela, uma vez mais, o inconformismo de Beckett em face de um teatro tradicional, digestivo. É, pois, um marco na carreira teatral de Beckett.

FILM (Filme mudo, roteiro em inglês, 1963-1964)

Beckett compôs o roteiro desse filme mudo, de trinta minutos de duração, que foi rodado em Nova York pelo *metteur en scène* americano Alan Schneider. Se pensara de início em Chaplin para o papel do objeto, *O*, perseguido pela câmera, *OE* (olhar e câmera) – é a cisão do protagonista –, acabou aceitando Buster Keaton em seu lugar.

O título – *Film* –, além de indicar que se trata de um filme, repousa sobre um jogo de palavras; o protagonista traz um tapa-olho ou película preta num dos olhos – é um *film*. Na realidade, *grosso modo*, há duas personagens, como em *Diga Joe* ou em *A Última Gravação*: a personagem e a câmera (e/ou o gravador, na segunda peça). Beckett inicia seu roteiro com uma citação da fórmula famosa do filósofo irlandês, Berkeley: *Esse est percipi*.

E continua, comentando:

> Percebido por si subsiste o ser subtraído de toda percepção alheia, animal, humana, divina.
> A busca do não-ser por supressão de toda percepção alheia tropeça com a insuprimível percepção de si.

Beckett adverte então: "Propósito retido simplesmente por suas únicas possibilidades formais e dramáticas" (p. 113).

---

31. *Apud* Alfred Simon, *op. cit.*, p. 253.

Nesse filme, ambientado no fim de 1929, o autor evoca um velho, Buster Keaton, que quer fugir de todo e qualquer olhar, de toda e qualquer percepção externa a fim de alcançar o não-ser. *O* está fugindo de *OE* (olhar e câmera) que o persegue, sem trégua, desenvolvendo-se o filme em *três locações*, como já descrito na Parte I. É *o olho*, ou *o olhar da câmera*, que o encurralará de maneira indiscreta, sempre.

Ele, que só era visto de costas, após dormir, ao despertar, sente-se *focalizado de frente*, brutalmente, pela primeira vez, com seu tapa-olho negro à esquerda; é olhado por seu *duplo, seu próprio olhar*, mas com uma expressão diferente da sua. E horrorizado, esconde o rosto para não se ver.

Interessante notar-se a diferença entre: *O*, visto no quarto, pela percepção de *OE*; e o quarto visto pela percepção de *O*, imagens que deveriam ser distintas: a primeira mais clara e implacável, enquanto a segunda, mais evanescente e impalpável – é o comentário dos que assistiram ao *Filme*, que foi, aliás, laureado, em 1965, em Veneza, com o Prêmio da Jovem Crítica.

Observe-se que, em textos como *Mal Visto Mal Dito*, da década de 80, adota Beckett a técnica de filmagem, com "um espreitador-observador" que, como uma câmera, percorre uma paisagem, onde se encontra uma casa e nela uma senhora e seus movimentos... Mas, com este *Filme*, introduz Beckett o tema do *olhar* e da *percepção* no centro de sua marcha criadora e esta, como bem aponta Alfred Simon, questiona "o próprio espetáculo", pois cada um "apenas existe na medida em que é visto pelo olhar das mídias"[32].

CASCANDO (Rádio, francês, 1964)

Essa peça foi composta em 1963, para a rádio francesa[33], com música de Marcel Mihalowici, o mesmo compositor da música da ópera que tem *A Última Gravação* como libreto. Porém, não se trata de mero acompanhamento; qual uma personagem ou voz, a música aqui participa do diálogo.

Aparecem o Abridor (Ouvreur), que abre, fecha e abre novamente o compartimento, ou melhor, a fonte sonora que contém suas lembranças e reflexões a serem expressas por Voz e Música.

Cascando é um termo italiano que evoca as quedas de Maunu, caminhante beckettiano, cuja história é contada por Voz: suas tentativas para ir de sua barraca ao mar e de lá a uma ilha, tentativas que são sempre prejudicadas por quedas. No relato, feito de hesitações, tateios,

---

32. *Op. cit.*, p. 255.
33. Publicada anteriormente em *Drammatische Dichtungen*, Frankfurt, Band I, Suhrkamp Verlag. Tradução de Beckett.

retrocessos, à procura do bem narrar, Voz, esgotada (é o narrador oral), desmaia, tendo chegado ao limite do não-dizer, ou o indizível – a eterna preocupação beckettiana, até o final. Ou o fracasso do narrador, sua incapacidade de expressão, momento em que Música intervém. Estão no mês de maio, na primavera, com a esperança de renovação; mas Voz, procurando narrar a história de Maunu, como tantas outras personagens beckettianas e suas histórias, está, na realidade, procurando narrar, acabar sua história, e bem, para poder enfim descansar. Ou, como diz, entrecortadamente, acompanhada por Música:

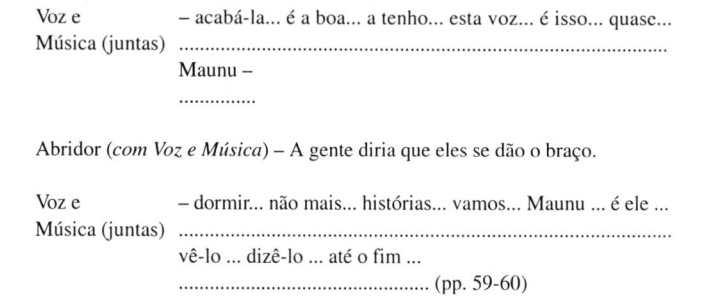

> Voz e — acabá-la... é a boa... a tenho... esta voz... é isso... quase...
> Música (juntas) ....
> Maunu –
> ....
>
> Abridor (*com Voz e Música*) – A gente diria que eles se dão o braço.
>
> Voz e — dormir... não mais... histórias... vamos... Maunu ... é ele ...
> Música (juntas) ....
> vê-lo ... dizê-lo ... até o fim ...
> .... (pp. 59-60)

E a peça, logo mais, acaba, sobrevindo o silêncio. Mas antes o narrador (Voz) mostra Maunu que se arrasta na lama – tal como Molloy ou Pim, personagens dos romances *Molloy* e *Como É*, respectivamente –, vai em direção ao mar, numa evocação cortada, interrompida pelo Abridor, e alternando-se com Música.

Segundo o diretor Roger Blin, que dirigiu a peça, há no texto três planos:

1. o do Abridor, que representa o Poder, poder misterioso – como o som estridente de *Dias Felizes,* ou o assobio e o aguilhão, das pantomimas *Ato sem Palavras I e II*, respectivamente –, que dá a palavra à Voz ou à Música, pois nada podem sem ele.
2. o do infeliz Maunu que se esforça por alcançar a barca e chegar à ilha.
3. o do Narrador que, ofegante, descreve com dificuldade o que vê, de maneira vaga (*Mal Visto Mal Dito*, poder-se-ia aqui dizer, parafraseando um dos últimos textos em prosa de Beckett).

O Abridor conta uma outra história, incompleta e imprecisa, e, quando falta a do narrador, deixa "passar lufadas musicais que a corrigem ou contradizem... E a peça termina com um final a três vozes, vista através de três lupas derrisórias", observa, com razão, Pierre Mélèse[34].

---

34. *Op. cit.*, p. 113. Refere-se à opinião de Roger Blin.

Tudo teria se passado na cabeça do Abridor? O Abridor (escritor), cuja função é fazer com que venham as palavras e a música? Ou a música das palavras?

VAIVÉM (Teatro, inglês, 1965)

Peça curtíssima – *Come and Go* –, mas traduzida para o francês pelo próprio Beckett – *Va-et-vient* –, tem apenas poucos minutos de duração, pondo em cena três personagens femininas, designadas por Flo, Vi, Ru, *tão semelhantes quanto possível*, diz a rubrica, mas diferenciadas apenas pela cor de sua indumentária, mesmo porque seus nomes, monossilábicos, não as identificam.

Estão sentadas num banco invisível; e, com intervalos regulares, uma delas desaparece na obscuridade, enquanto as outras duas falam da desaparecida, com uma voz *no limite da audibilidade*. *Por três vezes*, ao longo da representação, uma delas cochicha ao ouvido da outra alguma coisa sobre a ausente. E ouvem-se exclamações: "Misericórdia! Ela não sabe"; "Infelicidade"; "Não lhe disseram. Miséria" (p. 40). Mas, quando reunidas, evocam, sinteticamente, e até com laconismo: episódios escolares, sonhos de jovenzinhas. No fim, juntam-se-lhe as mãos, "daquela nossa maneira" como "nos velhos tempos?" – tempos que não souberam, nem puderam evocar em suas breves réplicas, nessa insatisfatória conversa recheada de *silêncios* e *cochichos*. Apesar de suas limitações, contém lembranças e segredinhos, cuja revelação é seguida de exclamações, quais um eco.

Seriam as Parcas?[35] Aliás, diz Vi: "não se pode falar dos velhos tempos? (*Silêncio*) Daquilo que vem depois? (*Silêncio*)" (p. 42). Um jogo, portanto, sobre a Morte, mas também sobre o Amor, num tom de insignificância e de doce zombaria. *Vaivém*, com as três mulheres, de mãos juntas no final, está ainda sugerindo não só a roda infantil, mas também a roda da vida e da morte, ineludível, além de uma possível seqüência de gerações. O tempo corre... Tudo, poética e sinteticamente sugerido.

IMAGINAÇÃO MORTA IMAGINE (Texto, francês, 1965)

Breve texto, de 1965, *Imagination morte imaginez*, de apenas sete páginas, é impressionante por sua visão pós-apocalíptica, embora descrita em tom frio, neutro, como se se tratasse de algo banal.

É a evocação de um lugar fechado, totalmente branco, em meio a imensa brancura. Ambiente espectral, pela ausência de cor, onde se

---

35. Alfred Simon, *op. cit.*, p. 255.

encontra uma rotunda branca, dividida em duas partes: em cada uma, um corpo, estirado, imóvel, ainda que com vida, pois os olhos ainda não se apagaram totalmente. Constam medidas da rotunda, posição dos corpos etc., tudo num tom de mera informação, sem a menor intervenção subjetiva, sentimental.

O narrador, tal um técnico em serviço, vê, pormenorizadamente, a passagem da luz à escuridão total, e do calor (que acompanha a luz) ao frio, com alternância, havendo múltiplos graus intermediários. É a *precisão* na pintura dessa paisagem devastada, para a qual o leitor é humoristicamente convidado a imaginar, desde as primeiras linhas. É um humor macabro em face da ausência de vida:

> *Em nenhuma parte vestígio de vida*, diga você, ora, que belo negócio, imaginação não morta, sim, bem, imaginação morta imagine (p. 51, o grifo é nosso).

É um apelo à imaginação do leitor para além da imaginação, criando uma paisagem mental, que retrata agora um ambiente calmo, em repouso, de onde parece estar ausente o sofrimento. Mas antes? E se aparece "um ponto branco perdido na brancura", logo o narrador o afasta, ou os afasta, pois deve haver outros, na imensa brancura. Ou não. Lê-se, de um narrador indiferente, insensível diante da falta de vida, o seguinte conselho:

> *Deixe-os lá, em suor e congelados* há melhores para além. Mas não, *a vida se acaba e não, não há nada para além* (p. 57, o grifo é nosso).

Afirma e nega em seguida – característica beckettiana –, nesse final, tendo antes criado um suspense, ao descrever os corpos da rotunda:

> Nem gordos nem magros, nem grandes nem pequenos, os corpos parecem inteiros e em bastante bom estado, a julgar pelas partes oferecidas à vista (pp. 56-57).

Trata-se, sem dúvida, de um texto relevante, mesmo na sua exígua dimensão, por ser o primeiro que evoca um possível amanhã apocalíptico. Um alerta.

DIGA JOE (Televisão, inglês, 1966)

Eh Joe, peça escrita para a televisão londrina, a BBC, em 1966, e traduzida pelo próprio Beckett para o francês, com o título *Dis Joe*, apresenta uma única personagem, Joe, beirando os cinqüenta anos, no *seu quarto, em robe de chambre e chinelos,* de início *de costas e sentado em sua cama* e depois, agitado, abrindo e fechando janela, porta, armário, vedando todas as saídas, espiando embaixo da cama, até distender-se, com os *olhos fechados.* É a câmera que o focaliza e o persegue; e quando a voz começa a ser ouvida, Joe abre os olhos – é a voz de sua consciência, ainda que confundida com a da amante atual.

A câmera, em nove movimentos, vai se aproximando mais e mais do seu rosto, enquanto a voz lhe fala da moça que ele abandonou e que, desesperada, cometeu o suicídio. Justamente um amor verdadeiro, oposto ao atual. E à medida que a voz se faz ouvir, a imagem de Joe vai ocupar toda a tela; aos poucos, a câmera amplia-lhe o rosto. A voz é bem a obsessão das lembranças alegres, desesperadas, arrependidas, enfim dramas – que ele desejaria apagar, no que se aproxima, sob certo ponto de vista, de Krapp, de *A Última Gravação*. Aproxima-se também, numa certa medida, da personagem de *Film*, que procura preservar seu *eu*, vedando todas as aberturas, apagando todos os olhares. Mas, à diferença da personagem do cinema, que aparece de frente apenas um instante, no final, Joe, a cada movimento de aproximação da câmera, domina mais e mais a tela, todo o tempo, exibindo, sob o olhar implacável do aparelho, a angústia de seu pensamento. Pensamento posto a nu pela câmera "personagem reveladora". E pensa-se na luz "inquisidora" de *Comédia*, peça em que as personagens, como já foi visto, impassíveis, só falam quando iluminadas pela luz que lhes "extorque" a palavra, tal uma outra personagem.

Mudo e praticamente imóvel está, porém, Joe, exceto quando ouve a voz da sua consciência, ou melhor, *impassível salvo na medida em que reflete a tensão crescente da escuta*, diz a rubrica (p. 83).

No final, imagem e voz, que são rigorosamente complementares, desapareçem, após, diz a rubrica: *um tempo de cerca de três segundos*.

Ou escuridão e silêncio finais.

BING (Texto, francês, 1966)

O texto pode ser considerado a continuação de *Imaginação Morta Imagine*. É a predominância do branco, desde o início, descrevendo um corpo estendido, branco, num espaço totalmente branco – são setenta seqüências afirmando oitenta vezes o branco, resultado do trabalho minucioso, e mesmo cerebral, do autor.

O branco inicial vai, como num eco, de branco em branco, ampliando, intensificando a brancura. E se os olhos do homem são descritos como sendo de um "azul pálido", vem, imediatamente depois, "quase branco" (p. 61), como que corrigindo o deslize vocabular, para evitar a quebra do branco.

Tal como o som que se propaga, que ecoa, o relato *Bing* vai de fragmento a fragmento de texto, desenvolvendo-se e intensificando o branco. O título é, pois, o resumo do método empregado – o da propagação. E se *Imaginação Morta Imagine* é o amanhã, o dia após a catástrofe, o apocalipse, *Bing*, sua seqüência, é também sua afirmação: a brancura espectral, *a morte*. Em tom branco, frio, monótono e sem verbos – estes, exprimindo ações, significariam vida, quando, ao contrário, tudo está imóvel, silencioso, morto –, finaliza o texto, de apenas seis páginas, sem parágrafo:

> Luz calor tudo sabido tudo *branco* coração respiração sem som. Cabeça bola bem alta olhos *brancos* fixa face velho *bing* murmúrio último talvez, não só um segundo olho embaciado negro e *branco* semicerrado longos cílios suplicando *bing* silêncio acabado (o grifo é nosso).

Deve-se notar, em *Bing*, como em outros textos beckettianos – *Rumo ao Pior*, *Sobressaltos* etc. –, repetição ou retorno de fragmentos do texto, de "fragmentos-fantasma", na designação de Evelyne Grossman, já citada na Parte I, que aponta sua "força hipnótica de uma reiteração contagiosa que, por sua vez, fascina o leitor". Donde sua força estranha de "melopéia"[36].

Num sussurro, como se ouve ou deve-se ouvir, no teatro, a fala monótona e ritmada do ator-protagonista de, por exemplo, *Solo* (*A Piece of Monologue*), leia-se a transcrição, em francês, para conservar sua sonoridade:

> Trace fouillis gris pâle presque blanc sur blanc [...]
> Traces fouillis signes sans sens gris pâle presque blanc [...]
> Traces fouillis signes sans sens gris pâle presque blanc sur blanc [...]
> Traces seules inachevées, données noires gris pâle presque blanc sur blanc [...]
> (pp. 61-62)

E o texto segue, tal um canto monótono, criando uma atmosfera de estranho fascínio.

BASTANTE (Texto, francês, 1966)

Também originariamente em francês, é um texto curto (quinze páginas), que focaliza um casal ora separado. Outra evocação beckettiana, mas não de um homem; é o *eu* da mulher que narra a longa vida errante do casal, através do globo, num relato que traduz, poeticamente, a beleza da vida, serena e feliz, apesar da inevitável separação pela morte. Ou como diz singelamente:

> Um dia ele me disse para deixá-lo. É o verbo que ele empregou. Ele não contava com mais tempo. Não sei se dizendo isso queria que eu o deixasse ou simplesmente que eu me afastasse um instante (p. 34).

---

36. *Op. cit.*, pp. 113-114.

Mas, ela se afastou, naturalmente. Era mais jovem que ele, "que não contava com mais tempo". Já haviam errado pelo mundo, de mãos dadas, com carinho, em perfeita comunhão, embora ele estivesse cada vez mais curvado para a terra – a morte. Já haviam caminhado, de mãos dadas, com "as mesmas necessidades e as mesmas satisfações" (p. 34) e vivendo de flores. Ele, muito curvado, disforme:

parava e sem ter de inclinar-se apanhava um punhado de corolas. Depois repartia mastigando. Elas exerciam no conjunto uma ação calmante [...] *Nada senão nós dois arrastando-nos nas flores. Bastante meus velhos seios sentem suas velhas mãos* (p. 47, o grifo é nosso).

É o final do terníssimo conto que revela um Beckett humano, capaz de traduzir, poeticamente, a vida a dois, em harmonia total, oposto ao Beckett de *Primeiro Amor.* Uma trégua na sua visão de mundo? Com suas frases curtas, em geral claras, sem tropeços, num relato sereno, traça o ameno relacionamento do casal. Além disso, vê-se a atitude do velho que, querendo "desfrutar do céu" e impedido de vê-lo, tal a curvatura do seu dorso, "se servia de um espelhinho redondo" (p. 42). É um texto admirável, de ternura ímpar, e em que certos críticos vêem não o casal marido-mulher, mas Beckett e o pai, amigos inseparáveis até a morte.

SEM (Texto, francês, 1969)

Sem, texto curto de apenas nove páginas, tem um escriba/observador, que, de longe, descreve uma paisagem imensa, nua, desolada, em cujo centro se encontra um ser solitário, de pé, imóvel, próximo a ruínas – "verdadeiro refúgio, enfim", diz o texto que se caracteriza pela privação, explícita desde o título[37] que custou não pouco trabalho ao autor, por não haver, segundo ele, em francês, substantivo capaz de exprimir a ausência em si, a ausência em estado puro. "Ou ausência, de caráter infinito, equivalente a uma presença negativa, uma eternidade morta e viva, cambiante e estática"[38].

Aqui são palpáveis três temas que retornam quais *Leitmotiv* – as ruínas; o horizonte, "longínquo, sem fim"; e o "pequeno corpo", só, de pé –, cuidando o observador/narrador de cercá-los sem trégua, num conjunto inseparável.

Há de um lado a ausência freqüente de verbos e, de outro, o emprego constante de negativas marcando a privação: "*nem um* ruído *nada que se move*"; "enfim *nenhuma* lembrança", "silêncio *nem um*

---

37. Tradução de Beckett para o inglês: *Lessness,* um neologismo beckettiano.
38. Alfred Simon, *op. cit.,* pp. 258-259.

sopro", "*sem* saída", "*sem* tempo", "*sem* relevo", e assim por diante, havendo ainda o predomínio do *cinza* – 47 vezes em texto tão breve, e até acumulativamente em um único parágrafo que, como em geral, não tem vírgulas:

> Céu *cinza* sem nuvem nem um ruído nada que se move terra areia *cinza cinzento*. Pequeno corpo mesmo *cinza* que a terra o céu as ruínas só de pé. *Cinza cinzento* ao redor terra céu confundidos longínquo sem fim (p. 70, o grifo é nosso).

Imensidão cinzenta, dando a impressão de um universo póstumo, imobilidade, silêncio. E a solidão desse homem de pé, para quem parece não haver mais lembranças nem sofrimento.

O relato está situado num presente imutável, num momento estático, em suspenso, sem nenhuma progressão, como que à espera de algo: de um movimento, de um ato ou acontecimento? Na verdade, a temporalidade tenta se abrir para um futuro, com o verbo explícito, algumas vezes reiterado, com leves modificações – são "os fragmentos-retorno" ou "fragmentos-fantasma", de valor hipnótico, a que se refere Evelyne Grossman, já lembrados na análise do texto *Bing*. Lendo:

> Um passo nas ruínas as areias sobre o dorso em direção dos longínquos *ele o fará* [...] *Ele reviverá* o tempo com um passo *ele refará* dia e noite sobre ele os longínquos (p. 71).

Mas, não há abertura para a felicidade; ao contrário, pois diz o texto, à penúltima página: "De mansinho bem novo como no tempo abençoado *reinará a infelicidade*" (p. 76, o grifo é nosso).

E finaliza, com o verbo no presente, dissipando as quimeras: "Quimera a aurora que dissipa as quimeras e o outro dito crepúsculo" (p. 77).

O texto, "em cinza", apresenta semelhanças com "Bing" (em branco) e com *O Despovoador*, compostos os três aproximadamente na mesma época. Vê a crítica, na sua personagem solitária, o único sobrevivente de *O Despovoador*, após a destruição do cilindro que aprisiona seres e, nas ruínas, vestígios daquela destruição. E na sua paisagem desolada, vazia, que sugere eternidade, vê marcas de um desastre recente – o dia seguinte de uma catástrofe atômica ou ainda o "cataclisma final de algum período cósmico", segundo Cioran (que pensa no mito do eterno retorno), como lembra Alfred Simon[39].

O DESPOVOADOR (Texto, francês, 1967-1970)

Embora redigido em 1966, mas aumentado antes de sua publicação em 1970, é este um texto estranho, com sua descrição de um cilin-

---

39. *Op. cit.*, p. 258.

dro de piso e paredes de borracha dura, munido de nichos e túneis laterais, onde cerca de duzentos seres humanos vivem (?!) e "procuram cada um seu despovoador", isto é, uma saída. É um espaço "bastante vasto" para impedi-los de sair, e "bastante reduzido para que toda fuga seja vã" (p. 7).

O relato é um constante apelo à visualização do que é descrito, mediante freqüentes frases começadas com "Eis"; é o que justifica ter passado de mero texto a espetáculo. Como registra Alfred Simon, entre outros, dois atores – Lee Breuer e David Warrilow – apresentaram extratos do texto como "um microcosmo em um macrocosmo", manipulando minúsculas figuras de plástico encerradas num semicilindro, diante de um público equipado com binóculos, e que se encontrava na parte superior de um cilindro amplo, em saliência, a fim de poder seguir melhor o espetáculo, aliás, curioso[40].

De maneira fria, impessoal, objetiva, descreve o texto quatro categorias de habitantes da estranha morada. Entre os que não buscam uma saída – são "os vencidos", apenas cinco, que renunciaram, por uma espécie de lição assimilada – está, já no final, uma mulher prostrada, da qual se aproxima um homem, por um breve instante. Ela designa o norte, único marco deste mundo enclausurador, onde reinam regras disciplinadoras, convenções que se assemelham a leis, tal um código para tornar possível "a vida no cilindro" (p. 24). Cilindro-prisão.

Uma luz amarela, quase sulfurosa, ilumina o todo, onde impera um ruído contínuo – zumbido, frêmito, vibração... –, havendo quedas de temperatura e de claridade também. É visível como que uma orquestração de movimentos dos corpos que, em fila, esperam poder usar as escadas que lhes permitirá o alçar-se do solo em direção dos nichos – são "os buscadores" de saída.

Corre o boato da existência de uma saída em um dos túneis e de uma chaminé central em cuja "extremidade brilhavam o sol e as outras estrelas" (p. 17) – crença ou "pequena luz inútil será bem a última a abandonar" os prisioneiros (p. 18).

E na parte final – acréscimo feito pouco antes da publicação – surge um homem que se ajoelha diante de uma mulher "vencida" e que, afastando-lhe os cabelos, levanta-lhe a cabeça; abre ela os olhos, entreolham-se, até que ela abaixa as pálpebras, faz cair a cabeça enquanto o homem retoma seu lugar, num diálogo mudo, desesperador. E, ao mesmo tempo, caem a luz e a temperatura, com o conseqüente silêncio. É o final estarrecedor.

A descrição desse ambiente, que enclausura seres sem perspectiva de libertação, é feita mediante o uso sistemático de termos neutros, matemáticos, geométricos, isentos, portanto, de emoção. Nenhuma

---

40. *Idem*, p. 263.

ternura nem compaixão, o que não impede que o leitor sinta angústia diante do que visualiza – um povo agonizante, prestes a desaparecer.
Espécie de fábula da ciência? Política-ficção? Ou metafísica-ficção? É como a crítica tem catalogado o texto, que é fascinantemente cruel, por sua impersonalidade e insensibilidade na descrição do horror, o horror do *day after*[41]. Note-se, porém, que, à descrição minuciosa que cria a atmosfera enigmática da vida no cilindro, está associado um certo humor negro. É o caso de certas frases nele inseridas subrepticiamente: "tudo está pois para o melhor" (p. 37), de ressonância voltairiana, numa espécie de paródia do otimismo, expressão depois atenuada para: "nesta velha morada não está tudo ainda completamente melhor" (p. 53).

Leiam-se, ainda, "os detalhes pitorescos" do ambiente (p. 27); ou os comentários "isto é realmente curioso" (p. 28) e "É curioso notar" (p. 25), mais adequados a um discurso não-literário.

Um grande texto, sem dúvida, que tem sido objeto de múltiplas interpretações, todas interessantes, às quais houve várias referências na Parte I.

RESPIRAÇÃO (Teatro, inglês, 1970)

Esse esquete, em inglês – *Breath* –, de 1970, depois traduzido para o francês – *Souffle* –, foi composto a pedido de um renomado crítico, Kenneth Tynan, para ser exibido nos Estados Unidos, no show *Oh! Calcutá*. Ao saber que apenas seu nome tinha aparecido no programa e não o de outros colaboradores, além de que haviam sido feitas mudanças no texto e anexadas fotos de nus, pensou Beckett de início processá-lo.

Trata-se de um texto sem palavras, com apenas cerca de 130 indicações cênicas, quanto à luz e aos ruídos. Nenhuma personagem, apenas detritos no palco. Ouvem-se alguns gritos, vagidos, gemidos, ruídos de inspiração e de expiração, com a duração total de 35 segundos. Mas não está aqui representada a vida humana?

NÃO EU (Teatro, inglês, 1972)

Peça muito original – *Not I* –, e traduzida para o francês, tem duas personagens: uma senhora que fala todo o tempo, referindo-se à sua vida, embora reafirme sempre não ser ela – *Não Eu* –, mas *ela*, e um ouvinte misterioso, simples silhueta encapuzada, enorme, completamente muda e que reage ao que ouve apenas com quase imperceptí-

41. *Idem*, p. 262.

veis gestos, uma espécie de alçar de ombros, exprimindo *censura e piedade impotente*, diz a rubrica.

A mulher não aparece de corpo inteiro, mas reduzida a uma *boca* enorme, vermelha, único elemento visível num palco totalmente negro. Essa boca que fala, fala, todo o tempo numa torrente de frases desprovidas de sintaxe, entrecortadas, com muitas questões sem respostas, conta sua vida, afirmando ser de outra. Vida infeliz como a de todas as personagens beckettianas: seu nascimento prematuro, o abandono dos pais, aliás desconhecidos, sua permanência num orfanato, onde recebeu formação religiosa, suas idas ao supermercado, seu comparecimento diante de um tribunal, depois agraciada com o perdão, sua culpabilidade, suas crises de lágrimas; e evoca, ainda, várias vezes, um momento especial vivido numa pradaria, num mês de abril... – tudo relatado nessa avalanche de palavras, pois ela reconhece que antes dominava seu silêncio, seu mutismo, ou como confessa, já quase no final:

pedacinho de nada... no mundo antes da hora... longe de tudo... nenhum amor... ao menos isso... *muda toda sua vida... praticamente muda... mesmo para consigo mesma... nunca a voz alta...* mas não inteiramente... *vezes brusca vontade...* uma duas vezes por ano... sempre no inverno vá saber porque... as longas noites... horas de obscuridade... *brusca vontade de... contar...* então sair como uma boca louca... (pp. 93-94, o grifo é nosso).

Desafogo de um ser solitário, sofrido, confissão velada pelo *não eu*, a peça impressiona sobretudo pela presença fascinante da boca. É esta que dá vazão à problemática da protagonista, espécie de fantasma sem nome, vindo de outro planeta e que faz reviver sua vida ao ouvinte misterioso. Este, notam críticos, a escuta, como o *waki* escuta o *shite*, no teatro Nô japonês[42].

Beckett, conhecedor do teatro oriental, pode ter-se inspirado no *waki* para sua personagem muda, enquanto para a velha, reduzida a uma boca – "boca louca", na autodefinição –, inspirou-se ele, em parte, numa ou nas velhas irlandesas que "escorregavam nos atalhos, nas valas, junto às sebes", tendo ainda afirmado à sua biógrafa Deirdre Bair: "E *esta mulher*, eu a ouvi dizer o que eu escrevi em *Não Eu*. Realmente eu a ouvi"[43].

Quanto à forma da peça, com a boca balbuciante, confessou Beckett ter sido sempre sua idéia de assim reduzir a sua personagem; e ainda mostrá-la como "uma voz gritando no deserto", como no quadro *A Degolação de São João Batista*, de Caravaggio, por ele admirado, que se encontra na Catedral de São João, na Ilha de Malta. Quadro também extraordinário pelo sugestivo contraste luz x sombra. E seu sonho, aliás bem original, só se concretizou após viagem ao Marro-

---

42. Alfred Simon, *op. cit.*, p. 265.
43. *Op. cit.*, pp. 552-553.

cos, onde presenciou uma cena de rua: certa mulher árabe, envolta em sua djelaba (roupa que vestirá o Ouvinte mudo), à espera do ônibus escolar atrasado que lhe traria o filho. Ela estava tensa, mal contendo sua ansiedade, tal como *a boca*[44].

A única protagonista-boca, em suspenso, remete-nos à apreciação de Beckett sobre a pintura de Bram van Velde, embora numa explicação muito pessoal:

> A pintura de A. van Velde seria, pois, primeiramente uma *pintura da coisa em suspenso* [...]. A coisa imóvel no vazio, eis enfim *a coisa* visível[45] (o grifo é nosso).

Uma boca sem rosto, sem corpo, em suspenso; mas de lábios móveis e bem visíveis na escuridão... Uma incrível redução da personagem.

AQUELA VEZ (Teatro, inglês, 1974)

That Time ou *Cette fois*, na versão francesa, assim começa o texto. Traduzido para o francês pelo próprio Beckett, foi por ele classificado dentro do gênero *Não Eu*, pela redução da imagem do protagonista, além da evocação solitária.

Um homem, o Recordador, em meio à escuridão, aparece reduzido não a uma boca, mas a um rosto, *um rosto pálido, aureolado de cabelos brancos*; está *a três metros do nível do palco, num halo de luz*. Chegam a ele fragmentos de uma única voz, a *sua*, monocórdica; mas ela vem, dividida, proveniente de três pontos: do alto e de cada um dos lados. Se a voz *A* evoca a lembrança de ruínas, onde ele ainda criança se escondia para ler, enquanto era procurado pelos adultos, já as vozes *B* e *C* recordam-lhe os anos em que se abrigava contra a chuva e o frio, nas salas de um museu vazio.

Por meio desses pedaços de recordação, sabe-se de *uma história de amor*, há muito terminada. É a evocação dolorosa de um ser solitário e não feliz – uma das marcas do autor, como o é a idade avançada da personagem. Ou, um velho e sua vida fracassada. Um velho e suas recordações fragmentadas da vida que se foi, e sem esperança. Isso por intermédio da dissociação corpo/voz (vozes, equivalendo a uma única, *a sua*), mas corpo reduzido a um simples rosto, pálido, sem vida, ou corpo desmembrado, radicalizando Beckett a redução já efetuada mesmo antes de *Não Eu*, no teatro, com as personagens-jarra de *Comédia* ou de *Dias Felizes*.

---

44. Alfred Simon, *op. cit.*, p. 264.
45. "Le monde et le pantaleon", *op. cit.*, p. 30.

PARA ACABAR AINDA (Texto, francês, 1975)

Pour finir encore, texto curto de apenas oito páginas, abre a coletânea com o mesmo título. Este e o seguinte – *Imóvel* – anunciam, sob muitos aspectos, as duas futuras obras-primas beckettianas: *Companhia* e *Mal Visto Mal Dito*.

Num longo e único parágrafo, sem vírgulas, Beckett começa com *acabar*: "Para acabar ainda *crânio* só negro lugar fechado testa pousada sobre uma prancha para começar" (p. 9, o grifo é nosso), e termina referindo-se ao "fim último", sempre no estilo que lhe é peculiar: "um fim ainda sob um céu mesmo negro sem nuvens ela terra e céu de um fim último se devesse alguma vez haver um se fosse absolutamente preciso" (p. 16).

É um relato impressionante, com o *crânio* sozinho – sempre a cabeça, o crânio, outra característica beckettiana – no escuro de um espaço fechado, com a testa sobre uma prancha; depois, tudo desaparecendo, salvo "o crânio funerário" (p. 15) no vazio, escuro. Só ele, que parou de emitir os restos luminosos de aurora e de ainda há pouco; surge então um dia de chumbo, cinzento, e areia a perder de vista.

A poeira da areia provém do material dos monumentos majestosos que, silenciosamente, desmoronam. Ruínas que aumentam, pois pedaços de pedra continuam a desfazer-se em silêncio.

Em meio ao ambiente desolador, surge um pequeno corpo, cinzento como o ambiente; é o expulso – outra recorrência beckettiana –, de pé, encostado nas ruínas, que contempla ao longe, e vê surgirem dois outros pequenos corpos, semelhantes, brancos e curvados, que se fatigam no transporte de uma padiola branca, onde jaz um corpo coberto por um lençol. São duas silhuetas grotescas – "como uma única mesmas solidões" (p. 11 – *sic*) –, anões enfermeiros do nada, carregando seu fardo (p. 13). Paisagem sombria. Dois estranhos carregadores. Um misterioso fardo. Tudo descrito com pormenores surrealistas.

No vazio cinzento, o expulso olha "esse transporte imemorial" e "solidões como uma só" (p. 13). Os anões avançam aqui, recuam ali, giram sobre si mesmos, detendo-se e tornando a andar, até que de repente, o observador/expulso cai, "empurrado por uma mão amiga ou pelo vento". Está finalmente estendido entre as ruínas, mas vivo ainda. Sua respiração extenuada ainda "faz fremir", e continua a olhar o vazio, com seus estranhos olhos azuis, tais "buracos lápis-lazúli" (p. 15). Daí a pergunta: "tudo vai se coagular tal para sempre padiola e anões ruínas e pequeno corpo céu cinza sem nuvens poeira"? Não. É "o negro que aí se refaz" e a alusão ao "fim último", já citado, com a pesada sensação do nada. Trata-se de texto de um surrealismo que lembra certas cenas de Fellini e um dos mais belos de Beckett, com seu clima misterioso, de morte.

IMÓVEL (Texto, inglês, 1975)

Still, segundo texto da coletânea francesa *Para Acabar Ainda*, muito reduzido (seis páginas), é oposto ao anterior, sob certos aspectos. Se o outro, com um começo cinzento, depois termina com o negro, este começa "claro", embora "fim de um dia sombrio o sol brilha enfim"; mas, logo em seguida, a claridade desaparecerá (p. 19).

Imóvel, sentado diante de uma janela – é bem uma característica de tantas personagens beckettianas –, um homem, depois de pé, completamente só, olha o exterior. Donde o título *Imóvel*. Olha a sudoeste, vendo o sol que declina; fecha os olhos e depois os abre, ainda que menos para ver. Imóvel (quinze vezes empregado), mas às vezes *quase* completamente imóvel, vê ou não, mesmo com os olhos abertos. Fecha-os e torna a abri-los, fixando o olhar na noite que cai, não em seres, mas num objeto – "árvore ou arbusto", uma faia, na colina. "Dia agonizante", é o que ele contempla. E o nada.

Termina o texto, sem nenhuma vírgula, num clima de expectativa, estagnado, silencioso, como em tantos outros do autor. Diz o narrador:

> Como se na negra pálpebra fechada bastante e mais que nunca necessário contra o jamais *nada*. Deixá-lo lá *bem imóvel* ou então tatear lado sons à escuta dos sons *bem imóvel* cabeça na mão a aguardar um som (o grifo é nosso).

O som seria a vida. Ou a esperança de algo? E o homem, com as pálpebras fechadas, ou *quase*, para não ver o "nada", mas alimentando-o.

TRIO DO FANTASMA (Televisão, inglês, 1975)

Essa peça, encenada e realizada em 1977, pelo próprio Beckett, em Stuttgart, foi produzida e difundida pela Süddeutscher Rundfunk: *Geister Trio – Ghost Trio* em seu título original, em inglês. Ou *Trio du fantôme*, em francês.

O roteiro é composto de três partes: na primeira, ouve-se uma voz feminina, que tem apenas uma função: como apresentadora, acolher os telespectadores (com o conselho de que não aumentem o volume de seus aparelhos receptores) e, em seguida, descrever o local da ação, da qual ela, realmente, não participa. Com tom algo irônico, como numa paródia do autor, faz a descrição do quarto típico da obra de Beckett: sombrio, cinzento e nu; e perto da janela, um catre. A cada elemento da descrição corresponde a focalização da câmera – a imagem. E essa Parte I, assim designada pelo próprio autor, finaliza com a introdução do protagonista, *S* (silhueta), um velho sentado, inclinando-se para a frente e segurando um objeto, que só é identificado nos últimos momentos da peça: um gravador, de onde provém a música que se ouve e que dá título à obra: *Trio Fantasma*, de Beethoven.

Na Parte II, a voz anuncia, ou melhor introduz as ações do protagonista. Se, na Parte I, dele dissera: "Único sinal de vida uma silhueta sentada" (p. 24), agora avisa: "Ele vai crer agora de novo que ouve a mulher aproximar-se" (p. 29), e ele se dirige para a porta – escutou talvez alguém chegar –, depois à janela, ao catre, ao espelho, e retorna à porta. Já na Parte III – a reação –, a Voz que já cumpriu sua função de apresentadora, introduzindo a imagem, desaparece; ela serviu apenas para despertar para o cenário, preparando o desenvolvimento da ação – uma ação sem palavra, ou melhor, *a imagem*.

A câmera acompanha *S,* que abre a janela para ver a parte externa – só vê a chuva –, vai em direção do espelho, momento em que pela primeira vez é visto seu rosto, de traços selvagens. É quando se ouvem passos no corredor e abre-se uma porta; mas o menino, de impermeável preto que aí se vê, cinco segundos depois, se vai, tendo antes feito um rápido movimento com a cabeça: a pessoa esperada, uma mulher, não virá ao encontro. Tal como em *Esperando Godot*, o mensageiro dá a má notícia: a não-vinda da pessoa desejada. Convém dizer que o primeiro título da peça foi *Tryst* (encontro).

Mas, fechada a porta, está *S* novamente sentado. E, gradativamente, tem-se a impressão de que a música de Beethoven – *Trio para Piano, Viola e Violoncelo, Op. 70, n. 1*, dito *O Fantasma*, no seu segundo movimento, *Largo assai ed expressivo* – nasce do gravador, objeto oculto, no início.

E a imagem termina com o velho protagonista levantando a cabeça e mostrando, num *close*, uma vez mais, seu rosto destruído, gasto. Uma última vista geral do cenário, e depois a imagem se apaga, tendo tido a duração de 31 minutos e 30 segundos.

Vale salientar que nessa peça em que o elemento musical tão bem se associa ao visual, adota Beckett a técnica de, inicialmente, descrever, introduzir verbalmente os elementos que compõem a imagem; só depois a imagem falará por si e *sem* o auxílio de palavras. Ou, como assinala Martin Esslin: "o argumento é verbal, a peça é mimada"; portanto, a inversão da prática elisabetana, que fazia com que a peça fosse precedida de um argumento, este, sim, mimado[46].

A música, tão valorizada por Beckett quanto a pintura, desempenha aqui um papel de suma relevância: exprime o íntimo do homem, seu estado emocional, embora vinda do exterior. É por ele interiorizada, estando em harmonia com seu *eu*, saudoso, à espera da mulher amada que não virá. Talvez morta.

---

46. Em "Une poésie d'images mouvantes", *Revue d'esthétique – Samuel Beckett*, ed. cit., p. 396.

...mas as nuvens... (Televisão, inglês, 1976)

Escrita para a televisão, *...but the clouds...* foi encenada em 1977, em Stuttgart, pelo próprio Beckett, e produzida e difundida pela Süddeutscher Rundfunk, com o título *Nur noch Gewölk*.
Traduzida por Edith Fournier, para o francês – *...que nuages...* –, é peça curta, de apenas 15 minutos e 46 segundos de duração, e seu título tem origem na última estrofe de um longo poema de William Buttler Yeats, "A Torre", do qual Beckett evoca, mais precisamente, os sete últimos versos e cita os quatro finais. Traduzindo-os da versão francesa, anexada às notas iniciais:

> A morte dos seres queridos, e como perecem,
> Vivas a cortar sua respiração, todas luzes,
> Presentes nos seus olhares outrora –
> *Não parecem mais senão nuvens passando no céu*
> *Quando o horizonte empalidece;*
> *Ou o grito de um pássaro que dormita,*
> *Entre as sombras pesadas.* (o grifo é nosso)

Nessa peça em que se vêem um homem (H), de costas, sentado num banquinho invisível e curvado sobre a mesa também invisível; outro homem (H1), no palco; e no final, um rosto de mulher (M), limitado, tanto quanto possível, aos olhos e à boca. Ouve-se uma voz, de H (V). Sempre minucioso, além de descrever a indumentária dos homens, Beckett indica, entre outros: *o palco circular, de cinco metros de diâmetro, rodeado de sombra profunda*, com *luz progressiva, desde a periferia obscura até o máximo de luz no centro* (p. 40).

Há três pontos de vista: o da personagem H, diante da mesa, e que recorda; o que ele recorda, H1; e M, rosto, sem cabeça, suspenso no vazio. E a técnica beckettiana, aqui, como em "Trio do Fantasma", consiste em introduzir verbalmente os elementos que fazem a imagem; depois, a imagem, já sem palavras, falará por si só. A voz, que introduz os elementos para o telespectador, exprime-se na primeira pessoa – é a voz do velho, H.

H1 emerge da sombra, avança cinco passos e se mantém imóvel em face da sombra, por cinco segundos; desaparece na sombra, por segundos, e retorna, só que agora, vestido diferente, em *robe de chambre*, repetindo-se seu movimento de avançar e retroceder, se bem que em outra direção. Isso paralelamente à voz que não se detém. E os movimentos de H1 de avançar e retroceder na sombra se repetem, ao mesmo tempo em que a Voz (voz de H) fala da mulher, e das súplicas para que ela apareça, pois se ela não lhe tivesse jamais aparecido, ele partiria, ganhando "o largo novamente, para sulcar os caminhos". Ou a vida errante (p. 44).

Movimentos de avanço e recuo de H1 se sucedem; e martela a voz obsessiva de H, pedindo o aparecimento da mulher morta, até que o rosto dela aparece, enfim. E seus lábios, juntos com a Voz, em sincronia, pronunciam, de maneira quase inaudível, os já citados versos finais do poema. Voltam a repetir-se: a citação, bem como os movimentos de H1, e a focalização, seja de H, seja do *rosto*, terminando o texto, com os mesmos versos ditos e reditos por Voz. E a escuridão tudo envolve.

Evocação da amada morta e apelo obsessivo de seu retorno impossível, impregnado de melancolia, fazem dessa curta peça um monumento à saudade dos "seres queridos" que, "como nuvens passam pelo céu", conforme canta o poeta Yeats – poeta que, curiosamente, como já dito, não era admirado por Beckett, quando jovem. A velhice faria com que ele reavaliasse o autor antes repudiado?

PASSOS (Teatro, inglês, 1976)

Footfalls, posteriormente vertida para o francês – *Pas* –, é peça estanha, dividida em quatro curtas partes ou secções, sendo que em cada uma há "a conversa" entre a mãe, nonagenária, e a filha, embora só a segunda, May, apareça em cena, vestida com um *peignoir* desbotado, arrastando pelo chão, e velhos chinelos. Anda, sem cessar, numa *estreita faixa fracamente iluminada* à frente da cena completamente mergulhada na *escuridão*, exceto no fundo, à esquerda, onde *um raio de luz vertical* incide no espaço de uma porta entreaberta que dá para um quarto de doente – o da mãe, sempre invisível, e reduzida apenas a uma voz amplificada.

Na primeira seqüência, May anda, num vaivém contínuo, perguntando à mãe doente, se ela deseja a injeção, o travesseiro, a bacia, a esponja umedecida para refrescar-se, ao que a velha responde afirmativamente, mas só para mais tarde, preocupando-se, por seu lado, com a filha que repete sempre "tudo isso".

Na segunda seqüência, é a voz materna que fala de May, na terceira pessoa, evocando-a ainda criança: em lugar de brincar com as amiguinhas um jogo infantil – "jogo do céu e do inferno" –, logo começara a andar sobre um tapete que havia então, pedindo que o tirassem e assim pudesse ela melhor sentir "a queda dos passos, por mais fraca que fosse" (p. 12).

Na terceira seqüência, sempre andando, é a vez de May evocar a história de Amy, mas na realidade a sua própria (Amy é o anagrama de May). À noite, esgueirava-se para a igreja trancada e pretendia não ter assistido ao ofício religioso, justamente quando a mãe a ouvira dizer *amém*.

Já na quarta e última parte, *palco vazio e nenhuma voz*. May partiu. Apenas a luz que cai lentamente e os últimos toques de um sino, som que anunciava fracamente o início de cada secção ou parte. Som e seu eco morrendo. E a luz vai se enfraquecendo até o total desaparecimento, fazendo pressentir a ausência da personagem e o vazio. Aliás, luz e som são, como sempre, cuidadosa e habilmente trabalhados por Beckett.

May, por seu caminhar sem repouso e o ruído ritmado de seus passos que ecoam, bem sugere sua partida definitiva, numa imagem impressionante da angústia humana, diante do inevitável. E Deirdre Bair, em sua biografia de Beckett, aqui vê a lembrança da morte da mãe do autor, também chamada May[47].

É preciso, porém, destacar, além da ameaça da morte – obsessão beckettiana –, a profunda e doce ternura que une a mãe, idosa e doente, e a filha devotada, envoltas ambas numa atmosfera religiosa diáfana, imaterial, que é incomum na obra de um agnóstico confesso.

COMPANHIA (Texto, inglês, 1979)

Company[48], traduzido para o francês – *Compagnie* –, pelo próprio Beckett, é um "romance" de cerca de oitenta páginas, que começa com uma voz que chega a alguém estendido de costas, no escuro. A voz o faz ouvir episódios do passado, desperta-lhe recordações da infância, da adolescência e da maturidade, num total de treze imagens que remontam das mais profundas camadas de memória.

A personagem anônima, que escuta a voz, tem um problema: o da solidão. Daí pedir uma companhia, título do texto. E a voz que a ele se dirige – ou a uma possível terceira pessoa também deitada no escuro – faz-lhe companhia, atenua-lhe a solidão e assim o desespero por não saber quem é, onde está e para onde vai. Em todo o caso, há uma terceira pessoa, que escuta a voz e, ouvindo-a, olha a primeira pessoa. Ouve, anda e transcreve; é o escritor, por meio do qual o leitor toma conhecimento das duas outras.

Na realidade, há todo um clima de incerteza, no que diz respeito ao número de pessoas e à identidade de cada uma; e ainda quanto ao lugar onde se encontram – espaço indefinido que faz pensar no *huis clos* sartriano. É o vazio-prisão, ou o encarceramento no vazio infindo. Ausência, pois, de cenário, assim como de diálogos ou gestos, apresentando a criatura humana, despojada de seu aspecto físico, a perguntar-se sobre o porquê de sua vinda ao mundo – visto não a ter solicitado –, sobre quem é, sobre seu destino e ainda sobre o que quer dizer quando diz *eu*. Perguntas sem respostas, e que Beckett repete, incansavelmente.

---

47. *Op. cit.*, p. 565.
48. Há uma tradução do inglês, no Brasil, de Elsa Martins: *Companhia*, Rio de Janeiro, Francisco Alves, 1982.

O narrador nunca diz *eu*, não usa a primeira pessoa do singular; nunca fala de si, mas *ao* outro, *do* outro. Só fala de si, quando fala ao outro, tratando-o por *tu*, quase sempre no passado, e muito raramente no futuro; mas quando tal acontece é para alertar que tudo acabará por acabar. Ele fala, pois, de si apenas falando do outro – é a terceira pessoa dos seus primeiros relatos em inglês e a primeira pessoa dos grandes romances em francês, roçando, como diz Alfred Simon, com razão, "o *Eu* vertiginoso do qual Rimbaud dizia ser um outro"[49].

Faz-se necessário destacar que *Companhia* é talvez o texto em que Beckett mais se coloca, com suas lembranças da mãe, dura e incompreensiva, que não responde ou mal responde a uma de suas perguntas infantis sobre o quão distante está o céu; com seu intenso amor pelo pai, andarilho como ele, companheiro e amigo; e ainda até com alusões à data de seu nascimento: "Viste a luz pela primeira vez na Páscoa [...]. Viste a luz do dia pela primeira vez no dia em que Cristo morreu". Ora, Beckett teria nascido numa sexta-feira santa, se é que não forjou tal circunstância, hipótese aventada por sua biógrafa Deirdre Bair[50].

Uma extrema desolação domina esse relato, que provém, como tem ressaltado a crítica, da desesperada impotência do homem, do seu desesperado fracasso, num mundo em que ele está só. Só e imóvel. *SÓ* é a última palavra do texto, e posta isolada, em destaque. *Só* ele está, como sempre, apenas amparado por sua própria companhia, ou como diz, textualmente, no final:

tua fantasia foi trabalho perdido. Até que, finalmente, percebes como as palavras estão chegando ao fim. [...]. *E como também é* inútil fantasia. A fantasia de alguém, fantasiando um outro contigo *no escuro*. E como, *afinal, o trabalho perdido e o silêncio são melhores*. E tu, como sempre, estiveste (o grifo é nosso).

E é oportuno assinalar que, num determinado momento, o homem deitado "diz a si mesmo que chame o ouvinte no mínimo de M. Para mais fácil referência. Sendo ele alguma outra personagem W" – é o jogo das iniciais M de pé é W (M invertido) dos nomes de tantas personagens beckettianas (Murphy, Molloy, Malone, Winnie, Willie...), jogo dos críticos de sua obra e que aqui é retomado por Beckett, com certo sorriso irônico de conivência. Como se sabe, viram no M a inicial de *Man* (inglês), mas também o M de *Mort* (francês); e ainda o M de *Moi* (francês), e o W de *We* (inglês) – preocupações de Beckett, escritor bilíngüe[51].

---

49. *Op. cit.*, p. 270.
50. *Op. cit.*, pp. 15-16.
51. Cf. Ludovic Janvier, *op. cit.*, p. 271. Além de tradutor e crítico, Janvier foi amigo de Beckett.

QUAD (Televisão, inglês, 1980)

Composta para a televisão em 1980 e traduzida para o francês, *Quad* foi encenada no ano seguinte pelo próprio Beckett, produzida pela Stüddeutscher Rundfunk, e transmitida pela RFA. É peça curta, com quatro intérpretes, que percorrem *uma determinada área seguindo seu trajeto pessoal*, diz a indicação cênica. E a área é *um quadrado* (p. 9), donde o título *Quad*, apócope de "quadrilátero".

Os trajetos – um, dois, três e quatro – são também indicados minuciosamente, matematicamente, com combinações, formando *solos, duos, trios*, mas *sem choque* (p. 11), sendo que a luz aparecerá com quatro feixes coloridos, uma cor para cada intérprete – um, branca; dois, amarela; três, azul e quatro, vermelha.

Se do texto publicado constam indicações quanto às *percussões*, aos *passos* (ruído característico próprio de cada intérprete), às roupas (túnicas de *uma cor particular própria de cada intérprete*) (p. 13), depois nas *Notas* do autor anexadas à publicação francesa e resultado de seu trabalho de encenação, estão suprimidas as percussões, ficando o som reduzido ao dos passos, e abolidas as cores: os quatro intérpretes passam a vestir *longas túnicas brancas, caindo ao chão, com capuz* (p. 15). Portanto, maior despojamento e sobriedade. As personagens devem ser *tão semelhantes quanto possível pela estatura. Pequenas e magras de preferência, com o rosto oculto pelo capuz* (p. 13). E locomover-se em seu trajeto próprio, em *ritmo lento* (p. 15), assinala a rubrica. Não há cortes, mas, sim, uma continuidade.

Os percursos, transpostos em gráfico pelo autor, reproduzem, dentro do quadrado, uma estrela, o que parece revelador... Seria uma espécie de misterioso ritual, com essas personagens que evoluem como que numa dança, mudamente. Aliás a rubrica diz: *uma certa experiência de dança é desejável* (p. 13).

Sabe-se que o quadrado (*Quad*, o título), é uma das figuras geométricas mais freqüentes e a mais universalmente usada na linguagem dos símbolos e um dos quatro símbolos fundamentais, como o centro, o círculo e a cruz, diz-nos o *Dictionnaire des Symboles*[52]. Ora, Beckett, que tem feito uso, com freqüência, de símbolos e que, já no romance *Watt*, insere um quadro, intrincado, cujas linhas explicam sua trama, pode muito bem ter usado o quadrado como "símbolo da terra, por oposição ao céu", ou talvez, ainda num outro nível, com "símbolo do universo criado, terra e céu, por oposição ao incriado e ao criador; é a antítese do transcendente", esclarece o mesmo dicionário. Mera suspeita: cerimônia de um ritual, com figuras misteriosas, evoluindo sem tocar jamais o centro? Personagens-sacerdotes? Ou fiéis de um culto?

---

52. *Dictionnaire des Symboles*, Paris, Seghers, 1969.

Afinal, como notou Martin Esslin, é "uma espécie de criação pictórica", uma "criação emblemática", a ser decifrada pelo público[53].

Sandra Solov, entrevistadora de Jim Lewis – e este trabalhou com Beckett –, informa que há na peça "a visualização do tempo, sendo as personagens prisioneiras 'do tempo'", isto é, do quadrado[54]. Quadrado-prisão ou a "quadratura de detenção", na expressão de Beckett. As personagens, que caminham, desaparecem, retornam e somem, e voltam a aparecer, fazendo seu percurso no quadrado, ao redor do centro – zona de perigo a ser evitada –, de maneira rítmica, com passos diferenciados cada uma, e que jamais se detêm nem tentam escapar do espaço em que se encontram, além de *prisioneiras do tempo* (e da câmera) o são em última instância, acrescente-se, *da vida*. Cada uma é um *everyman*, numa caminhada incansável, sem deter-se, até a *morte*. Por enquanto, condenadas à vida. Mas, implicitamente, à morte.

Impressionante é a peça, *Quad*, que teve uma segunda, *Quad II*, comportando, como foi dito, modificações: supressão dos sons de percussão; e das cores, reduzindo o vídeo a branco e preto – forma de atingir o *essencial*, segundo Beckett. As cores distrairiam o telespectador, prejudicariam o seu objetivo. É pura imagem, sem uma palavra sequer, e sem música. Apenas o ruído rítmico dos passos... Ou "um poema visual", na feliz designação de Martin Esslin, já citada.

MAL VISTO MAL DITO (Texto, francês, 1980)

Mal vu mal dit (*Ill Seen Ill Said*, na tradução inglesa), já indica pelo título a obsessão de Beckett: *ver* e *dizer*, representar a realidade que nunca pode ser bem captada, considerados os "impedimentos" do objeto e do olhar. É o *mal visto* e, conseqüentemente, o *mal dito* que, paradoxalmente, segundo sua estética, equivale a bem representar.

Ao longo de suas setenta e poucas páginas, no presente, e de maneira despojada, vê-se um observador ou espreitador (*guetteur*), que *está vendo*, de início de longe e depois captando pormenores de um deserto branco e preto, no centro do qual está construída uma cabanazinha estranha. Com seu olhar de câmera, sempre em movimento, ele vê, ciente da dificuldade de bem ver, seja no começo: "Plano geral naquele momento [...]. Longamente esta imagem até que bruscamente ela se esfumaça" (p. 22); seja quase no final do texto, focalizando a velha senhora da cabana: "Olhar pleno sobre o rosto sem cessar presente por ocasião do recente futuro. Tal sem cessar mal visto nem mais nem menos. Menos!" (pp. 72-73).

---

53. "Une poésie d'images mouvantes", *op. cit.*, p. 401.
54. Jim Lewis, "Beckett et la caméra", *Revue d'Esthétique – Samuel Beckett*, ed. cit., pp. 371-379 (Entrevistado por Sandra Solov).

Por meio das distâncias – a do Tempo e a do Espaço; a do Interior e a do Exterior; a da Experiência e a da Lembrança; a do Real e a do Imaginário –[55], o espreitador vê, toda vestida de negro, a velha senhora da cabanazinha insólita. E *ele a vê vendo*, no início:

> Do seu leito ela vê levantar-se Vênus. Ainda.
> Do seu leito em tempo claro ela vê levantar-se Vênus seguida pelo sol (p. 7)

e *à noite*, diante de outra janela:

> Sentada rígida em sua velha cadeira ela espreita a radiosa [...]. Vênus. Ainda. Direita e rígida ela aí fica na sombra crescente. Toda vestida de preto [...]. Apenas cortam o negro o branco dos cabelos e o um pouco azulado do rosto e das mãos. *Para um olhar não tendo necessidade de luz para ver.* Tudo isso no presente. *Como se ela tivesse a infelicidade de estar ainda com vida* (pp. 7-8, o grifo é nosso).

Os olhares do espreitador, e com ele os do leitor, se locomovem de um para outro lado, acompanhando-a, até a focalização de uma paisagem noturna, de inverno, sob o luar – "o espetáculo arrebatador sob a lua" (p. 11). E ao redor da cabana, "um espaço fechado vagamente circular" (p. 11), pouco a pouco sem relva e invadido por pedregulhos, além de um rebanho de carneiros, de guardas, de rochedos brancos que as cercam – a cabana e a velha senhora, que às vezes sai, e vaga pelo campo.

São fragmentos de uma solidão captados por um espreitador/escritor que funciona como o olhar de uma câmera, ou um *cameraman*, que se sabe incapaz de bem filmar; ou, antes, que crê no seu fracasso, como um escritor que conhece seu fracasso de tudo dizer, como no fracasso de nada dizer; e que, por isso mesmo, continua a dizer. Se chegasse a uma versão justa, teria a palavra justa e em seguida o silêncio – o direito de calar-se. Mas a visão da velha senhora pode desaparecer a qualquer momento e deixar o vazio, o nada, sem que tudo (ou melhor, algo) tenha sido captado, dito. É preciso, pois, fazê-lo de imediato, enquanto ela estiver visível, ainda que mal vista e, conseqüentemente, mal dita. Há, pelo menos, o esforço de ver e de dizer, de falar e de calar-se. A existência da velha senhora, ou de quem quer que seja, depende do gesto do escritor (de Beckett, aqui), com seu fracasso de tudo dizer e de nada dizer, posto que mal visto, mas dizendo sempre algo, apesar de tudo. Ou, como se lê à página 38, em estilo telegráfico:

> *Vistos não importa como não importa como ditos.* Medo do negro. Do branco. Do vazio. Que ela desapareça. E o resto. Seriamente. E o sol. Últimos raios. E a lua. E Vênus. Não mais que o céu. Que terra branca. Ou inversamente. Não mais céu nem terra. Acabado alto e baixo. *Nada senão negro e branco.* Não importa onde *por toda*

---

55. Alfred Simon, *op. cit.*, p. 272.

parte. Senão negro. *Vazio. Nada mais.* Contemplar isso. Nem uma palavra. (p. 38, o grifo é nosso).

E o texto continua, no mesmo estilo, com suas frases curtas, palavras isoladas, grupos de palavras, telegraficamente, até o final, onde se lê: "Não. Ainda um segundo. Nada senão um segundo. *O tempo de aspirar esse vazio. Conhecer a felicidade*". (p. 76, o grifo é nosso).

Ou o nada, nesse trabalho de um escritor-*cameraman* empenhado em compor um texto despojado, que caminha serenamente, passo a passo "dizendo mal", posto que "mal vendo".

CADEIRA DE BALANÇO (Teatro, inglês, 1981)

Rockhaby, traduzida pelo próprio Beckett para *Berceuse*, e *Cadeira de Balanço*, em português, põe em cena uma velha senhora, instalada numa cadeira de balanço, imóvel e silenciosa. Após um tempo longo, começa a balançar-se, ao mesmo tempo em que se ouve sua própria voz, gravada, vinda da parte posterior do público.

Não é usado o pronome *eu*, mas, sim, o *ela*, da terceira pessoa; e fala de maneira cavernosa, repetitiva e monocórdica de uma mulher que, depois de ter vagado muito pelo mundo, volta para casa, afasta-se das janelas abertas para fora (para o mundo) e, como a mãe, antes dela, instala-se na cadeira de balanço.

Por três vezes, a voz monótona pára, assim como o balançar da cadeira, ao mesmo tempo que a iluminação diminui. Após *um tempo longo* (diz a rubrica), a mulher se estimula, dizendo: "Ainda", palavra que, aliás, inicia o texto, indicando ser uma seqüência. Continuam os movimentos e a fala. E tudo recomeça: voz e movimentos da cadeira. A cada palavra, porém, a iluminação diminui mais e mais, até a extinção final.

Fim do balanço e da voz. E fim da vida? É o que se pode entender.

Num determinado momento, a mulher, silenciosa a maior parte do tempo, articula as mesmas palavras da voz, em uníssono. São elas, como um *Leitmotiv* a atravessar o texto: *tempo que ela acabe* e mais adiante: *tempo que ela acabe* em vários momentos, tal uma cantilena. E a voz começara dizendo:

até o dia enfim
fim de uma longa jornada
em que ela diz
se diz
a quem o outro
tempo que ela acabe
tempo que ela acabe
acabe devagar [...].

Keishi Tetsuo evoca, a propósito, aquele momento do Nô, em que o *shite*, espírito do além, encontra-se com o coro, para recitar um relato que o descreve, ou melhor, descreve-se, mediante o pronome na terceira pessoa[56]. Observação justa, a julgar pelo interesse do dramaturgo pela arte oriental.

Rockhaby, cadeira de balanço em inglês, faz parte de uma canção de ninar. E, como sempre, em Beckett, surge a idéia do nascimento-berço e morte-sepultura, sepultura que é o verdadeiro local de nascimento do ser humano; ou, nasce para morrer, idéia originalmente expressa, entre outras, no início de uma das últimas peças do autor: *Solo*. Mas mesmo muito antes, já estava presente a cadeira de balanço, num de seus primeiros romances, *Murphy*, em que o próprio protagonista se embalava, fugindo do mundo: adormecer o corpo para fazer viver o espírito, para liberá-lo.

A morte ronda, aqui, a velha senhora, com sua solidão e frustrações, próprias da criatura humana – obsessões de Beckett, que se empenha sempre para exprimi-las de maneira diferente.

IMPROVISO DE OHIO (Teatro, inglês, 1981)

Composto a pedido de um crítico para que fosse encenado por ocasião de um colóquio sobre Beckett (que completava 75 anos), organizado pela Sociedade de Estudos Beckettianos, na Universidade de Ohio, o *Improviso* é uma peça estranha, com duas personagens *tão semelhantes quanto possível*, diz a rubrica, sugerindo que são as duas metades de um *eu*, embora de *distintas identidades*: o Leitor e o Ouvinte.

Tais dois espectros, com rostos e *longos cabelos brancos*, em contraste com o *longo abrigo negro*, estão sentados em *cadeiras brancas,* à *mesa* igualmente *branca,* sobre a qual, no centro, repousa *um grande chapéu de feltro preto, de abas largas*. Diante do Leitor, *um livro aberto nas últimas páginas*, diz a rubrica inicial.

Após alguns momentos de silêncio, começa a peça – característica beckettiana –, com o Leitor que está continuando a leitura do livro que conta a vida do Ouvinte. E, como ocorre também com freqüência na obra do autor, é a história de um fracasso. Enquanto lê, com voz lenta entremeada com *tempos* de repouso, seu duplo, silencioso, golpeia a mesa com o punho, interrompendo-o, como um convite à repetição, ou à correção e à continuação da parte que está sendo ouvida.

Findo o texto, ambos pousam sobre a mesa a mão direita, na qual apoiavam a cabeça, levantam-na, e, imóveis, fixam-se, como que refletidos um no outro. Silêncio. Extingue-se a luz.

---

56. *Apud* Alfred Simon, *op. cit.*, p. 274.

A história lida conta a visita noturna a um homem, de outro homem que, tirando um velho volume do bolso, lê; depois, em visitas consecutivas, relê "até o fim a triste história", antes de desaparecer. E "tornaram-se como um só" (p. 65). História lida e relida, em abismo. A história de um malogro:

> Assim a triste história uma última vez redita eles permaneceram sentados como feitos de pedra [...]. Abismos de consciência. Abismados em quem sabe quais abismos de consciência. De inconsciência. (p. 66)

É a frustração das personagens beckettianas e a conseqüente solidão, tratadas mediante o desdobramento do protagonista: *ele* e seu outro *eu*, em duas metades, idênticas, porém distintas. Recurso dramático para evitar uma única personagem física. Se não estão sós, estão acompanhadas, formando duplas, em que uma personagem completa a outra. São complementares. Recurso, aliás, usado desde *Esperando Godot*, com os inseparáveis Estagão e Vladimir.

SOLO (Teatro, inglês, 1981)

A Piece of Monologue, vertido para o francês pelo próprio Beckett – *Solo* –, é breve monólogo de poucas páginas, mas cuja encenação dura cerca de cinqüenta minutos – cinqüenta minutos de imobilidade, não só do ator que recita o texto, o *Recitante*, mas também do público, ouvindo fascinado uma fala monótona, apenas audível, misteriosa. Daí a impressão de um *longo* monólogo.

O Recitante, de longos cabelos brancos em desalinho, com *uma longa camisola de dormir branca, meias brancas, grossas*, que monologa, em meio à *fraca luz, difusa*, é sem dúvida, o duplo do homem que agoniza num catre, à direita, enquanto à esquerda, há *um lampadário de petróleo, de globo branco, do tamanho de um crânio, fracamente iluminado*, diz a rubrica inicial. Já é a presença da morte, com seu *silêncio, antes do começo da fala.*

O texto foi escrito por Beckett a pedido do ator inglês David Warrilow, que desejava uma peça em que um único ator, cujos traços, em virtude de uma iluminação adequada, não fossem vistos, falasse da morte. Assim nasceu a peça, cujo ator trazia consigo um microfone muito sensível, de maneira a dar a impressão, a cada um, de escutar uma voz dentro da própria cabeça. Ou como uma batida do coração, apenas audível. É o que nos informa Colette Codard[57].

A frase inicial, em inglês, é direta: "Seu nascimento foi sua morte"; enquanto em francês fica enfraquecida pela substituição de *morte* por *perda*: "Seu nascimento foi sua perda".

---

57. *Apud* Alfred Simon, *op. cit.*, p. 273.

E, após a frase inicial, na versão francesa, o texto continua, telegraficamente, em tom monocórdico. Impressionante na sua monotonia, a sugerir mortes e mortes.

> *Rictus de morte, de cadáver desde.* No cesto ou no berço. No seio primeiro fiasco. Por ocasião dos primeiros passos falsos. De mamã à babá e retorno. Essas viagens. Caribde Sila já. Assim em continuação. Rictus para sempre. *De funerais a funerais. Até agora.* Esta noite. Dois bilhões e meio de segundos. Dificuldade para acreditar tão pouco. *Funerais de* – ele ia dizer seres queridos (p. 30, o grifo é nosso).

E retorna uma e outra vez a expressão "seres queridos", que, quase no final transforma-se em "seres queridos fantasmas". A morte como que lidera um desfile fúnebre, com suas alas e alas de mortos, de maneira que, como diz o texto, no final: "Não houve jamais outras questões. Jamais senão uma questão. *Os mortos e em alas*" (o grifo é nosso).

Mas há a luz do lampadário, cuja mecha é acesa várias vezes, e o que resta é, como diz o texto, que assim conclui, monótono: "O inexplicável. De nenhuma parte. De todas as partes de nenhuma parte. Só a do globo. Só ela em alas".

Ou a luz da vida que não se apaga, se propaga, prossegue, enquanto os homens, os "seres queridos", vão-se em alas?

Texto impressionante por sua melancolia resignada, por um Recitante que, compassadamente, enuncia a marcha implacável da morte. "Uma morte transfigurada pela beleza de um estilo, entre escritura e imagem", segundo Evelyne Grossman, que acrescenta, poeticamente: "O texto-quadro atravessa a melancolia, transfigura a decomposição dos corpos e das palavras em promessa de beleza eterna"[58]. Isso é o texto: belas imagens e sons. Texto sonoro, melancolicamente sonoro, feito de murmúrios e balbucios apenas audíveis em meio à semi-obscuridade, fazendo desfilarem os mortos. Palavras isoladas, frases entrecortadas, monótonas, repetitivas, num ritmo de réquiem. O termo latino *requiem*, da oração pelos mortos, significa "repouso"; e o texto, dito em murmúrio, por uma figura estática, misteriosa, transpira a resignação ao irremediável. Ou o melancólico repouso. Alas e alas de mortos, infindáveis, sem trégua...

CATÁSTROFE (Teatro, francês, 1982)

Catastrophe, composta a pedido da AIDA (Associação Internacional de Defesa dos Artistas), para o Festival de Avignon, é do tipo pirandelliano, na medida em que surge o teatro dentro do teatro (se é que se trata de um ensaio ou espetáculo teatral, tal sua ambigüidade).

---

58. *Op. cit.*, p. 110.

Nela se encontram um *metteur en scène* (M), isto é, um cenógrafo que, com rudeza, dá ordens, corrige falhas, enquanto sua Assistente (A), sempre atenta e eficiente, vai anotando as observações por ele feitas; um iluminador, Lucas, não visível, pois é apenas ouvida sua voz; e o protagonista P (ou o prisioneiro), silencioso e imóvel, e que se mostra dócil às ordens, ao papel que deve representar.

A crítica se divide quanto à interpretação da peça. Seria P um ator vivendo o papel de prisioneiro? Afinal, ouvem-se aplausos do público... Ou seria um verdadeiro prisioneiro representando seu próprio papel? Ou ainda o artista tolhido, encurralado, que não desfruta da liberdade? O que se vê, no final, é que quando a tímida Assistente tem a idéia de levantar a cabeça de P, para que se lhe veja a face, há a reação irada de M, protestando com veemência:

> Que idéia! O que se é obrigado a ouvir! Levantar a cabeça!
> Onde você pensa que estamos?

E só se dá por satisfeito quando vê P submisso, de cabeça baixa, além de continuar mudo. Nenhuma palavra. Nenhum gesto. Ausência total de liberdade.

Peça que, de início, parecia ser um ensaio teatral, passou à representação. Ouvem-se aplausos entusiastas ao ator-prisioneiro que está submisso, com a cabeça baixa. Só neste momento, P, com a cabeça iluminada (sinal de consciência e lucidez), levanta-a, sempre silencioso, enquanto olha fixamente a platéia, o público. Faz-se um grande silêncio, e a cabeça, única parte agora iluminada, desaparece na escuridão. É a mesma atitude da personagem da pantomima *Ato sem Palavras I*, que, desiludida diante da inutilidade de seus esforços, da ação sem resultados, também imóvel e silenciosa, no final, encarava o público, assistindo ao seu insucesso. E conivente, posto que não protestava.

É de notar-se o nome do iluminador, Lucas. Sendo o nome de um dos quatro evangelistas e sendo segura, e mesmo indiscutível, a palavra do *Evangelho*, o nome do técnico que *ilumina* a *cabeça* de P se presta a curiosas conotações.

Catástrofe é, indiscutivelmente, uma vigorosa e original alusão à cabeça pensante do escritor Vaclav Havel, depois presidente da República Checa, mas que se encontrava então prisioneiro e impedido de expressar-se, de agir. Defesa dele, mas também de qualquer outra cabeça pensante. Está aqui Beckett preocupado com o exercício efetivo da liberdade, no campo das idéias e das ações. Um Beckett novo, diferente, a ponto de, como dramaturgo, participar de uma reivindicação: defesa da liberdade de expressão.

RUMO AO PIOR (Texto em prosa, inglês, 1982)

Worstward Ho[59], composto em 1982, e traduzido para o francês por Edith Fournier – *Cap au pire* –, é um relato estranho, como tantos outros de Beckett, ou talvez mais. Desde o título, é o leitor introduzido no mundo do "tudo mal", do "pior", do "cada vez pior", até com insólito prazer.

O texto francês começa com *ainda* (ou *de novo*), termo que reiterado à saciedade ao longo das 62 páginas, mas que só no primeiro parágrafo, aqui transcrito, é empregado seis vezes, referindo-se ao verbo *dizer*. O que importa é *dizer*, por pior que seja, e o pior possível:

> Ainda. Dizer ainda. Seja dito ainda. Tão mal quanto pior *ainda*.
> Até mais muito mais *ainda*. Seja dito mais muito mais *ainda*. (p. 7, o grifo é nosso).

Dizer, apesar das dificuldades, mesmo sabendo do fracasso nesse dizer as coisas; mas dizendo-o e tentando malograr mais e melhor:

> De malogrado. Não importa. *Tentar ainda. Malograr ainda.*
> *Malograr melhor.* (p. 8) (o grifo é nosso).

É a busca do fracasso no dizer, empenho contínuo.

E hesitando, cambaleando entre as palavras, duvidando do que diz, corrigindo-se, o texto continua:

> De início o corpo. *Não*. De início o lugar. *Não*. De início os dois. Ora um ou o outro. Ora o outro ou um. *Insatisfeito* com um *experimentar o outro. Insatisfeito* com o outro retorno à insatisfação de um. *Ainda e ainda*. Tão mal quanto pior *ainda* (p. 8, o grifo é nosso).

Ele – o narrador – luta contra o *dizer*, que depende do *ver* em meio à "penumbra". Daí o *mal visto* acompanhado do *mal dito*, título do texto anterior, de 1981, já referido: *Mal Visto Mal Dito*, a exprimir também o fracasso de *bem ver* e *bem dizer*. Ao analisar a pintura dos van Velde, em vários ensaios, já aqui mencionados, exprimira Beckett sua admiração pelo fracasso, exaltando a "fidelidade ao fracasso", encontrável, por exemplo, em Bram van Velde.

Assim, *Rumo ao Pior* é, sem dúvida, o ponto culminante da estética beckettiana do fracasso. Ou,

> Fracassar ainda. Fracassar melhor ainda. Ou melhor mais mal.
> Fracassar mais mal agora (pp. 8-9),

---

59. Há uma tradução portuguesa de Miguel Esteves Cardoso: *Pioravante Marche*, Lisboa, Gradina, 1988. Edição bilíngüe (inglês-português).

buscando mediante reiterações e superlativos de superlativos captar "o mínimo *minimum*", "o iminimizável mínimo *minimum*" (p. 10), "o iminimizável menor melhor pior" (p. 41).

Imagens imprecisas, indecisas, que aparecem e desaparecem e tornam a aparecer, numa mutabilidade e instabilidade contínuas, aparecem em meio "à penumbra vazia", tão forte é a falha da visão (p. 14), desejando o narrador, com muitos tateios na "obscuríssima penumbra" (p. 46), sempre, pois, na obscuridade vazia:

> quereria que tudo desaparecesse. Desaparecesse a penumbra. Desaparecesse o vazio. Desaparecesse o querer. Desaparecesse o vão querer que o vão querer desaparecesse (p. 48)

após ter desejado essa minimização superlativa do *querer*:

> Vagamente vãmente quereria que o querer fosse o menor. Imininizável *minimum* de querer. Inacalmável vão *minimum* de querer *ainda* (pp. 47-48).

Reiterações sobre reiterações, com ou sem pequenas modificações, sós ou acrescidas, gradativas, em enumerações, superlativos sobre superlativos, proliferam no texto, que, como observa Evelyne Grossman, "declina as infinitas variações do quase nada"[60]. E ilustra a estética beckettiana do fracasso; é seu ponto culminante.

Pelo cerebralismo que preside o texto, por sua organização sistemática, por sua extrema preocupação formal, foi *Rumo ao Pior* esmiuçado na Parte I.

NACHT UND TRÄUME (Televisão, inglês, 1982)

Embora composta em inglês, em 1982, tem seu título em alemão, *Nacht und Träume* (Noite e Sonhos ou *Nuit et rêves*, em francês), inspirado por um dos últimos *Lieder* de Schubert (*Opus 43, n. 2, em si maior*), e alguns versos de um poema de Heinrich Josef von Collin.

Ainda que a letra do poema possa parecer banal, foi pretexto para que o compositor criasse uma bela melodia. E Beckett, apaixonado pela música, adotou algumas "medidas" desse *Lied* como elemento musical de sua obra. Traduzindo naturalmente o poema, a partir da versão francesa, anexada às *Notas* da edição aqui utilizada:

> Noite bendita, desces,
> E a onda dos sonhos nos submerge também,
> Enquanto a escuridão invade o espaço,
> E se acalmam os homens e sua respiração.
> Escutas em segredo e te rejubilas

---

60. *Op. cit.*, p. 212.

Quando à aurora eles exclamam:
Retorna, noite bendita,
Doces sonhos, retornai também.

As sete últimas "medidas" que se ouvem na peça de Beckett correspondem aos dois últimos versos, em alemão:

Kehre wieder, heilige Nacht
Holde Träume, kehrer wieder.

De uma grande delicadeza é essa composição, que se desenrola num *espaço sombrio e vazio, iluminado apenas pela luz da noite, que provém de uma janela bem ao alto, na parede do fundo,* diz a rubrica (p. 51). Aqui, semi-iluminado, está A, um *homem* velho, *sentado, de perfil,* com seus *cabelos grisalhos* e *mãos pousadas sobre a mesa,* diante dele. *Não se vêem, nitidamente, senão a cabeça e as mãos,* enquanto *uma voz de homem cantarola o Lied,* sem palavras.

Enquanto a luz diminui, no final, ouve-se outra vez a música, mas com as palavras, agora nítidas: "Doces sonhos, retornai também".

Focalizando o visual, descrito *minuciosamente* pelo autor: A inclina a cabeça sobre as mãos, e sonha. Vê-se o sonho do sonhador: B, tal como A se sonha, aparece sobre um pódio invisível, elevado a um metro e meio do chão. Está sentado e a cabeça entre as mãos, como o outro, mas iluminado mais fracamente. É quando aparecem *mãos,* mãos sem corpo: de início, E (mão esquerda), pousando, delicadamente, sobre a cabeça de B, e desaparecendo tão logo ele a levanta para ver quem faz o gesto. É então a vez de D (mão direita), que lhe oferece uma taça, da qual ele bebe; mas também ela desaparece, rapidamente. D retorna, com um pano, enxuga-lhe a testa, delicadamente, desaparecendo em seguida. Ele se esforça por ver o rosto invisível; levanta sua mão direita e a mantém com a palma para cima. A ela vem juntar-se D; pousa, delicadamente, sobre a mão aberta. E ele baixa o olhar para as mãos, levanta sua mão esquerda e pousa sobre as mãos juntas e as mãos, juntas, caem sobre a mesa e, sobre elas, inclina-se a cabeça. A mão esquerda reaparece e se pousa delicadamente sobre a cabeça de B.

A imagem do sonho que se encontrava à direita, no canto superior da tela, desloca-se para o centro, ocupando-o, plenamente. A série de movimentos se repetirá, mais lenta; e, em seguida, a câmera volta ao seu plano inicial. A imagem do sonho desaparece; segue-se o desaparecimento do sonhador.

Há um mero jogo de mãos, suave, iluminado em meio às trevas. Sem palavras. Só imagem. Mas de uma beleza ímpar, sublinhada pela melodia de Schubert, sem dúvida uma das favoritas de Beckett. É a delicadeza de sentimentos, no Natal, uma noite especial para os que nela crêem: *Nacht und Träume – Heilig Nacht* (Noite bendita – Noite santa). Mas para Beckett?

Pertence a obra a um gênero novo, que Martin Esslin, como já assinalado, designa como "poema visual"[61]. Se o autor elimina "o argumento verbal", põe porém o telespectador a par daquilo que vai ver, um sonho, mostrando os elementos da imagem: de início, a imagem do "sonhador" ainda visível, e depois a do sonho. Donde um resultado extraordinário, sobretudo pela delicadeza dos movimentos das mãos, ressaltadas pela iluminação. Um original poema, feito com imagens em movimento. Ou "um poema visual".

QUE ONDE (Teatro, inglês, 1983)

What Where –, traduzida para o francês – *Quoi où* –, é uma estranha peça, que depois foi adaptada para a televisão. É estranha desde o título – "Que Onde" –, sem pontos de interrogação, quando justamente constam muitas ao longo do texto, que focaliza um interrogatório.

Trata-se, sem dúvida, de um interrogatório político, e/ou um ataque ao totalitarismo, diz uma parte da crítica. Neste, sobressai o tema da tortura, já abordado por Beckett, num texto radiofônico da década de 60 – *Esboço Radiofônico*, embora com um tratamento diferente. E também em *Catástrofe*.

Em meio a um espaço claro-escuro, num desfilar, sempre no mesmo ritmo, comparecem, diante da personagem Bam, outras três que são designadas pelos nomes de Bem, Bim, Bom, cuja semelhança fonética pode sugerir que são semelhantes em tudo ou "talvez os elementos de uma única e mesma pessoa"[62]. De fato, não dão a Bam a resposta esperada.

Por meio de um gravador preto suspenso à direita, ouve-se a voz de Bam (V.), que descreve a situação, ou a entrada e saída de cada personagem, findo o seu interrogatório.

Assemelham-se as personagens, não apenas pelos nomes, monossilábicos, mas também pelo aspecto exterior: *Personagens tão semelhantes quanto possível* – mesma larga *túnica cinzenta* – mesmos *longos cabelos grisalhos,* informa a rubrica inicial (p. 85). Liderado por Bam, sempre implacável, querendo saber *que, onde*, tem lugar o interrogatório. Primeiro entra Bom, e lhe são feitas perguntas, que depois são repetidas, não apenas a ele, mas também a Bim e a Bem, ainda que separadamente. Entra e sai cada um, e sempre as mesmas perguntas, as mesmas respostas, as mesmas ameaças e referências à

---

61. "Une poésie d'images mouvantes", *op. cit.*, pp. 391-403.
62. Martha Feshenfeld, "De la boîte hermétique au regard implacable", *Revue d'Esthétique – Samuel Beckett*, ed. cit., pp. 363-370, citações da p. 369.

tortura. Enfim, o mesmo procedimento, rotineiro. É a banalização da tortura, tal um *moto contínuo*.

Passa o tempo: primavera, no início; inverno, no final, diz a Voz. O texto termina com a Voz, explicando:

> O tempo passa.
> É tudo.
> *Compreenda quem puder* (o grifo é nosso).

É, pois, um curioso registro (para não dizer denúncia) da tortura, rotina de um interrogatório, tal máquina que não pára jamais; tudo num tratamento original, próprio de Beckett. As indicações cênicas, sempre abundantes em seus textos, referem-se às dimensões do espaço, à localização das entradas e saídas das personagens, à iluminação, trabalho minucioso de um escritor preocupado não apenas com o tema, mas também com a sua expressão, que deve ser diferente.

Ou será que em lugar de visar ao político, estaria Beckett visando ao estético? Bam, a personagem principal e que faz as perguntas, corrige-se muitas vezes, fala e, não ficando satisfeito com o que disse, repete, corrigindo-se. Assim, na opinião de Martha Feshenfeld, na peça "tudo se passa como *se ela estivesse 'à prova'*", *sob o olhar severo do juiz que é seu criador.* A menos que seja *a própria matéria da arte,* esta arte que implica sejam extorquidas palavras, durante sessões que *o próprio autor descreveu como sendo "tortura absoluta"*[63].

A obra fica em aberto. Aliás, termina Beckett, ironicamente:

> *Compreenda quem puder* (o grifo é nosso).

SOBRESSALTOS (Texto, inglês, 1988)

Stirrings Still, traduzido pelo próprio Beckett para *Soubre-sauts*, minúsculo livro de apenas 21 páginas, e publicado em Paris, um ano após sua morte, pode ser considerado, como seu poema "Como dizer" (também de 1988), uma espécie de despedida.

Ao longo de suas páginas, divididas em partes ou capítulos, focaliza um *ele que se vê*, embora seja possível pensar-se no *eu* de Beckett. Começa: "Sentado uma noite à sua mesa a cabeça sobre as mãos ele se viu levantar-se e *partir*" (p. 7, o grifo é nosso), em meio à luz que, embora apagada, não o deixa no entanto no escuro; há ainda um "semblante de luz" vindo da única e alta janela pela qual pode "ver o céu", quando quer. Ver o céu, e não a parte inferior. E o narrador que não se

---

63. *Op. cit.*, p. 370.

quer onisciente, emprega o "talvez", e a alternativa "ou", evitando a forma categórica, posto que nada é seguro ou nítido, segundo a óptica beckettiana. Se não se inclinava para ver o exterior, inferior, é: *"talvez porque a janela não estivesse feita para abrir-se ou que ele não pudesse ou não quisesse abri-la"* (o grifo é nosso).

Ou, talvez ainda, tendo-o visto, não mais quisesse revê-lo, preferindo ver através da "vidraça nublada o céu sem nuvens" (pp. 7-8).

O primeiro longo parágrafo, que termina com a possível extinção da luz, deixando-o nas trevas, até que ele "por sua vez se apague" (p. 9), já introduz o tema da morte, tão caro ao autor. Sua aspiração é *partir, acabar, morrer*, não importando as circunstâncias de lugar, tempo ou dor. Aliás, o texto se fecha com um apelo: "[...] *oh acabar*. Não importa como não importa onde. Tempo e sofrimento [...] *Oh tudo acabar*". (p. 28, o grifo é nosso).

Gritos e golpes o perseguem, intercalados de calmarias. E ele, paciente, à espera do fim, tal como tantas outras famosas personagens. Está: "esperando o único verdadeiro fim das horas e da dor e de si e do outro a saber a sua" (p. 15).

Solidariza-se com a dor "do outro", do mundo, "a saber a sua".

Há muito, começou a partir, enquanto outros já o precederam, ou seguirão, como Darly, que "morreu e o abandonou", deixando-o só (p. 10).

Está "à procura da saída. De uma saída" (p. 11), perseguido como está por golpes e gritos, donde os sobressaltos. Ouve: "golpes *ora* nítidos como trazidos pelo vento *ora* apenas pelo tempo calmo. Gritos também *ora* nítidos ora fracos" (p. 12), numa alternância que reforça a expectativa. Gritos, mas também silêncios, e ele à espera do fim, "com a cabeça sobre as mãos semidesejando semitemendo que soasse a hora" (p. 12).

Solitário, sentindo a perda da razão, entrega-se – no seu interior – à vida errante, em "caminhada silenciosa" (p. 19), até um prado diferente (que ele descreve), e que o leva a pensar que "sua lembrança do exterior deixava talvez a desejar" (p. 21). Falha da memória, virado, como está, sempre para dentro, em contínua introspecção. Assim, põe-se a refletir, de pé, retomando depois sua "caminhada":

resignado a ignorar *onde estava* ou *como viera* ou *para onde ia* ou *como retornar lá de onde ignorava como partira* (p. 22, o grifo é nosso).

Incerteza, insegurança, sem mais desejo de clareza tranqüilizadora. Apenas o desejo de que cessem os golpes e os gritos, ora nítidos, ora não.

As palavras finais do texto, já citadas, "oh tudo acabar", após o tumulto, os sobressaltos, ressoam como o suspiro de alguém cansado, e sem esperança, ou melhor, é suspiro vindo das camadas profundas do seu *eu* torturado por preocupações metafísicas, embora diga *ele*. Ele e seus sobressaltos.

E é emocionante saber por seu biógrafo, James Knowlson, que, por aquele tempo, escrever "era fisicamente difícil" para Beckett, mas que "persistiu na tradução de *Stirrings Still* para o francês" (esse texto), além de redigir "a versão inglesa *What Is the Word*"[64], originalmente em francês: *Comment dire* (*Como dizer*). Seus últimos textos.

---

64. *Op. cit.*, p. 703.

À Guisa de Conclusão

> *En attendant Godot / Comment dire*
> *(Esperando Godot) / (Como dizer)*
> *ou   ou*
> *"Começo" espetacular / Fim da obra*
> *beckettiana*

Uma peça que marcou época, em 1953, por ocasião de sua estréia; e um poema, de 29 de outubro de 1988, revelador de uma das obsessões do autor – o *como dizer*[1], composto praticamente às vésperas de sua morte, ocorrida a 22 de dezembro do ano seguinte. Mas *ambos em francês*, podendo dar margem a múltiplas e variadas interpretações. Reafirmação de um exílio voluntário? Ou reafirmação, metafórica, da sensação de um exilado na terra? De um homem condenado à terra?

Atendo-se ao poema, que ele mesmo traduziu para o inglês – *What Is the Word* –, o que ressalta é a sua persistência no que concerne ao *como dizer* o que é difícil de ser dito, ao *como descrever* a realidade não fácil de ser captada ou que escapa à captação; ao *como dizer* o indizível. Ou *como dizer* e fazer ver o invisível? Ou, por que não? Também, *como dizer, como exprimir* suas dúvidas e incertezas quanto ao mundo e ao homem que faz parte do enigma; ou, *como dizer* suas preocupações metafísicas?

Se num dos seus últimos e talvez dos mais importantes textos em prosa – *Mal Visto Mal Dito*, também redigido em francês –, está expressa sua intenção de *bem ver bem dizer*, seu esforço por *bem ver e bem dizer*, paradoxalmente destruídos no título, mas que corresponde, na realidade, à sua estética que considera o ato artístico como a *expressão da impossibilidade de dizer o real*, ou como *a representação*

---

1. *Comment dire*, em *Poèmes suivi de Mirlitonnades*, ed. cit.

do fracasso da representação, traduz agora, Beckett, no seu último poema, uma vez mais, sua obsessão: *como dizer*. Mas sem ponto de interrogação e sem esperança de *poder ou saber dizer*, como sempre. Compõe *parte do poema*, no Hospital Pasteur de Paris, onde fora internado, tão logo recupera a consciência após quedas (aliás freqüentes), causadas pelo mal de Parkinson, a mesma enfermidade que vitimara a mãe. Termina-o em casa, embora "escrever fosse fisicamente difícil para ele", traduzindo-o em seguida para o inglês – *What Is the Word* –, como para o francês, *Stirrings Still* – *Soubresauts*[2].

O poema, sem pontos nem vírgulas, sem maiúsculas, mas apenas travessões ou pausas no final de cada verso, caracteriza-se pela forma elíptica, entrecortada, como que tropeçando entre as palavras, repetitivas – ver, entrever, crer entrever, querer crer entrever... –, paralelas à sua obsessão do *como dizer*, reiterada oito vezes e isolada, em destaque, nos dois últimos versos. Reconhece, no entanto, o autor, de antemão, que é uma pretensão *bem dizer*, ou melhor, *uma loucura*, termo que começa o poema e é reiterado onze vezes, sempre em relevo, no início do verso – *loucura*, tendo tudo visto, querer *ver, entrever, crer entrever*, ou *querer crer entrever lá, lá longe*:

> là –
> là-bas –
> loin –
> loin là là-bas –

Daí, sua ineludível indagação: *como dizer*. Ou, transcrevendo apenas seus doze últimos versos, no original francês, eufônico, que deve ser lido como num sussurro, como uma personagem das últimas peças de Beckett – está implícita a sua sugestão, mediante os sons, as aliterações, o ritmo. Soa como uma declaração-testemunho ou confissão-despedida de alguém, cansado e sem esperança de encontrar respostas às suas eternas indagações e incertezas.

Ouça-se no final de 52 versos:

> *comment dire* –
> vu tout ceci –
> tout ce ceci-ci –
> *folie* que de voir quoi
> entrevoir –
> croire entrevoir –
> vouloir croire entrevoir –
> loin là là-bas à peine quoi –
> *folie* que d'y vouloir croire entrevoir quoi –
> *comment dire* –
> *comment dire* –
> (o grifo é nosso).

[2]. James Knowlson, *op. cit.*, pp. 700-704.

Suas preocupações estéticas (e por que não metafísicas?) continuavam... Assim,

Esperando Godot, em *francês*	*Poema*, em *francês*
ou	ou
"Começo espetacular"	*Fim melancólico*
com uma *espera de...*	*reticente*, talvez ainda
	à espera de...

Bibliografia

I. OBRAS DE SAMUEL BECKETT

São indicadas as obras do autor, em inglês e em francês, segundo o idioma em que foram originariamente redigidas, vindo em seguida a tradução, se houver, de um para outro idioma. Leva-se em conta a edição que aqui foi utilizada e não, necessariamente, a data de sua primeira publicação, embora *a listagem siga aproximadamente a ordem cronológica de sua elaboração.* Quanto aos textos breves, reunidos em volume, estes vêm com indicações bibliográficas completas apenas na primeira vez.

BECKETT, Samuel. *Our Examination Round his Factification for Incamination of Work in Progress.* Paris, Shakespeare and Co., 1929.

———. "Dante... Bruno, Vico... Joyce". In: *Disjecta – Samuel Beckett. Miscellaneous Writings and a Dramatic Fragment.* Ed. by Ruby Cohn. New York, Grove Press, 1984, pp. 19-33.

———. "Recent Irish Poetry". In: *Disjecta – Samuel Beckett*, pp. 70-76.

———. *Whoroscope.* In: *Poems in English.* London, John Calder, 1961.

———. *Proust.* In: *Samuel Beckett – Proust and Three Dialogues with Georges Duthuit.* London, John Calder, 1965, pp. 9-93.

    Proust. Paris, Minuit, 1990. Tradução de Edith Fournier.

———. *More Pricks than Kicks.* London, John Calder, 1970.

    Bande et Saraband. Paris, Minuit, 1995. Tradução de Edith Fournier.

———. "Anna Livia Plurabelle". In *Finnegans Wake.* Fragmentos adaptados por A. de Bouchet, S. Beckett, A. Péron e outros, Paris, Gallimard, 1962.

———. "Dream of Fair to Middling Women (excerpts)". In *Disjecta – Samuel Beckett,* pp. 43-50.

_____. "German Letter of 1937" (Carta Axel Kaunt). In *Disjecta-Samuel Beckett*, pp. 51-54.
_____. "Human Wishes" (fragmento). In *Disjecta – Samuel Beckett*, pp. 155-166.
_____. *Murphy*. London, John Calder, 1963.
Murphy. Paris, Minuit, 1959. Tradução de Beckett, com a colaboração de Alfred Péron.
_____. *Poèmes, suivi de Mirlitonnades*. Paris, Minuit, 1978.
Poèmes, suivi de Mirlitonnades (edições aumentadas). Paris, Minuit, 1992.
_____. *Watt*. London, John Calder, 1963.
Watt. Paris, Minuit, 1972. Tradução de Ludovic e Agnès Janvier, com a colaboração de Beckett.
_____. *Premier amour*. Paris, Minuit, 1970.
First Love. London, Calder and Boyars, 1973. Tradução de Beckett.
_____. "La capitale des ruines". In *Europe* n. 770-771, Paris, juin-juilet, 1993, pp. 10-12. Tradução de Edith Fournier.
_____. *Le monde et le pantalon, suivi de Peintres de l'empêchement*. Paris, Minuit, 1990.
_____. *Mercier et Camier*. Paris, Minuit, 1970.
Mercier and Camier. London, John Calder, 1972. Tradução de Beckett.
_____. *Nouvelles et textes pour rien*. Paris, Minuit, 1958.
Stories and Texts for Nothing. In: *No's Knife*. London, Calder and Boyars, 1967. Tradução de Beckett.
_____. *Eleutheria*. Paris, Minuit, 1995.
Eleutheria. New York, Four Walls Eight Windows – Foxrock Inc., 1995.
_____. *Molloy*. Paris, Minuit, 1951.
Molloy. New York, Grove Press, 1955. Tradução de Patrick Bowles e Beckett.
_____. "Peintres de l'empêchement". In: *Le monde et le pantalon, suivi de Peintaes de l'empêchement*, pp. 49-59.
_____. *Malone meurt*. Paris, Minuit, 1951.
Malone Dies. New York, Grove Press, 1956. Tradução de Beckett.
_____. "Bram van Velde". In: *Samuel Beckett – Proust and Three Dialogues with Georges Dulhuit*. London, John Caldcr, 1965, pp. 115-126.
"Bram van Veld (III)". In *Trois dialogues*, Paris, Minuit, 1998, pp. 23-30. Traduzido e adaptado por Beckett.
_____. *En attendant Godot*. Paris, Minuit, 1952.
Waiting for Godot. London, Faber and Faber, 1956. Tradução de Beckett.
_____. *L' Innommable*. Paris, Minuit, 1953.
The Unnamable. New York, Grove Press, 1956. Tradução de Beckett.
_____. *Textes pour rien*. In: *Nouvelles et Textes pour rien*.
Texts for Nothing. In: *No's Knife*. Tradução de Beckett.
_____. *Au loin um oiseau*. In: *Pour finir encore et autres foirades*. Paris, Minuit, 1976, pp. 47-50.
Text. In: *For to End Yet Again and Other Fizzles*. London, John Calder, 1976. Tradução de Beckett.
_____. *L'Image*. Paris, Minuit, 1988.

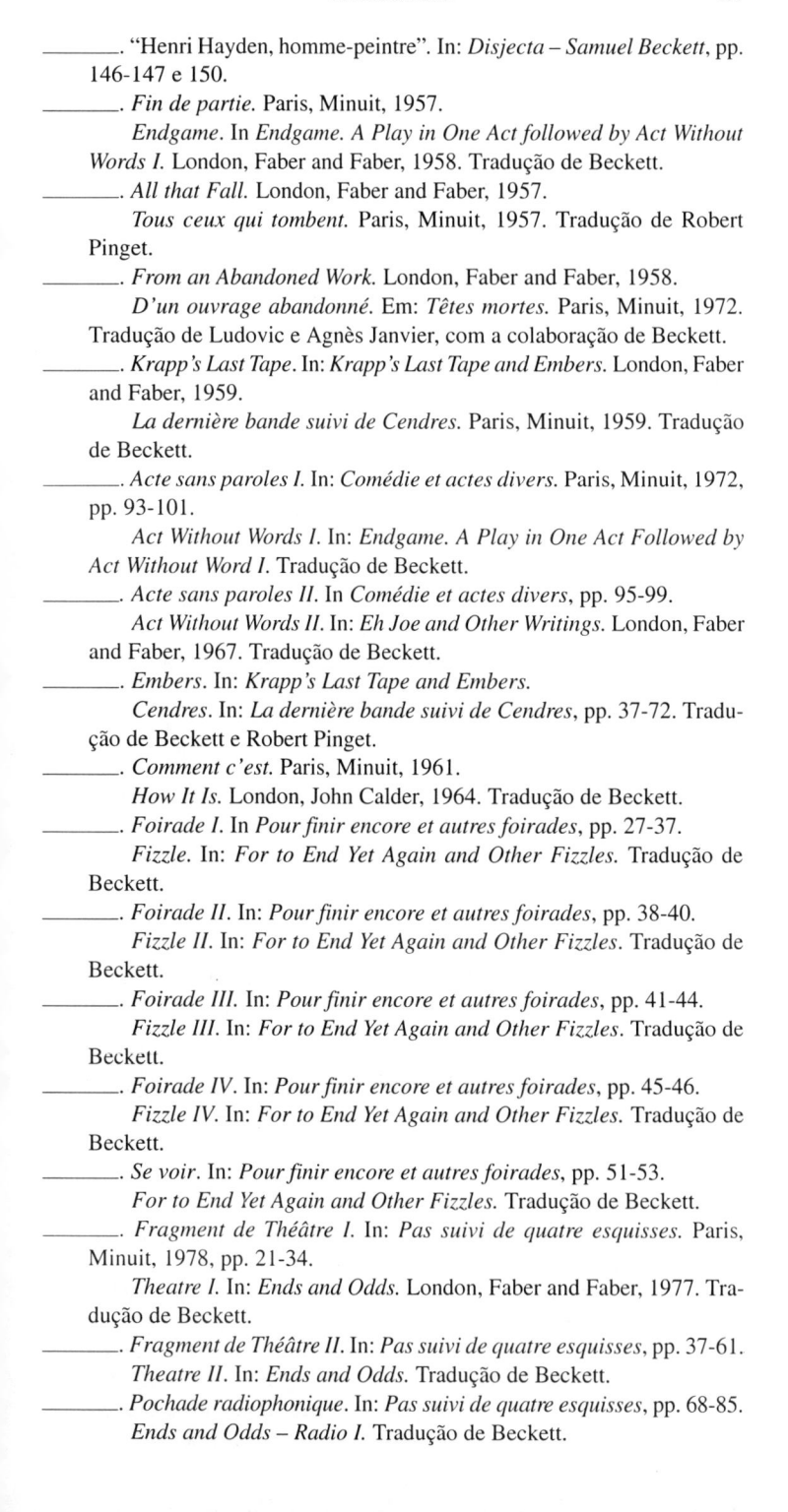

_____. "Henri Hayden, homme-peintre". In: *Disjecta – Samuel Beckett*, pp. 146-147 e 150.
_____. *Fin de partie*. Paris, Minuit, 1957.
Endgame. In *Endgame. A Play in One Act followed by Act Without Words I*. London, Faber and Faber, 1958. Tradução de Beckett.
_____. *All that Fall*. London, Faber and Faber, 1957.
Tous ceux qui tombent. Paris, Minuit, 1957. Tradução de Robert Pinget.
_____. *From an Abandoned Work*. London, Faber and Faber, 1958.
D'un ouvrage abandonné. Em: *Têtes mortes*. Paris, Minuit, 1972. Tradução de Ludovic e Agnès Janvier, com a colaboração de Beckett.
_____. *Krapp's Last Tape*. In: *Krapp's Last Tape and Embers*. London, Faber and Faber, 1959.
La dernière bande suivi de Cendres. Paris, Minuit, 1959. Tradução de Beckett.
_____. *Acte sans paroles I*. In: *Comédie et actes divers*. Paris, Minuit, 1972, pp. 93-101.
Act Without Words I. In: *Endgame. A Play in One Act Followed by Act Without Word I*. Tradução de Beckett.
_____. *Acte sans paroles II*. In *Comédie et actes divers*, pp. 95-99.
Act Without Words II. In: *Eh Joe and Other Writings*. London, Faber and Faber, 1967. Tradução de Beckett.
_____. *Embers*. In: *Krapp's Last Tape and Embers*.
Cendres. In: *La dernière bande suivi de Cendres*, pp. 37-72. Tradução de Beckett e Robert Pinget.
_____. *Comment c'est*. Paris, Minuit, 1961.
How It Is. London, John Calder, 1964. Tradução de Beckett.
_____. *Foirade I*. In *Pour finir encore et autres foirades*, pp. 27-37.
Fizzle. In: *For to End Yet Again and Other Fizzles*. Tradução de Beckett.
_____. *Foirade II*. In: *Pour finir encore et autres foirades*, pp. 38-40.
Fizzle II. In: *For to End Yet Again and Other Fizzles*. Tradução de Beckett.
_____. *Foirade III*. In: *Pour finir encore et autres foirades*, pp. 41-44.
Fizzle III. In: *For to End Yet Again and Other Fizzles*. Tradução de Beckett.
_____. *Foirade IV*. In: *Pour finir encore et autres foirades*, pp. 45-46.
Fizzle IV. In: *For to End Yet Again and Other Fizzles*. Tradução de Beckett.
_____. *Se voir*. In: *Pour finir encore et autres foirades*, pp. 51-53.
For to End Yet Again and Other Fizzles. Tradução de Beckett.
_____. *Fragment de Théâtre I*. In: *Pas suivi de quatre esquisses*. Paris, Minuit, 1978, pp. 21-34.
Theatre I. In: *Ends and Odds*. London, Faber and Faber, 1977. Tradução de Beckett.
_____. *Fragment de Théâtre II*. In: *Pas suivi de quatre esquisses*, pp. 37-61.
Theatre II. In: *Ends and Odds*. Tradução de Beckett.
_____. *Pochade radiophonique*. In: *Pas suivi de quatre esquisses*, pp. 68-85.
Ends and Odds – Radio I. Tradução de Beckett.

_____. *Happy Days.* London, Faber and Faber, 1962.
    Oh les beaux jours. Paris, Minuit, 1963. Tradução de Beckett.
_____. *Words and Music.* In: *Play and Two Short Pieces for Radio.* London, Faber and Faber, 1964.
    Paroles et Musique. In: *Comédie et actes divers*, pp. 61-78. Tradução de Beckett.
_____. *Play.* In: *Play and Two Short Pieces for Radio.* London, Faber and Faber, 1967.
    Comédie. In: *Comédie et actes divers*, pp. 9-35. Tradução de Beckett.
_____. *Film.* Roteiro. In: *Eh Joe and Other Writings.* London, Faber and Faber, 1967.
    Film. In: *Comédie et actes divers*, pp. 113-134.
_____. *Cascando.* In: *Comédie et actes divers*, pp. 47-60.
    Cascando. In: *Play and Two Short Pieces for Radio.* Tradução de Beckett.
_____. *Come and Go.* London, Calder and Boyars, 1967.
    Va et vient. In: *Comédie et actes divers*, pp. 39-44. Tradução de Beckett.
_____. *Eh Joe.* In: *Eh Joe and Other Writings.*
    Dis Joe. In: *Comédie et actes divers*, pp. 81-91. Tradução de Beckett.
_____. *Imagination morte imaginez.* In: *Têtes mortes*, pp. 51-57.
    Imagination Dead Imagine. London, Calder and Boyars, 1965. Tradução de Beckett.
_____. *Bing.* In: *Têtes mortes*, pp. 61-62.
    Ping. In: *No's knife.* Tradução de Beckett.
_____. *Assez.* In: *Têtes mortes*, pp. 33-47.
    Enough. In: *No's Knife.* Tradução de Beckett.
_____. *Sans.* In: *Têtes mortes*, pp. 69-77.
    Lessness. London, Calder and Boyars, 1970. Tradução de Beckett.
_____. *Le dépeupleur.* Paris, Minuit, 1970.
    The Lost Ones. London, Calder and Boyars, 1972. Tradução de Beckett.
_____. *Breath.* In: *Breath and Other Short Plays.* London, Faber and Faber, 1972.
Souffle. In: *Comédie et actes divers*, p. 137. Tradução de Beckett.
_____. *Not I.* London, Faber and Faber, 1973.
    Pas moi. In: *Oh les beaux jours suivi de Pas moi*, Paris, Minuit, 1981, pp. 81-95. Tradução de Beckett.
_____. *That Time.* In: *Ends and Odds*, London, Faber and Faber, 1977.
    Cette fois. In: *Catastrophe et autres dramaticules.* Paris, Minuit, 1986, pp. 9-25. Tradução de Beckett.
_____. *Still.* In: *For to End Yet Again and Other Fizzles.* London, John Calder, 1976.
    Immobile. In: *Pour finir encore et autres foirades*, pp. 19-24. Tradução de Beckett.
_____. *Pour finir encore.* In: *Pour finir encore et autres foirades.* Paris, Minuit, 1976. pp. 9-16.
    For to End Yet Again and Other Fizzles. Tradução de Beckett.
_____. *Ghost Trio.* In: *Ends and Odds.* London, Faber and Faber, 1977.

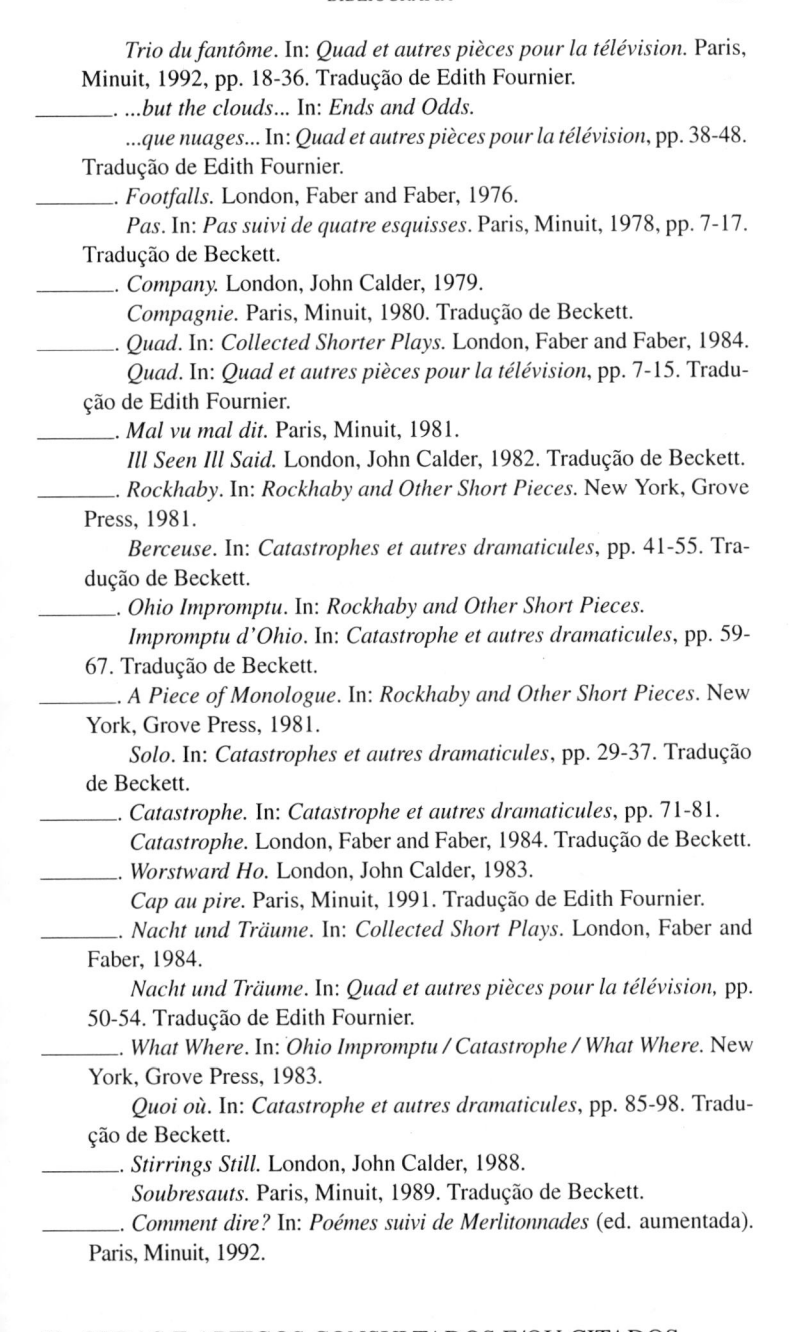

Trio du fantôme. In: *Quad et autres pièces pour la télévision*. Paris, Minuit, 1992, pp. 18-36. Tradução de Edith Fournier.

_____. *...but the clouds...* In: *Ends and Odds*.

...que nuages... In: *Quad et autres pièces pour la télévision*, pp. 38-48. Tradução de Edith Fournier.

_____. *Footfalls*. London, Faber and Faber, 1976.

Pas. In: *Pas suivi de quatre esquisses*. Paris, Minuit, 1978, pp. 7-17. Tradução de Beckett.

_____. *Company*. London, John Calder, 1979.

Compagnie. Paris, Minuit, 1980. Tradução de Beckett.

_____. *Quad*. In: *Collected Shorter Plays*. London, Faber and Faber, 1984.

Quad. In: *Quad et autres pièces pour la télévision*, pp. 7-15. Tradução de Edith Fournier.

_____. *Mal vu mal dit*. Paris, Minuit, 1981.

Ill Seen Ill Said. London, John Calder, 1982. Tradução de Beckett.

_____. *Rockhaby*. In: *Rockhaby and Other Short Pieces*. New York, Grove Press, 1981.

Berceuse. In: *Catastrophes et autres dramaticules*, pp. 41-55. Tradução de Beckett.

_____. *Ohio Impromptu*. In: *Rockhaby and Other Short Pieces*.

Impromptu d'Ohio. In: *Catastrophe et autres dramaticules*, pp. 59-67. Tradução de Beckett.

_____. *A Piece of Monologue*. In: *Rockhaby and Other Short Pieces*. New York, Grove Press, 1981.

Solo. In: *Catastrophes et autres dramaticules*, pp. 29-37. Tradução de Beckett.

_____. *Catastrophe*. In: *Catastrophe et autres dramaticules*, pp. 71-81.

Catastrophe. London, Faber and Faber, 1984. Tradução de Beckett.

_____. *Worstward Ho*. London, John Calder, 1983.

Cap au pire. Paris, Minuit, 1991. Tradução de Edith Fournier.

_____. *Nacht und Träume*. In: *Collected Short Plays*. London, Faber and Faber, 1984.

Nacht und Träume. In: *Quad et autres pièces pour la télévision*, pp. 50-54. Tradução de Edith Fournier.

_____. *What Where*. In: *Ohio Impromptu / Catastrophe / What Where*. New York, Grove Press, 1983.

Quoi où. In: *Catastrophes et autres dramaticules*, pp. 85-98. Tradução de Beckett.

_____. *Stirrings Still*. London, John Calder, 1988.

Soubresauts. Paris, Minuit, 1989. Tradução de Beckett.

_____. *Comment dire?* In: *Poémes suivi de Merlitonnades* (ed. aumentada). Paris, Minuit, 1992.

II. OBRAS E ARTIGOS CONSULTADOS E/OU CITADOS

ANZIEU, Didier. *Beckett et le psychanaliste*. Paris, Gallimard, 1992.

ASMUS, Walter. "Réduire... (les deux mises en scènes de *Godot*)". *Revue d'Esthétique – Samuel Beckett*. Toulouse, Privat, 1986, pp. 349-357.

BADIOU, Alain. *Beckett: L' incrévable désir.* Paris, Hachette, 1995.
BAIR, Deirdre. *Samuel Beckett.* Paris, Fayard, 1979. Tradução de Léo Dilé.
BARTHES, Roland. *Essais critiques.* Paris, Seuil, 1964.
BÉHAR, Henri. *Le théâtre dada et surréaliste.* Paris, Gallimard, 1979.
BERNAL, Olga. *Lenguaje y Ficción en las Novelas de Beckett.* Barcelona, Lumen, 1969.
BERRETTINI, Célia. *A Linguagem de Beckett.* São Paulo, Perspectiva, 1977.
_____. "A Linguagem Beckettiana de *En attendant Godot*". *Revista de Letras.* Assis, Faculdade de Filosofia, Ciências e Letras, vol. 17, pp. 231-253, 1975.
BLANCHOT, Maurice. "Où maintenant? Qui maintenant?". *NRF*, n. 10, 1953.
_____. *Le livre à venir.* Paris, Gallimard, 1959.
BOISDEFFRE, Pierre de. *Histoire vivante de la littérature d'aujourd'hui.* Paris, Perrin, 1964.
CAFLISCH, Antoinette Weber. *Chacun son dépeupleur. Sur Samuel Beckett.* Paris, Minuit, 1994.
Cahiers de L'herne – Samuel Beckett. Paris, L'Herne, 1976.
Cahiers Renaud-Barrault, n. 53, février 1966; n. 93, 4º trimestre, 1976; n. 101, 1º semestre, 1981; n. 2, *Actualité Samuel Beckett*, 4º trimestre, 1981; n. 106, *Duras-Beckett*, octobre 1985.
CAMUS, Albert. *Le Mythe de Sisyphe.* Paris, Gallimard, 1942.
_____. *Caligula.* Paris, Gallimard, 1958.
CASANOVA, Pascale. *Beckett l'abstracteur – Anatomie d'une révolution littéraire.* Paris, Seuil, 1997.
CLÉMENT, Bruno. *L'oeuvre sans qualités. Rhétorique de Samuel Beckett.* Paris, Seuil, 1994.
DELEUZE, Gilles. *L'Epuisé. Introduction à Quad.* Paris, Minuit, 1992.
Dictionnaire des Simboles, Paris, Seghers, 1969.
DUBOIS, J. *et alii. Rhétorique générale.* Paris, Larousse, 1970.
DUROZOI, Gérard. *Beckett.* Paris, Bordas, 1972.
DUVIGNAUD, Jean & LAGOUTTE, Jean. *Le théâtre contemporain.* Paris, Larousse, 1974.
EDWARDS, Michael. *Beckett ou le don des langues.* Montpellier, Espaces, 1998.
ESSLIN, Martin. *Théâtre de l'Absurde.* Paris, Buchet-Chastel, 1971.
_____. "Une poésie d'images mouvantes". *Revue d'Esthétique – Samuel Beckett.* Toulouse, Privat, 1986, pp. 391-404.
Europe, n. 770-771, Paris, juin-juillet, 1993.
FESHENFELD, Martha. "De la boîte hermétique au regard implacable". *Revue d'Esthétique – Samuel Beckett,* pp. 363-70.
FLETCHER, John. "Ecrivain bilíngüe". *Cahier de l'Herne*, pp. 201-212.
FOUCRÉ, Michèle. *Le geste et la parole dans le théâtre de Samuel Beckett.* Paris, Nizet, 1970.
FOURNIER, Edith. "*Sans*: cantate et fugue pour un refuge". *Les Lettres Modernes,* Septembre-octobre, 1970, pp. 149-160.
_____. "Samuel Beckett, *La capitale des ruines*". In: *Europe*, ed. cit., pp. 8-9.
GESSNER, Niklaus. *Samuel Beckett.* New York, Grove Press, s/d.
GROSSMAN, Evelyne. *L'Esthétique de Beckett.* Paris, SEDES, 1998.
HARVEY, Lawrence. *Samuel Beckett. Poet and Critic*, Princeton, Princeton University Press, 1970.
IONESCO, Eugène. *Notes et contre-notes.* Paris, Gallimard, 1962.

Jacquart, Emmanuel. *Le théâtre de dérision. Beckett, Ionesco, Adamov.* Paris, Gallimard, 1974.

Janvier, Ludovic. *Pour Samuel Beckett.* Paris, Minuit, 1966.

Joyce, James. *Oeuvres I.* Ed. Jacques Aubert. Paris, Gallimard, Bibliothéque de la Pléiade 1982.

Knowlson, James. *Damned to Fame: The life of Samuel Beckett.* London, Bloomsbury, 1997.

Larthomas, Pierre. *Le langage dramatique.* Paris, Armand Colin, 1972.

Lavielle, Emile. *En attendant Godot.* Paris, Hachette, 1972.

Lefebvre, Henri. *Le langage et la société.* Paris, Gallimard, 1966.

Les Critiques *de Notre Temps et Beckett.* Paris, Garnier, 1971.

Lewis, Jim. "Beckett et la caméra". *Revue d'Esthétique – Samuel Beckett*, ed. cit., pp. 371-379.

Mauriac, Claude. *La littérature contemporaine.* Paris, Albin Michel, 1958.

McMillan, Dougald. "*Eleutheria*. Le discours de la méthode inédit de Samuel Beckett". *Revue d'Esthétique-Samuel Beckett*, ed. cit., pp. 101-109.

_____. "L'embarras de l'allégorie. Beckett et les arts plastiques". *Europe*, ed. cit., pp. 69-85.

Mayoux, Jean-Jacques. "Samuel Beckett, homme de théâtre". *Livres de France*, n. 1, janvier, 1967.

_____. "Samuel Beckett et l'univers parodique". *Vivants piliers.* Paris, Julliard, 1960.

Mélèse, Pierre. *Beckett.* Paris, Seghers, 1972.

Ortega y Gasset, José. *La Deshumanizatión del Arte y Otros Ensayos Estéticos.* Madrid, Revista del Occidente, 1964.

Pronko, Leonard G. *Théâtre d'avant-garde. Beckett, Ionesco et le théâtre experimental en France.* Paris, Denoël, 1963.

Rabaté, Jean-Michel. *Beckett avant Beckett.* Paris, Accents, P.E.N.S., 1984.

Revue d'esthétique – Samuel Beckett. Toulouse, Privat, 1986.

Robbe-Grillet, Alain. "Samuel Beckett ou la présence sur la scène". Em: *Pour un nouveau roman.* Paris, Gallimard, 1963.

Rojtman, Betty. *Forme et signification dans le théâtre de Beckett.* Paris, Nizet, 1987.

Sartre, Jean-Paul. *Qu'est-ce que la littérature?.* Paris, Gallimard, 1966.

Serreau, Geneviève. *Histoire du nouveau théâtre.* Paris, Gallimard, 1966.

Sherzer, Dina. *Structure de la trilogie de Beckett: Molloy, Malone meurt, L'innommable.* Paris, Mouton, 1976.

Simon, Alfred. *Beckett.* Paris, Belfond, 1983.

Todorov, Tzvetan. "L'espoir chez Beckett". *Revue d'Esthétique*, pp. 27-36.

Topia, André. "Murphy ou Beckett baroque". Em: *Beckett avant Beckett – Essais sur les premières oeuvres*, Paris, Accents/P.E.N.S., 1984, pp. 93-119.

Valéry, Paul. *Oeuvres.* Tome I. Paris, Gallimard, Bibliothéque de la Pléiade, 1957.

LITERATURA NA PERSPECTIVA

A Poética de Maiakóvski
Boris Schnaiderman (D039)

Etc... Etc... (Um Livro 100% Brasileiro)
Blaise Cendrars (D110)

A Poética do Silêncio
Modesto Carone (D151)

Poesia e Música
Antônio Manuel e outros (D195)

A Voragem do Olhar
Regina Lúcia Pontieri (D214)

Guimarães Rosa: As Paragens Mágicas
Irene Gilberto Simões (D216)

Borges & Guimarães
Vera Mascarenhas de Campos (D218)

A Linguagem Liberada
Kathrin Holzermayr Rosenfield (D221)

Tutaméia: Engenho e Arte
Vera Novis (D223)

O Poético: Magia e Iluminação
Álvaro Cardoso Gomes (D228)

História da Literatura e do Teatro Alemães
Anatol Rosenfeld (D255)

Letras Germânicas
Anatol Rosenfeld (D257)

Letras e Leituras
Anatol Rosenfeld (D260)

O Grau Zero do Escrever
José Lino Grünewald (D285)

Literatura e Música
Solange Ribeiro de Oliveira (D286)

América Latina em sua Literatura
Unesco (E052)

Vanguarda e Cosmopolitismo
Jorge Schwartz (E082)

Poética em Ação
Roman Jakobson (E092)

Que é Literatura Comparada
Brunel, Pichois, Rousseau (E115)

Imigrantes Judeus / Escritores Brasileiros
Regina Igel (E156)

Barroco e Modernidade
Irlemar Chiampi (E158)

Entre Passos e Rastros
Berta Waldman (E191)

Franz Kafka: Um Judaísmo na Ponte do Impossível
Enrique Mandelbaum (E193)

Samuel Beckett: Escritor Plural
Célia Berrettini (E204)

Relações Literárias e Culturais entre Rússia e Brasil
Leonid Shur (EL32)

O Romance Experimental e o Naturalismo no Teatro
Émile Zola (EL35)

Leão Tolstói
Máximo Górki (EL39)

Textos Críticos
Augusto Meyer e João Alexandre Barbosa (org.) (T004)

Panorama do Movimento Simbolista Brasileiro
Andrade Muricy – 2 vols. (T006)

Ensaios
Thomas Mann (T007)

Caminhos do Decadentismo Francês
Fulvia M. L. Moretto (org.)(T009)

Aventuras de uma Língua Errante
J. Guinsburg (PERS)

IMPRESSÃO E ACABAMENTO
Bartira Gráfica e Editora Ltda.